KB038726

경상도 구미
동학농민혁명

경상도 구미
동학농민혁명

동학총서
006

동학학회 엮음

구미 선산 지역의 동학 조직이 최초로 등장하는 것은 1883년 보은 장내리 집회에서이다. 우리나라 최초의 민회이자 민중 시위였던 장내리 집회에는 수많은 동학도들이 참여하였는데 이때 최시형은 포제를 정하고 대접주를 임명했다. 조직적으로 행동하기 위해서는 동학의 단위 조직을 포로 제도화하고 이 포를 영도하는 대표자를 대접주로 칭하게 한 것이다. ... 또한 구미 선산의 인근 지역인 김산과 상주 등지의 접 조직이 함께 참여했다는 것은 이미 이전부터 상주·김산·선산·성주·인동·안동 등 경상도 서북부지역에는 접 조직이 상호 간에 밀접하게 연계를 가지고 활동하는 등 어느 정도의 조직과 세가 형성되어 있었다고 할 수 있다.

머리말

　1998년 창립 이래 동학학회는 동학에 대한 학제적 연구를 통하여 한국사상의 정체성을 확립하는 데 기여해 왔습니다. 동학 연구의 범위도 협의의 동학에만 국한시키지 않고 근대사와 근대사상을 포괄하는 것은 물론 동서고금의 사상 및 현대 과학의 사상과도 비교하는 광의의 동학으로 그 외연을 확대하였습니다. 그동안 동학학회는 서울과 지역을 순회하며 38차에 걸친 학술회의를 개최함으로써 동학의 글로컬리제이션(glocalization)에 총력을 기울여 왔습니다. 지역 순회 학술대회는 2011년 경주 추계학술대회를 시작으로 2012년 정읍 춘계학술대회와 고창 추계학술대회, 2013년 보은 춘계학술대회와 예산 추계학술대회, 2014년 영해 춘계학술대회와 남원 추계학술대회, 2015년 대구 춘계학술대회와 홍천 추계학술대회를 개최하였습니다. 그리고 2016년 봄에는 구미 춘계학술대회를 개최하였으며, 가을에는 김천 추계학술대회를 개최할 예정입니다. 또한 연 2회 단행본 발간과 더불어 등재학술지인 『동학학보』를 연 4회 발간함으로써 학회지의 질 제고와 양적 성장의 기틀을 마련하였으며, JAMS 시스템도 구축함에 따라 『동학학보』가 명실공히 권위 있는 학술지로 발돋움하게 되었습니다.

　2016년 4월 29일 동학농민혁명 제122주년을 맞이하여 동학농민혁명의 전개과정에서 매우 중요한 위치를 차지하는 구미에서 「동학의 글로컬리제이션: 1894년 경상도 구미 선산의 동학농민혁명과 청일전쟁」을 대주제로 춘계학술대회가 개최되었습니다. 거기서 발표된 5편의 논문과 기조강연 및 유관 자료들을 정리하고 별도의 논문 두 편을 추가하여 단행본으로 발간하게 된 것을 매우 뜻깊고 또한 기쁘게 생각합니다. 구미시 주최, 동학학회 주관, 그리고 구미시의회 · 동학농민혁명기념재단 · 동학학회 후원회가 후원한 구미 춘계학술대회는 특히 동학농민혁명사에서 구미 선산이 차지하는 역사적 위상을 사료 연구를 통해서 실증적으로 입증하고 한국 근대사의 발전과정에서 중요한 역할을 한 구미 선산 지역 동학농민혁명의 의의와 가치를 21세기 글로컬 시대의 시각으로 재조명함으로써 구미 선산 지역 문화의 세계화에 기여함과 동시에 발전적 과제에 대한 통찰을 통해 미래적 전망을 할 수 있게 하는 뜻깊은 학술대회였습니다.

　역사학, 정치학, 철학, 종교학, 국문학 등 다양한 분야의 동학 전문가들이 모여 개최한 구미 춘계학술대회는 구미 선산을 중심으로 치열하게 전개되었던 동학농민군의 봉기와 선산 읍성 점거 및 진압과정과 더불어 동학이 전파된 실상을 밝히고 그 역사적 문화적 의의를 성찰하며 그 결과를 학술대회를 통해 공론화함으로써 구미 선산 지역의 정체성 확립과 문화적 역량 제고의 계기를 마련하였습니다. 경상도는 은도기(隱道期) 이후 동학 세력을 재건해간 중심지역이지만 도 단위의 전반적인 조직 규명에 관해서는 본격적인 연구가 이루어지지 않았습니다. 특히 선산을 중심으로 전개된 동학농민군의 활동과 일본군 등의 진압 과정 그리고 1894년 선산 일대의 향촌 사정과 일본군 병참부에 관해서는 상세한 실증연구나 조사가 이루어지지 못했습니다. 이번 학술대회에서는 일본군 진압군을 지휘한 남부병참감부의 기록을 분석하여 처음으로 발표함으로써 구미 선산의 동학농민혁명을 재조명하는 동시에 경상도 지역에서 전개된 동학농민혁명에 관한 새로운 연구 성과를 학계에 제공하였습니다. 특히 이번 학술대회는 동학농민혁명사에서 중요한 위상을 차지하는 구미 선산에서 지역민들과 전문 연구자 및 대학생들의 참여를 통해 학문적 교류와 소통의 장을 마련하고, 지역적 정체성과 애향심을 고취시켜 애국·애족·애민의 정신을 함양하고, 동학정신과 동학혁명의 가치를 후속세대에 전승하며, 아울러 국내외 전문가를 포함한 인적 인프라 구축을 통해 동학의 글로컬리제이션에 기여할 수 있었다는 점에서 그 의의가 크다 하겠습니다.

동학은 진정한 의미에서의 인간학이고, 동학학회는 이러한 진정한 인간학을 연구하고 그것을 삶 속에 투영시키는 학회입니다. 동학은 상고시대 이래 면면히 이어져 온 민족정신의 맥을 살려 주체적으로 개조·통합·완성하여 토착화시킨 것으로 전통과 근대 그리고 탈근대를 관통하는 '아주 오래된 새것'입니다. 동학의 즉자대자적(即自對自的) 사유체계는 홍익인간·광명이세의 이념을 현대적으로 구현하는 원리를 제공하고 나아가 평등하고 평화로운 세계를 창조하는 토대가 될 수 있게 한다는 점에서, 백가쟁명의 사상적 혼란을 겪고 있는 오늘의 우리에게 그 시사하는 바가 실로 크다 하겠습니다. 문명의 대전환이라는 맥락에서 볼 때 동학은 새로운 문명의 패러다임, 즉 전일적인 새로운 실재관을 제시함으로써 데카르트-뉴턴의 기계론적 세계관의 근저에 있는 가치체계의 한계성을 극복할 수 있게 한다는 점에서 서구적 근대를 초극하는 의미가 있습니다. 특수성과 보편성, 지역화와 세계화, 국민국가와 세계시민사회의 유기적 통일성을 핵심 과제로 안고 있는 오늘의 우리에게 이번에 발간하는 단행본이 해결의 단서를 제공해 주기를 기대해 봅니다.

끝으로, 구미 춘계학술대회 개최와 이번 단행본 발간을 위해 지원과 배려를 아끼지 않으신 남유진 구미시 시장님과 구미시의회 김익수 의장님을 비롯한 의원 여러분께 충심으로 감사드립니다. 그리고 이 책을 발간해 주신 '도서출판 모시는사람들'에도 감사의 마음을 전합니다.

2016년 8월 동학학회 회장 최민자

경상도 지역의
동학농민혁명과
청일전쟁

이 이 화_ 역사학자

1. 경상도 지역의 항쟁

1894년 5월 전봉준은 전주에서 양호초토사 홍계훈과 이른바 화약을 맺고 집강소 활동을 전개하였다. 그런 뒤 일본군이 서울에 진주해 경복궁을 강점하고 개화 정권을 수립하였다는 소식을 듣게 되자 각지의 동학농민군이 봉기를 서둘렀다.

그리하여 평안도와 함경도를 제외한 전국에서 항쟁이 이어졌다. 경상도 농민 항쟁은 남쪽 해안 지방과 내륙 지방 그리고 충청도 전라도의 접경 지역에서 주로 전개되었다. 접경 지역에서는 농민군이 서로 연계하거나 연합 작전을 폈으나 내륙 지방에서는 고립 · 분산성이 강했다. 물론 이들 지역은 주로 개화 정부 수립 이후에 봉기하였고 2차 봉기 이후 그 격렬성이 더해 갔다. 이를 그 특성에 따라 다음 몇 지역으로 나누어 살펴볼 수 있다.

1) 진주 · 하동 지역의 활동

이해 봄부터 지리산 아래 지역을 중심으로 농민군의 활동이 전개되었다. 경상병영이 있는 진주를 비롯해 산청 · 곤양 · 사천 · 남해 등지에는 농민군이 활동이 그치지 않았다. 진주 농민군은 용기를 얻어 9월 14일 먼저 진주목을 점령한 뒤 옥문을 부수고 무고한 죄인을 풀어 준 뒤 일단 물러났다. 이들은 순천·하동에서 활동하고 있는 영호대접주인 김인배에게 진주병영을 합세해 공격하자고 요청하였고 김인배는 민첩하게 이들과 힘을 합해 9월 17일 진주병영을 전광석화처럼 공격해 차지하였다. 무혈점령이나 다름없었다.

경상병영이 농민군의 손아귀에 들어온 일은 커다란 의미가 있었다. 이때의 정경을 두고 황현은 "김인배의 농민군이 진주병영에 이르자 영장이 김인배를 맞이해 도인을 죽인 죄를 사죄하고 도적들을 진주성으로 들어오게 했다."고 하였다. 진주 대도소에는 보국안민의 깃발이 나부꼈으며 농민군들은 소라를 불고 북을 울리면서 포를 쏘아 댔다. 기세를 올린 것이다. 진주의 경상병영이 함락된 뒤 농민군이 대도소를 진주 촉석루 옆 관아에 차렸다. 진주에는 김인배가 물러간 뒤에도 농민군의 활동이 매우 컸다. 특히 지리산 주변을 근거지로 하여 주변 고을을 석권하고 있었다.

이에 외무아문에서는 부산에 주둔해 있는 일본군의 파견을 부산감리서에 요청했다. 그리하여 부산항에 있는 150명과 감리서에 소속된 백여 명의 조선군과 함께 출동케 했다. 또 대구에 있던 지석영을 토포사로 삼아 일본군을 돕게 하였다. 이어 이들과 합세할 관군을 통영에서 선발케 하였다.

이 무렵 진주의 농민군들은 진주 백목리에 모여 있었다. 이 농민군은 두 대(隊)로 나누어 한 대는 수곡리 장터에 유진하고 한 대는 북평산의 고승당(孤僧堂) 산성 아래에 유진하고 있었다. 이들의 수를 10여만 명이라고도 하였다.

10월 중순 일본군과 관군은 주변의 농민군을 수색하였다. 10월 10일에는 하동 금오산에서 농민군을 포살하였다. 농민군들은 다시 진주병영을 공격하기 위해 고승당에 이르렀다. 이때 일본군 170명과 관군의 대부대와 마주쳤다. 10월 14일이었다. 두 쪽에서 치열한 전투를 벌인 끝에 농민군은 패주

하였다.

이 전투에 지석영은 "농민군 186명을 사살하였으며 상처를 입고 도주한 자는 헤아릴 수 없다."고 하였는데 여러 기록에는 300~500여 명이 죽었다고 하였다. 주민들은 지금도 비만 오면 한꺼번에 죽은 농민군들이 "고시랑거리는 소리가 들려서 고시랑 당산(고승당)이라 부른다. 동네 사람들은 한 날 한 시에 제사를 지내는 집이 수십 집이다."라고 증언했다.

일본군과 관군이 하동과 광양 섬거역에서 또 전투를 벌여 수많은 농민군을 학살하였다. 그러나 농민군의 활동은 쉽게 그치지 않았다. 오히려 더욱 창궐하는 형세로 돌아갔다. 심지어 사천 · 남해 · 단성 · 적량의 군기를 깡그리 빼앗아 갔고 그들이 지나는 동네는 텅텅 비었다.

영남 감영에서는 "저들이 믿는 것은 지리산 골짜기이다. 만약 군대를 파견치 않고 또 일본군을 하동 · 진주 · 단성 · 곤양 등지에 주둔치 않으면 반드시 저 무리들이 유린할 것"이라고 보고했다.

2) 상주 · 김산 · 선산 · 성주 지역의 활동

상주와 김산(金山, 현재의 김천) 지역은 7월 이후 농민군의 행동이 본격화되었다. 공주 출신 송용주가 이 일대를 순행하면서 봉기를 충동한 적도 있었다.

상주에는 이해 9월 말경 농민군 수천 명이 대도소를 설치하고 상주목 관아를 공격하여 점령하였다. 이들은 관아의 무기를 빼앗고 양곡을 거두면서 집강소와 같은 활동을 벌였다. 이 시기의 농민군은 영동 · 청산 · 황간 등지의 농민군이 합세하여 이루어졌으며 현지 출신 농민군은 향반과 종들이 많이 포함되어 있었다.

낙동병참부에 주둔해 있는 일본군이 출동해서 상주 읍성을 기습하였다. 사다리를 타고 성벽을 올라가 농민군을 공격해서 읍성 밖으로 몰아냈다. 그 후 이곳 양반 유생과 아전들은 상주집강소(보수집강소)를 차리고 읍성을 지켰다. 하지만 농민군들은 고을 각처에 출몰하면서 다시 상주 읍성을 점거하겠다고 하는 등 계속 활동을 전개하였다. 이에 소모사 정의묵과 유격장 김석중이 중심이 되고 또 대구에 있는 남영의 병정과 용궁·함창·예천의 포군 8-9백여 명이 합세해 철저한 토벌전을 벌였다.

두어 달쯤 토벌전을 전개하여 수십 명의 접주를 처단하였고 1,500여 명의 농민군을 귀화하게 하였다. 상주의 농민군은 이 일대에서 가장 큰 세력을 이루고 끈질기게 항쟁한 것으로 알려졌다.

김산에서는 이해 8월 진목에 사는 편보언이 중심이 되어 장터에 집강소를 차리고 전라도의 집강소와 같은 일을 벌였다. 편보언이 도집강이 되어 여러 포접(包接)의 농민군을 거느리고 있었다. 전봉준과도 일정한 연계를 맺은 것으로 보인다. 9월 말경 편보언은 기병하라는 최시형의 통고를 받고 이를 각처에 전달해 주어 봉기하도록 하였다. 선산부와 김산군, 그리고 주변 고을에서는 곡식과 말, 창, 칼을 거두고 힘을 합쳐서 선산부를 공격하였다.

선산의 농민군은 금산과 개령 일대에서 온 농민군이 합세하자 읍성을 점거할 수 있었다. 그러나 선산의 관속이 해평에 있는 일본군에게 알리고 구원을 청하였다. 그리하여 선산 읍성을 점거한 농민군은 일본군의 기습을 받아 많은 희생자를 내고 물러나왔다.

또한 대구의 경상 감영에서 영병 2백여 명을 보내 선산을 거쳐 김산장터로 나오자, 편보언 등은 흩어져 갔다. 이어 지례로 진격해서 잔여 농민군을 색출하고 있었다.

다음, 성주에는 8월 20일부터 농민군 활동이 전개되었다. 이웃 고을인 지례와 인동에서 잡직에 종사하는 무리들과 금광의 노동자와 무뢰배들 수십 명이 몰려오자 현지의 농민군들이 합세하여 1백여 명의 대오를 만들었다. 이들은 장날을 기해 거리를 횡행하면서 성주목사에게 사채의 탕감, 투장(偸葬, 남의 묘에 몰래 장사지내는 것)의 해결, 호포(戶布, 집집마다 매기는 군대세)의 감하, 요호(饒戶, 부호와 토호)와 이서배의 징벌을 요구하였다.

이에 성주의 수성군들은 10여 일 동안 활동을 벌이던 이들을 진압하고 고을 바깥으로 내쫓았다. 그러자 농민군은 다시 더 많은 세력으로 읍성을 들이쳤다. 성주 목사 오석영은 읍내를 지키지 않고 피신하였다. 그리고 대구 감영으로 가서 감사에게 구원을 호소하였으나 위기에 임지를 지키지 않았다며 감사는 접견조차 하지 않았다. 목사가 없는 성주 읍내는 농민군이 들어가 불을 질러 민가가 대부분 불에 탔다. 읍내에서 불타지 않은 건물은 관청뿐이었다.

3) 예천 · 안동 지역의 항쟁

예천 · 안동과 선산 지방은 양반 고을이라 일컬어져 왔다. 이 말처럼 이곳은 사족들이 웅거하면서 오랫동안 상민을 압제해 온 곳이다.

1894년 3월, 예천 동로면 소야리에 옹기상인 최맹순이 접소를 차리고 집강소 형태로 갖추었다. 이어 6, 7월에 이르러서는 더욱 세력이 커져서 몇만 명에 이르렀다. 이들 농민군의 접소는 48개소였고 예천 출신만이 아니라 다른 지방 출신들도 이곳에서 함께 활동하고 있었다. 7월 들어 이들은 읍내로 들어와 지주 · 사족 · 향리의 집에서 돈과 곡식을 빼앗아 갔다.

이에 대해 이곳 향리가 주도한 보수집강소에서는 이렇게 기록했다.

그들은 접소를 마을마다 나누어 설치해서 없는 곳이 없었는데 서북 외지가 더욱 심했다. 대접은 만여 인이요 소접은 수백 인이었는데 시정잡배와 못된 평민이나 머슴 따위들이 스스로 뜻을 얻을 때라고 말하고 관장을 능욕하고 사대부를 욕보이고 마을을 약탈하고 재물을 빼앗고 군기를 도둑질하고 남의 말을 몰아가고 남의 묘를 파혜쳐서 사사로운 원수를 갚았으며 묶거나 구타하여 여러 사람을 죽이는 수도 있었다.

이처럼 이들은 드세게 활동하면서 심지어 안동 부사의 행차를 가로막고 부사를 얽어 구타하고 지닌 물건을 빼앗는 지경에 이르렀다. 이런 과정 속에서 보수 지배층은 집강소를 만들어 농민군 탄압에 나섰다. 보수집강소는 동학교도 11명을 잡아와 화적죄로 한천 모래밭에 묻어 버린 사건이 일어났다.

이에 최맹순은 통문을 돌려 동학도교의 석방을 요구하기도 하고 매장을 문책하기도 하였다. 8월 20일 이들은 예천집강소를 공격할 것을 결의하고 13명의 각 고을 접주들이 모여, 매살사건의 책임자를 압송하지 않으면 읍내를 공격한다는 통문을 보내왔다.

안동에서도 이때 농민군의 공격을 받고 있었다. 농민군은 8월 말경, 안동·의성 공격에 나섰는데 민보군의 완강한 대항에 부딪쳤다. 농민군 선발대가 체포되었고 이곳 지방군이 먼저 기습을 벌여 농민군의 읍내 공격이 실패로 돌아갔다.

안동과 의성에서 물러난 농민군은 예천 농민군과 합세하여 예천 읍내 주변을 봉쇄하였다. 마침내 8월 28일 결전이 벌어져서 오후부터 새벽까지 싸웠으나 농민군은 예천읍 점령에 실패하고 물러났다. 그 후 보수집강소는 철저하게 농민군과 동도를 색출해 처단했다.

이때 또 태봉병참부에 주둔한 일본군의 정탐조가 파견되었는데 용궁 근처에서 일본군 대위와 병정 2명이 발각되어 대위는 피살되는 사건이 일어났다. 이에 경상 감영에서는 지방군 등 240여 명을 용궁·예천 일대로 파견했고 이어 일본군 50명도 증파되었다.

최맹순은 그 후 강원도에 은신해 있다가 11월에 평창접의 지원을 받아 백여 명을 이끌고 다시 예천 적성리에서 보복전을 펴다가 끝내 잡혀 죽었다. 이로 해서 이 지방의 농민군 활동은 끝났다.

10월에 조정에서는 각지에 소모사와 토포사를 임명했는데 경상도는 다섯 지역으로 나누었다. 이들 소모사들은 곧 상주·대구·인동·선산·거창·창원 등지를 각기 맡아 토벌전을 전개했다.

이렇게 하여 경상도 지방은 조직적으로 농민군 토벌이 이루어졌는데 상주소모사 정의묵은 이서·군교·유림 등으로 수성군 또는 의병을 조직하여 관할구역을 다스렸다. 특히 상주에 보수집강소를 설치하여 농민군 토벌에 전위로 삼았고, 유격장으로 김석중을 임명하여 지경 바깥인 황간·영동으로 진출하여 전투를 벌였던 것이다. 또 김산 소모사인 조병영도 많은 공을 세웠다(이이화, 『동학농민운동』 참고할 것).

2. 일본군의 청일전쟁 도발과 농민군 섬멸작전

민씨 정권은 1차 봉기 단계에, 자신들을 타도하려는 농민군을 막으려 청나라에 파병을 요청하였으며 이에 따라 청군이 조선에 상륙하였다. 일본군도 예전에 맺은 텐진조약을 빙자하여 군대를 파견하였다. 일본군은 6월 21일 불법으로 경복궁을 점령하여 주권을 유린한 뒤에 개화정권을 수립하고 나서 군사 지휘권을 거머쥐었다. 그래서 나라는 반식민지 상태로 접어들었다.

청일전쟁이 경기도·평안도에서 전개될 때인 7월 무렵에 농민군의 봉기는 산발적이기는 하나 경상도·경기도·강원도로 확산되었다. 일본군은 이에 대한 대비를 철저하게 하였다. 일본군은 크게 보아 세 길로 조선에 상륙하였다.

첫째 통로는, 쓰시마를 거쳐 현해탄을 건너와 인천 앞바다로 진출하였다. 인천항에서 해군은 청국의 군함을 노려보면서 임전 태세를 갖추었고 육전대는 서울 방향으로 진격해 용산에 주둔하면서 남산에 대포를 장치해 놓고 경복궁을 위협하였다. 이 육전대가 경복궁을 강점하였다.

둘째, 일본 해군은 청국 군함을 풍도 앞바다에서 공격해 침몰시키고서 청일전쟁을 도발하였다. 6월 27일 마침내 성환에서 육전이 개시되었다. 청군은 전투를 개시하자마자 밀리기 시작하였고 성환전투에서 완전히 격파되어 주력부대가 분산되었다.

일본군은 이해 8월 1일에야 정식으로 선전포고를 하고 청군을 격파한 여세를 몰아 청군을 추격하였다. 8월 17일 평양의 대회전에서 청군이 다시 패전하여 북으로 도망쳤다. 일본군은 중국 영토로 들어가 요동 일대와 산동반도 일대에서 청군을 계속 공격해 승리를 거두었다. 일본군은 북양 함대 사령부가 있는 위해에 진격해 청군의 항복을 받아냈다. 7개월 정도 전쟁을 벌인 뒤 일본군의 대승으로 마무리되었다. (『中日戰爭』, 北京 新知識出版社. 朴宗根의 「淸日戰爭과 朝鮮」 참고.)

셋째, 용산에 주둔해 있던 일본군은 이해 9월부터 2차 봉기가 일어나자 각지로 군사를 보내면서 남쪽 농민군 토벌 작전을 수행키 위해 후비독립제19대대를 증파하였다. 이 대대는 세 길로 나누어 남쪽으로 내려오면서 충청도·경상도·전라도의 농민군 섬멸 작전을 수행하였다. 그 과정에서 공주대회전이 이루어졌으며 마지막 단계에서 나주에 초토영을 두고 농민군 섬멸작전을 수행하였던 것이다.

한편 일본군은 소대나 중대 병력으로 황해도·강원도의 농민군 토벌 작전을 벌였다. 해주에 황해감영으로 진격한 농민군과 홍천에서 남진하려는 농민군을 이들 일본군이 맡아 직전을 수행하였다. 경기 일대의 농민군도 이들의 작전 대상이었다.

넷째, 부산에 상륙한 군함들은 군수물자를 공급하였다. 축파호는 수송선이었으나 필요한 일본군의 병력을 싣고 남해안 일대를 순회하면서 농민군 토벌 작전에 참여하였다. 진주와 하동 등지의 농민군이 대대적인 활동을 벌이자 일본군이 상륙해 하동 고승산전투를 수행하였으며 섬진강으로 진출해 섬멸작전을 수행하였다. 이어 농민군이 여수의 전라 좌수영을 공격하자 축파호에서 상륙한 일본군이 외곽작전을 수행하였다. 축파호는 후비독립 제19대대가 남해안에서 섬멸작전을 수행할 적에도 남해안 일대를 순행하였다.

마지막으로 일본군이 부산에 상륙해 육지로 진출한 부대도 있었다. 부산에 상륙한 제5사단 병력은 대구의 경상 감영에 주둔하였다. 일부 병력은 낙동강 전선에 병참소를 두고 전선 가설에 나섰다. 이들 일본군은 선산·괴산·충주 곳곳에 병참소를 두고 토벌작전을 수행하기도 하고 전선 가설을 지휘하기도 하였다. 이들은 개화정부의 협조를 받아 현지 주민을 동원해 노동자로 부려 먹었다. 전선 가설에 따른 폐해가 커서 주민의 원성이 높았다.

이에 대해 다음과 같은 설명을 들어 보자. 신영우는 다음과 같이 종합 기술하였다.

일본군 참모 본부가 군대를 파견하면서 가장 먼저 추진한 일이 전신망 가설이었다. 이에 따라 2개조의 가설지대가 파견되었다. 선발사단 지휘관인 제5사단장이 책임을 지고 가설지대를 지휘해 설치하도록 하였다. 대본영에서 직접 보낸 제1지대는 부산에서 시작하여 대구를 거쳐 성주·추풍령·옥천을 지나 청주까지 전신 가설을 책임지고 제5사단에서 편성해서 파견하도록 한 제2지대는 서울에서 시작하여 청주까지 가설을 맡도록 하였다.

제1지대는 긴급성 때문에 대본영에서 직접 요시미 세이(吉見精) 공병 소좌를 사령관으로 선발해서 보냈다. 제2지대는 7월 2일 제5사단이 바바 마사오(馬場正雄) 공병 소좌를 임명하였다. 전선가설대의 인원수는 적지 않았다. 제1가설지대는 장교 5명에 하사와 병 142명 그리고 기수(技手) 9명과 공장운반부 160명 등을 합해 345명이나 되었다. 제2가설지대는 장교 4명에 하사와 병 126명 그리고 기수 10명과 인부 150명 등을 합해 449명이었다(신영우, 「경상감사 조병호와 갑오년의 경상도 상황」에서 인용).

일본군의 작전 계획은 아주 치밀하였다. 일본군 전선가설대는 경상도 내륙 지방을 소용돌이치게 만들었고 주민들은 공포에 떨었다.

3. 경상 감사 조병호의 대책

경상 감사 조병호는 동학농민전쟁 초기 단계인 1894년 4월에 부임하였다. 이보다 앞서 대구에는 지방 군대인 친군 남영을 두었는데 그 책임도 감사가 맡았다. 이 시기는 경복궁 강점과 개화 정부가 들어서기 이전이었다. 그러니 조병호는 개화파 인사가 아니었다. 이때 경상도 일대는 흉년이 들어 더욱 민심이 흉흉하였다.

조병호는 처음 부임해서 부정을 바로잡으려는 노력을 기울였다. 전임 감사인 이용직은 많은 부정행위를 저질러 파면되었다. 위무사 겸 안핵사인 이중하는 이 비리를 적어 조정에 올렸는데 이의 수습을 조병호가 맡았던 것이다. 그러면서 경상도로 번질 농민항쟁의 대책을 세워 나갔다.

여름부터 이 지역에서 동학농민전쟁이 전개되었을 때 그는 무엇보다 개화 정부의 지시를 받아야 했다. 개화 정부에서는 그를 해직하지 않고 이용하려 들었다. 마침 일본군이 부산에 상륙해 육로를 통해 대구로 진출하였다. 조병호는 몇 가지 당면 문제에 봉착하였다.

첫째는 농민군을 토벌하려는 유림이나 수령과 이서들이 유회군과 민보군과 수성군을 조직해 의병을 모집하고 재물을 토색질하는 상황에 대처하여야 했다. 분명히 말하면 이는 민폐에 해당되었지만 어느 정도 방임하는 수밖에 없었다.

둘째는 개화 정부의 지시에 따라 일본군에 협조하는 일이었다. 경상 감영에서는 일본군의 식량, 군용의 말 먹이, 전선 가설의 인부 동원 등에 공급과 동원 책임을 져야하였으며 거기에다가 갑오개혁 정책에 따라 화폐 교환 등의 일을 수행하여야 했다.

셋째는 조정에서 임명한 소모사가 군사를 모으고 군량을 준비할 적에 이를 도와주는 조처를 내리고 때로는 감영의 군사를 동원해야 하는 임무도 띠었다. 경상 감영의 판관인 지석영이 감영의 군사를 이끌고 진주와 하동으로 진출해 일본군에 협조한 일이 있다. 지석영은 섬진강 언저리에서 경상도 관할 바깥이라고 섬진강을 넘어 전라도로 진출하지 않고 뒤돌아간 일이 있다.

무엇보다 일본과 관련되는 대책이었다. 일본에서는 공병 부대와 전선가설대를 보내 일본군 행군로의 정비와 군용전신소 가설을 결정하였다. 그런 뒤 히로시마 대본영에서는 제5사단 본부와 2개 연대를 경상도를 거쳐 북상시키기로 결정하였다. 이에 대해 조병호는 어쩔 수 없이 협조하였다. 노동력과 물자의 공급, 여러 가지 편의를 제공하여야 했다.

조병호는 경상도 농민전쟁 시기, 많은 고난에 봉착했으나 폐정을 바로잡으려는 노력을 기울이는 등, 원만하게 수습한 지방관으로 꼽히고 있다. 또 친군 남영의 군사들이 농민군 학살에 직접 나서는 경우도 드물었다. 개화정부에서 임명한 충청 감사 박제순이나 이승우와는 대비되는 인물이었다고 평가하는 것이다(신영우, 「경상감사 조병호와 갑오년의 경상도 상황」 참고할 것).

한편 전라 감사 김학진은 민씨 정부에서 임명했으나 현지에서 전봉준과 타협을 해서 집강소 활동을 돕기도 하고 2차 봉기 시기에는 군량미와 무기를 공급해 주면서 협조하였다. 개화 정부에 반기를 든 셈이다. 또 충청 감사 박제순은 개화 정부의 인물로 철저하게 일본군에 협조하는 행태를 보여주었고 후임 전라 감사인 이승우는 농민군 대량 학살을 지휘하였다. 동학농민군의 중심 활동 지역의 세 지방의 책임자는 각기 다른 길을 걸었던 것이다.

4. 맺음말: 연대와 협동의 역사적 의미

동학은 사람을 하늘로 받드는 인시천(人是天) 사상으로 해서 인간 존중을 종지로 내세웠기 때문에 사회종교 또는 보국종교라는 정의를 내릴 수 있겠다. 그리하여 양반과 상놈을 철폐하는 신분제도 개혁에 앞장섰던 것이다. 또 일제의 경제적 침략이 몰려올 때에 일본 상품 거부 운동을 벌이기도 하면서 척양척왜(斥洋斥倭)를 표방하였다. 이를 전봉준은 농민혁명 당시 집강소를 통해 실현하려 하였던 것이다.

동학농민전쟁이 수행될 적에 위에서 본 대로 지역끼리 연대와 협동을 모색하였다. 진주와 순천의 농민군이 섬진강을 사이에 두고 협동작전을 폈고 경상도와 충청도의 접경 지역인 무주・영동 등지의 농민군도 서로 협력 관계를 맺었으며 추풍령을 중심에 두고 서로 힘을 합해 넘나들었다. 또 전라도 옥구와 충청도 서천의 농민군은 금강을 사이에 두고 합동작전을 벌였다.

충청도 청풍 출신인 성두한은 강원도로 진출하여 현지 농민군에 합세하였고 강원도 출신인 최맹순은 경상도 예천에서 활동하였다. 2차 봉기 당시 황해도와 강원도 농민군은 서울로 진격해 협공 작전으로 남쪽 농민군을 도우려 하였다.

오늘날 영남 인사들 중에는 경상도는 동학의 발상지라고 하면서도 농민전쟁이 호남 중심으로 수행되었다고 하여 동학과 농민전쟁을 분리해 보려는 일부 잘못된 견해를 가진 분들이 있다. 동학의 인간 평등 사상이 동학농민혁명에 결합되어 수행되었고 반봉건 반외세의 지향에는 크게 다를 바가 없는데도 이를 분리해 보려는 편견을 가지고 있는 것이다. 이를 바로잡는 일이 역사의 정의를 바로잡는 지름길이 될 것이다.

1894년 일본군 노즈(野津) 제5사단장의 북상 행군로와 선산 해평병참부

신 영 우_ 충북대학교 명예교수

1. 머리말

일본 제국이 청국과 전쟁을 벌이기로 결정하고 참모본부 안에 대본영 설치를 결정한 날은 1894년 6월 5일[1]이었다. 일본 정부와 육해군은 즉시 전시체제로 전환하였다. 청국의 북양 대신 이홍장이 청국군의 조선 출병을 지시한 것은 전날인 6월 4일이었고, 텐진(天津)조약에 따라 섭사성 제독이 지휘하는 텐진 부근 루타이(蘆台) 주둔병이 타이구(太古)항을 떠나는 동시에 그 사실을 일본에 통고한 날은 6월 6일이었다. 청국이 파병을 통고하기 하루 전에 이미 일본 제국은 전쟁 지휘부인 대본영을 설치하기로 결정하였다.

청국군은 6월 8일부터 12일까지 출병 부대로 선정한 각 군영의 병력을 수송선에 승선시켜서 북양 함대 소속 함정의 호위 아래 아산만으로 향하게 하였다. 6월 25일에 도착한 병력을 합하면 아산에 집결한 청국군은 약 2,800명에 달했다. 이 병력은 조선 정부의 요청에 따라 동학농민군을 진압할 목적으로 파견된 것이다.

일본 정부는 전시편제의 규모에 따라서 8,000명 선으로 증원 편성하는 혼성여단(混成旅團)을 출병 부대로 선정했다. 혼성여단은 독자적인 전투를 치를 수 있도록 편성한 것으로 히로시마에 주둔한 제5사단 소속의 제9여단이 차출되었다. 총리 이토 히로부미는 6월 7일에 제9여단장 오시마 요시마사(大島義昌, 1850~1926) 소장에게 파견 훈령을 내렸다. 이 훈령에서 밝힌 출병의 제1목적은 '공사관·영사관과 일본인 보호'였지만 실제로는 조선 침략과 청국에 전쟁을 도발하는 것이 임무였다.

이때 도쿄에 가 있던 오토리 게이스케(大鳥圭介, 1833~1911) 일본 공사가 6월 10일 해군 육전대 430명과 함께 서울에 들어왔다. 16일에는 혼성제9여단 선발대인 병력 4,000명이 인천에 상륙해서 조선 정부의 반대에도 불구하고 서울로 들어왔다. 메이지 천황과 함께 대본영과 제국 의회도 뒤따라 히로시마로 이전해 왔다. 이때부터 히로시마는 일본 제국의 육군이 조선과 청국에 출정하는 군사도시로 전환된다. 모든 병력과 군수물자는 대본영 운수통신본부장관인 데라우치 마사타케(寺內正毅) 대좌의 지휘 아래 우지나군항의 운수통신지부장 겸 정박장사령관 야마네 타케스케(山根武亮) 소좌의 통제를 받아 히로시마를 출발하고, 부산항의 운수통신지부장 시바 가쓰사부로(柴勝三郎) 중위의 조정을 거쳐 조선 내륙으로 수송되었다.

일본군 참모본부는 혼성제9여단 참모와 공사관 무관부 소속으로 후쿠시마 야스마사(福島安正) 육군 중좌를 비롯한 우에하라 유사쿠(上原勇作), 무라키 마사미(村木雅美) 육군 소좌와 이주인 고로(伊集院五郎) 해군 소좌, 아오키 노부즈미(靑木宣純) 육군 대위 등을 동행시켰다. 이미 서울에서 암약하고 있던 와다나베 테츠타로(渡邊鐵太郎) 육군 대위와 니이로 도키스케(新納時亮) 해군 소좌 등을 포함하면 육군과 해군의 노련한 정보장교들이 서울과 인천에 집결한 상태였다. 군사정보 수집과 분석을 위시해서 작전과 전략뿐 아니라 통신과 수송, 그리고 병참 지원은 육군 참모본부와 해군 군령부가 통합된 히로시마 대본영에서 추진하였다.

동학농민군 지도자 전봉준 장군이 전주화약을 맺고 6월 11일 전주성에서 철수한 것은 청일 양국군이 국내에 진입하는 위기 속에서 내린 결단이었다. 전주성이 회복되자 청국군은 출병 목적이 해소된 상태에서 아산 인근에 머물면서 일본군의 동정을 지켜볼 수밖에 없었고, 일본도 전쟁 도발의 명분을 잃게 되었다. 그래서 청국에 공동으로 조선 내정 개혁을 제안하거나 조선 정부에 내정 개혁을 강요하였다. 6월 21일 청국이 공동 개혁 제안에 거부 의사를 전하자 일본 정부는 전쟁 감행을 전제로 혼성제9여단 잔여 부대를 파견하기로 결정했다. 6월 27일 2개 대대 병력이 기선 8척에 분승하고 순양함 나니와함의 호위 하에 인천에 도착했다.

사태가 심각하게 전개되자 영국과 러시아가 관여하기 시작했다. 일본은 영국과 맺은 조약의 불평등 항목인 영사재판권 폐지를 개정하자고 교섭하는 중이었는데 영국 외상이 청일 문제의 조정 의사를 표명하였다. 6월 30일 주일 러시아 공사도 일본의 철병을 요구하는 공문서를 무쓰 무네미쓰(陸奧 宗光, 1844~1897) 외상에게 전달하였다.

7월 중순까지 일본은 곤란한 상태에 처했다. 군대 출병의 이유였던 전라도 일대의 상황이 진정되었고, 조선 정부도 철병을 강력히 요구하였다. 이런 상황을 모면하기 위한 수단이 노인정회담에서 조선 정부에 시한부 개혁을 강요한 것이었다. 조선 정부가 이를 거부하자 일본은 전쟁을 결정하였다. 이 전쟁의 대상은 조선과 청국 양국이었다.

모든 군사 전략은 참모차장 가와카미 소로쿠(川上操六, 1848~1899) 중장이 기획하였고, 외교 문제는 외무대신 무쓰 무네미쓰가 책임을 졌다. 혼성제9여단을 따라 조선에 온 후쿠시마 야스마사 중좌가 히로시마로 귀국해서 가와카미 소로쿠에게 최종 전략을 지시받고 긴급히 서울로 돌아왔다.

7월 23일 새벽 서울 안에서 일본군 혼성제9여단이 군사작전을 시작했다. 먼저 4대문을 장악해서 도성 내의 통행을 막았고, 장위영을 비롯한 경군 병영을 기습해서 병사들을 쫓아낸 뒤 각종 무기를 빼앗아 갔다. 동시에 최종 목표인 경복궁을 공격해서 영추문을 넘어 궐내로 들어갔다. 광화문을 배후에서 공격하여 경호병을 몰아낸 후 경복궁을 점령하고 국왕과 왕비를 인질로 잡았다.

그리고 운현궁에서 흥선대원군을 입궐시킨 후 섭정으로 세우도록 했고, 민심 이반의 원인인 척족 민씨를 요직에서 축출하였다. 그리고 일본과 협력했던 친일개화파 인사들을 등용시키도록 하였다. 일본군 보초병이 경복궁 출입을 통제하는 가운데 일본 공사는 조일동맹조약을 강요하였다. 그것은 조선 정부가 청국군 축출을 일본에 요청하고, 전쟁에 협조할 것을 명시한 내용이었다. 경복궁 점거 직후 혼성제9여단은 청국군이 주둔한 직산현 성환으로 행군하였다.

청국과의 전단을 연 것은 해군 함대였다. 히로시마 대본영은 7월 19일 연합함대 사령장관 이토 스케유키(伊東祐亨, 1843~1914) 중장에게 작전명령 제1호를 내렸다. 조선 서해안의 풍도 및 안면도 부근을 점거해서 근거지를 삼고, 증파 병력을 수송하는 청국 함대와 운송선을 파쇄하라는 명령이었다. 이미 양국은 전쟁 상태로 들어갔다. 청국이 영국 조정안에 따라 일본군 철병을 협상의 전제 조건으로 제시하자 일본 정부가 이를 비난하고 국교 단절을 결정하였다. 그러자 청국의 광서(光緖) 황제가 격노해서 북양 대신 이홍장에게 개전 의사를 전달하였다.

아산의 청국군 지휘관이 7월 18일 증원군을 요청하자 이홍장은 2,300여 병력을 증파하였다. 이 증원군을 태우고 온 수송선과 호위했던 북양 함대의 군함이 아산만에 머물러 있을 때 일본 함정이 접근하였다.

7월 25일 오전 7시 45분 일본 해군의 제1유격대 함정이 선전포고 없이 풍도 부근에서 북양 함대 소속 방호순양함 제원(濟遠)과 어뢰순양함 광을(廣乙)을 포격함으로써 해전이 시작되었다. 청일 간의 육전은 그 4일 후인 7월 29일 새벽에 서울에서 내려간 일본군 혼성제9여단이 성환역 주변의 청국군을 공격하면서 벌어졌다. 이 두 전투는 동아시아 국가들이 근대식 군대를 동원해서 벌였던 첫 번째 대규모 해전과 육전이었다. 바다와 육지에서 전개된 이 전투에서 기습공격을 감행한 일본군이 기선을 제압하였다.

풍도전투와 성환전투에서 패배한 청국군은 국경에서 가까운 평양에 군대를 증파하였다. 성환에서 후퇴한 부대도 강원도로 우회해서 평양에 합류하였다. 히로시마 대본영은 7월 30일 제5사단장 노즈 미치츠라(野津道貫, 1841~1908) 중장에게 제5사단 잔여 부대의 파병 명령을 내렸다. 이에 따라 제10여단 2개 연대가 출병하였다. 8월 1일 청일 양국이 선전포고를 해서 본격적인 전쟁 상태로 들어갔다.

이 글은 조선에 처음 파병된 동원사단인 일본 제국의 육군 제5사단에 대해서 간략히 알아본 후 1894년에 제5사단을 지휘한 사단장 노즈 중장과 그가 부산에 상륙해서 서울로 북상한 행군 과정을 살펴보려는 것이다. 노즈 사단장의 북상로는 이후 히로시마 대본영이 직할하면서 보충 병력과 군수 물자를 수송하는 핵심 노선으로 이용되었다.[2] 청일전쟁 초기에 부산과 서울을 잇는 육로는 히로시마 대본영의 군용전신선이나 병참선을 연결하는 필수 통로였던 것이다.

이 군용전신선과 병참선이 대구 감영의 바로 북쪽인 선산부의 해평으로 지나갔다. 해평의 전주 최씨 저택들을 탈취해서 사용했던 병참부는 낙동강을 건너서 육로로 갈 때도 중요하였고, 선편을 이용해서 낙동강 수로를 북상할 때도 주요 근거지가 되었다. 이 저택 건물들은 지금도 남아 있기 때문에 당시 일본군이 설치한 병참부의 규모를 파악하는 근거가 되기도 한다.[3]

제5사단장 노즈 미치츠라 중장은 부산에서 서울로 올라가는 과정을 참모총장 아리스가와노미야 타루히토 친왕(有栖川宮 熾仁親王) 대장에게 「사단보고(師團報告) 제1호」[4]로 직보하였다. 노즈 사단장의 행군과 직접 관련된 내용은 이 사단보고를 토대로 하였다.

제5사단 병참부는 부산에서 서울, 그리고 인천에서 서울을 잇는 요지에 병참사령부를 설치해서 운영하였다. 이 병참선은 평양으로 증파한 제3사단도 지원하는 임무를 맡게 되자 8월 25일 중로병참부로 개칭하고 대본영 병참총감이 직할하였다. 제5사단 소속인 병참부 수비병도 원대 복귀시키고 재소집한 후비보병 제10연대 제1대대를 파견해서 배치하였다. 중로병참부는 대본영 상석참모와 병참총감을 겸한 육군 참모차장 가와카미 소로쿠 중장이 병참감을 통해 실제 지휘하였다.

2. 일본군 보병제5사단과 노즈 사단장

일본 제국의 육군 제5사단은 1873년에 설치한 히로시마 진대(鎭台)를 모체로 1888년에 개편해서 만든 동원 사단이다. 시마네현(島根縣)과 히로시마현(廣島縣), 그리고 야마구치현(山口縣)에서 병사들을 징집해서 편성한 사단으로서 히로시마가 위수 지역이었고, 사령부는 히로시마성 안에 두었다.

육군이 7개의 상비 사단을 편성한 해가 1888년이었다. 사단 배치표를 보면 전국에 포진한 6개의 사단은 진대의 근거지에 그대로 위치하고 있다. 진대제는 지역수비가 주요 임무인 프랑스 편제를 본뜬 것으로 프랑스 교관을 초빙한 시기에 갖춘 체제였다. 보불전쟁 이후 프러시아식으로 전환한 육군은 동원 사단 체제를 갖추었다. 진대가 지역 수비를 주임무로 한다면 사단은 동원체제를 갖춰서 원정군의 역할, 즉 대외 침략을 가능하게 만든 부대 편제를 말한다. 여기에 궁궐 수비와 행사 때 의장병 역할이 임무인 근위사단까지 모두 7개의 동원 사단을 확보하였다. 다음은 메이지유신 후 간략히 정리한 군사 확충 과정을 정리한 표이다.

<표 1> 일본의 군사제도 정비 과정

연도	군사제도 정비	비고
1869	병부성 설치	율령제의 무관 무기 담당부서
1871	친어병 창설(근위병→1891근위사단) 4개 진대 설치	
1872	육군성과 해군성 분리 육군 제2차 프랑스군사고문단	친어병 창설근위병
1873	징병령 → 6개 진대 확대 해군 영국 더글러스교관단	
1874	육군사관학교 설립 대만 출병	
1876	해군병학교(전신 해군조련소) 설립	
1877	세이난전쟁	근대식 전투경험 축적
1878	육군성에서 참모본부 독립	
1885	병력 확충, 전시 6개사단 편제	
1886	참모본부 해군부 설치	
1883	육군대학교 설치, 프랑스 교관 초빙	
1885	육군대학교 독일 메켈 소좌 교관 초빙	독일식 사단전투 연습
1888	진대제에서 사단체제로 전환 상설 7개사단 체제	
1889	해군 4개 진수부 설치	요코스카 구레 사세보 마이즈루
1894	산요(山陽)철도 히로시마 개통	6월 10일 개통
1901	산요철도 시모노세키 개통	

1893년 12월에 총원 18,492명의 전시 사단 편제를 규정하는 조례를 제정하였다. 사단사령부는 사단장을 비롯해서 참모부와 부관부 등의 정원이 177명이었고, 그 아래 2개 보병 여단이 소속되었다. 보병 사단에서 주력은 보병 연대였다. 5,806명이 정원인 보병 여단은 각기 2,896명의 보병 연대 2개를 거느렸다. 보병 연대는 962명 정원의 대대가 3개씩 소속되어 있었고, 정원 222명의 중대 4개가 그 아래 있었다. 여단에서 중대까지 본부의 인원

은 모두 98명이었다.

이와 함께 사단에는 전투병과로서 기병대대(정원 509명), 포병연대(정원 1,267명), 공병대대(523명), 대가교종열(大架橋縱列, 336명)과 소가교종열(大架橋縱列, 120명)이 부속되었다. 대가교는 큰 다리, 소가교는 작은 다리를 부설하는 임무를 맡은 공병 부대였다. 지원부대는 탄약대대(정원 1,508명)와 치중병대대(1,328명), 그리고 위생대(정원 416명)와 야전병원(정원 116명)이 있었다.

사단장은 2성 장군인 중장이 보임하였다. 일본군 무관의 관등 중 장관(將官)급 장교는 소장(少將)·중장(中將)·대장(大將)의 3등으로 구분되었다.[5] 좌관(佐官)은 대좌·중좌·소좌가 있었고, 위관(尉官)은 대위·중위·소위로 구분되었다. 하사(下士)는 조장(曹長) 군조(軍曹) 오장(伍長)으로 편성되었다. 이때는 하사관으로 장교에 준하는 대우를 받는 준위(准尉) 계급은 설치되지 않았고, 보병·포병·공병·치중병·헌병에 특무조장(特務曹長)이 있었다. 병사는 병장·상등병·일등병·이등병 순이었다.

일본 제국의 육군에서 소장은 여단장에 임명되었고, 중장은 사단장과 군사령관을 담당했다. 대장은 참모총장과 육군대신(陸軍大臣), 또는 군사령관에 보임되었다. 원수(元帥)는 명예직으로서 육군대장이 1898년 원수부조례(元帥府條例)를 제정한 후 원수부에 속해서 통수권자의 자문에 응하는 역할을 맡았다.

1894년에 제5사단장이었던 노즈 미치츠라(野津道貫) 중장은 육군의 최상층부에 속한 인물이었다. 육군 대장으로 전역한 이후 만든 1903년의 퇴역자 명단을 보면 육군 내 서열이 야마가타 아리토모(山縣有朋)와 오야마 이와오(大山巖)에 이어 3위에 올라있다.[6] 이 시기에 사단장은 실병력을 지휘하는 육군의 핵심 지휘관이 맡는 직책으로서 노즈 미치츠라는 사단장 중에도 경력이 비슷한 제1사단장 야마지 모토하루 중장과 함께 선임 위치에 있었다.

당시 각 사단 주둔지와 사단장은 다음과 같다.

근위사단 도쿄, 고마츠노미야 아키히토신노(小松宮彰仁親王, 1846~1903), 황족

제1사단 도쿄, 야마지 모토하루(山地元治, 1841~1897), 도사번 출신

제2사단 센다이, 사쿠마 사마타(佐久間左馬太, 1844~1915), 죠슈번 출신

제3사단 나고야, 가쓰라 타로(桂太郎, 1848~1913), 조슈번 출신

제4사단 오사카, 기타시라가와노미야 요시히사신노(北白川宮能久親王, 1847~1895), 황족

제5사단 히로시마, 노즈 미치츠라(野津道貫, 1841~1908), 사쓰마번 출신

제6사단 구마모토, 구로키 타메모토(黑木爲楨, 1844~1923), 사쓰마번 출신

7개 사단은 도쿄를 비롯해서 혼슈의 동해안 주요 도시와 세토내해의 요지인 히로시마와 규슈의 구마모토에 주둔하였다. 사단장의 출신 지역을 보면 메이지 정권의 실체를 알 수 있다. 황족 출신 2명의 사단장을 빼면 조슈번과 사쓰마번 출신이 각각 2명씩, 그리고 도사번 출신 1명이 5개의 사단장직을 맡고 있었다. 메이지유신을 주도한 조슈번과 사쓰마번, 그리고 도사번 출신이 육군 사단을 장악했던 것이다.

제5사단장인 노즈 미치츠라 중장은 군내 서열이 가장 높은 장성이기도 했다. 그는 사쓰마번의 하급 무사 출신으로 가고시마성 아래의 조선인마을인 고라이마치(高麗町)에서 성장했다. 1868년의 보신전쟁(戊辰戰爭)에 소대장으로 참전해서 서전인 도바・후시미전투(鳥羽・伏見の戰い)를 비롯해서 아이즈전투(會津戰鬪)와 하코다테전투(箱館戰鬪)에서 활약하였다.

1871년 도쿄에 가서 뒤에 근위사단으로 확대되는 고신페이(親御兵)로 들어가 육군 소좌로 임명된다. 징집령에 의해 육군을 확장해서 고속 승진을

하게 되면서 다음 해인 1872년 중좌, 1874년에는 대좌가 된다. 1878년에는 소장에 올라 도쿄진대의 사령관이 된다. 1884년 육군경(陸軍卿) 오야마 이와오를 수행해서 유럽의 군사 제도를 시찰하였다. 1884년은 임오군란이 일어난 2년 후이고 갑신정변이 발생한 해였다. 이 시기는 청국을 적국으로 간주해서 해군 증강을 위한 증세를 제기하면서 군사력 확충을 추진하던 때였다.

오야마 육군경은 메이지유신 다음 해인 1869년에 유럽에 가서 프러시아와 프랑스가 싸운 보불전쟁(普佛戰爭, 1870~1871)을 시찰한 적이 있었고, 1870년부터 1873년까지 스위스 제네바에 유학했다. 그런 그가 다시 소장 장교를 대동하고 군사 시찰을 간 것이다. 이때 수행한 인물 중에 미우라 고로(三浦梧樓), 가와카미 소로쿠(川上操六), 가쓰라 타로(桂太郎)와 함께 노즈 미치츠라가 포함되었다.

노즈 미치츠라가 펴낸 『구미순회일지(歐美巡廻日誌)』[7] 3권을 보면 2월 16일 출발해서 다음 해 1월 25일 돌아오기까지 군사 선진국인 유럽 여러 나라의 군사시설을 둘러본 과정이 상세하게 소개되어 있다. 상권은 홍콩을 지나 아라비아해와 지중해를 거쳐 이태리와 프랑스에 들어가서 시찰하는 여정을 기록하였다. 중권은 벨기에와 러시아, 그리고 독일 3국을 순회하는 내용이다. 하권은 독일에서 오스트리아를 보고 프랑스 영국을 거쳐 미국을 지나 태평양을 통해 돌아오는 과정을 담고 있다.

육군경 직위로 방문한 오야마는 유럽 국가의 참모총장 등은 물론 국왕까지 알현할 수 있었고, 대규모 훈련장을 참관하거나 주요 군부대를 찾아가 필요한 자료를 요청해서 구할 수 있었다. 이처럼 군사 전반에 관해 획득한 정보들은 일본 제국의 육군 편제의 개혁이나 무기 확보 등에서 즉각 활용이 가능한 것이었다.

1885년에는 전권대사 이토 히로부미(伊藤博文)를 수행해서 참모본부의 정보장교들인 육군 소좌 츠치야 미즈하루(土屋光春, 1848~1920), 육군 대위 후쿠시마 야스마사(福島安正, 1852~1919), 육군 대위 야마네 타카스케(山根武亮, 1853~1928) 등과 함께 청국을 방문하였다.[8] 츠치야 미즈하루 소좌는 조선과 청국의 정보 수집을 담당한 관서국의 핵심이었으며, 후쿠시마 야스마사 대위는 1874년(明治 7)부터 육군 참모국에 있으면서 지도와 지리학을 익히는 동시에 외국어 공부에 전념하여 영어·독어·불어·러시아어·중국어의 5개 언어를 능숙히 할 수 있는 인물이었다. 1878년에는 청국공사관 무관으로 2년간 근무하였다. 야마네 타카스케 대위는 경시청 순사로서 육사 1기생으로 입학해서 석차 3위로 졸업하였다. 참모본부는 그를 청국에 파견해서 베이징 부근 5만분의 1 군사지도를 그려 오게 하였다.

이토 히로부미와 함께 청국을 다녀온 노즈 미치츠라 소장은 의견서를 제출한다.[9] 그것은 ① 각 진대에 속히 기병을 배치하고, 기포병(騎砲兵)을 신설하는 것, ② 교선(橋船) 재료의 필요성 ③ 청국의 지형과 언어를 익힌 장교 양성, ④ 장관(將官)급 장교를 파견해서 현지를 보고 오도록 하는 것 등이었다. 이 의견서는 청국과 전쟁을 대비해서 청국 화폐 조사와 원정군의 질병 치료까지 대책을 세워서 건의하였다.

이때 청국에서 정탐한 직예성 현재군(現在軍)의 병력 수를 보고하고 일본군의 증강을 강력히 요청했던 것이 두드러진다. 직예성에는 보병 64,071명 기병 14,038명 포병 6,139명이 있다는 것이다. 거기에 보병 대대에는 간간이 포병 1개 중대가 편성되어 있고, 그 수는 보고한 6,139명의 포병에 들어 있지도 않다고 하였다.

노즈 미치츠라는 1885년 5월 중장으로 승진하고 히로시마 진대사령관에 취임한다.[10] 1888년 5월 진대가 사단으로 개편되고 상설 6개 동원사단 체제로 확대되면서 그대로 제5사단장을 맡았다. 1894년 노즈 미치츠라 제5사단장은 53세로 청일전쟁에 참전하게 된다. 그리고 1894년 12월 제1군사령관 야마가타 아리토모 대장이 물러나면서 제1군사령관으로 임명되어 제5사단을 떠난다. 진대사령관부터 헤아리면 노즈 미치츠라 중장은 무려 10년 동안 제5사단을 지휘하였다.[11]

〈표 2〉 일본 육군 제5사단 위수 지역

보병 제5사단 (히로시마)	보병 제9여단(히로시마)	보병 제11연대(히로시마)
		보병 제21연대(히로시마)
	보병 제10여단(마쓰야마)	보병 제12연대(마루가메)
		보병 제22연대(마쓰야마)
		기병 제5대대(히로시마)
		포병 제5대대(히로시마)
		공병 제5대대(히로시마)
		치중병 제5대대(히로시마)

제5사단은 보병 제9여단과 제10여단이 주축이었다. 제9여단은 보병 제11연대와 21연대로 구성되었고, 제10여단은 보병 제12연대와 22연대로 구성되었다. 제11연대는 편성지와 주둔지가 히로시마였다. 이 연대는 조선과 관련이 깊었다. 이미 1882년 임오군란 때 1개 보병대대가 해군 육전대와 함께 조선에 파견된 바가 있었다. 21연대도 히로시마성에서 편성했는데, 뒤에 시마네현의 하마다(浜田)로 이전해서 주둔하게 된다.

제10여단의 제12연대는 시코쿠(四國)의 가가와현(香川縣) 마루가메(丸龜)에서 편성해서 주둔하게 됨으로써 마루가메 연대로 불렸다. 제22연대도 시코쿠의 에히메현(愛媛縣) 마쓰야마(松山)에서 편성해서 역시 마쓰야마에 주둔하였다.

이와 함께 포병 제5대대와 공병 제5대대, 그리고 치중병 제5대대가 창설

때부터 예하 부대로 있었으며, 기병대대와 위생대, 야전병원이 소속되었다.

보병 제5사단의 사령부는 히로시마성에 위치했으나 관할하는 지역은 주고쿠(中國)라고 불렸던 혼슈의 히로시마현과 야마구치현, 그리고 시마네현 일대까지 포함하였다. 또한 시고쿠(四國)의 가가와현과 도쿠시마현(德島縣), 그리고 에히메현과 고치현(高知縣)까지 방어하는 사단이었다. 따라서 사단 사령부와 여단사령부를 비롯해서 각 지원부대는 히로시마 · 야마구치 · 오노미치 · 마쓰야마 · 우와지마 · 마루가메 · 다카마쓰 · 도쿠시마 · 고치 · 이마바리 등 넓은 지역에 퍼져 있었다.

3. 노즈 미치츠라 제5사단장의 조선 파병과 육로 북상

1) 제5사단 후속 부대의 조선 증파 결정

대본영이 전쟁을 결정하고 육해군 장교에게 그 사실을 처음 알린 날은 1894년 6월 1일이었다. 제5사단장 노즈 미치츠라 중장은 보병 제11연대와 제21연대를 주축으로 지원부대를 증강시킨 혼성제9여단을 편성하였다.[12] 6월 5일에는 히로시마 남부 해안의 우지나(宇品) 군항에는 병참사령부 겸 정박장사령부를 설치하였다.[13] 6월 6일에는 대본영에서 혼성제9여단장 오시마 요시마사(大島義昌, 1850~1926) 소장에게 선발대인 제1대대가 8일 오후 우지나군항에 도착하니 수송선 와카노우라마루(和歌の浦丸)에 승선시켜서 인천으로 보내라는 전보 명령을 내렸다.[14]

청국과 전쟁을 감행하려는 일본군은 원정군을 파견하면서 오랫동안 대비해 온 근대식 전쟁 수행을 추진하였다. 먼저, 참모 조직을 통해 전쟁을 기획하고 전개하는 방식을 취하였다. 혼성제9여단 선발 부대와 동행한 정보장교들인 후쿠시마 야스마사(福島安正) 중좌와 우에하라 유사쿠(上原勇作, 1856~1933) 소좌, 그리고 이주인 고로(伊集院五郞, 1852~1921) 해군 소좌 등은 육해군 참모 조직에서 조선과 청국의 정보 수집을 담당한 노련한 장교들이었다.

이미 조선과 청국 공사관에 파견된 무관들의 첩보와 함께 새로 파견된 정보장교들의 비밀 정탐, 대외 조종, 기술 조사, 물자 조달 등에 관한 보고가 긴급 대응이 필요한 군사작전에 중요한 근거가 되었다.[15] 조선에는 와다나베 테츠타로(渡邊鐵太郞) 육군 대위와 니이로 도키스케(新納時亮) 해군소좌가 오랫동안 머물면서 동학도들의 동향과 위안스카이(袁世凱, 1860~1916)의 동정 등에 관해 상세한 정보를 보내고 있었고, 청국에서는 가미오 미츠오미(神尾光臣, 1854~1927) 육군 소좌 등이 텐진 등 군항과 군 주둔지에서 벌어지는 긴급한 변화에 대한 정보를 보내왔다.

각국에 파견된 정보장교 집단을 지휘한 최고위 인물은 가와카미 소로쿠 참모차장이었다. 청일전쟁은 그가 실제로 이끄는 히로시마 대본영에서 작전 전반을 통제하려고 하였다. 서울에서 경복궁을 침범하는 병력에게 지침을 내리거나 청군의 정보를 수집해서 군사작전을 지도한 핵심은 가와카미 소로쿠의 지시를 받은 이들 정보장교들이었다.[16]

둘째는 군용전신을 설치하여 전투 현지의 보고를 대본영에서 직접 받고 명령을 내리는 방식을 취하였다. 이를 위해 부산에서 서울까지 군용 전선 가설을 서둘렀다. 6월 26일「제5사단장에게 내린 명령」을 보면 그 긴급성이 드러난다. 2개 조의 가설지대를 보내 한쪽은 부산에서, 한쪽은 서울에서 공사를 시작하여 중간 지점에서 만나도록 계획하고, 제5사단장이 책임을 지고 지원하도록 하였다.[17] 이와 동시에 대본영에서 직접 보낸 제1지대는 부산에서 시작하여 대구를 거쳐 성주·추풍령·옥천을 지나 청주까지 전신선을 가설하고, 제5사단에서 편성해서 파견하도록 한 제2지대는 서울에서 시작하여 청주까지 가설하도록 했다.[18] 이와 함께 조선에서 설치한 국유 전신선도 일본군이 탈취해서 군용으로 사용하도록 하였다.[19]

셋째는 병참 지원을 통해 전투부대의 전투 능력 유지를 중시하였다. 혼성제9여단에 치중병대(輜重兵隊)를 배속시켜서 무기와 탄약 그리고 군량 등을 공급하였고, 일본에서 보내는 군수물자는 수송선으로 인천항에 보내면서 제5사단 병참감부(兵站監部)에서 구축한 육로 병참망을 통해 전투지로 보내게 하였다.[20] 청국의 북양 함대로 인해 황해의 제해권을 갖지 못했을 때는 기민하게 부산에서 서울까지 육로를 확보하였다. 이 때문에 서울 이남은 남부병참감부를 따로 설치해서 대본영 상석참모로서 병참총감을 겸무한 참모차장 가와카미 소로쿠 중장이 직접 지휘하였다.[21] 경부 간 병참선로도 참모본부의 정보장교들과 함께 파견된 경리관 후지이 츠네오(藤井常雄) 3등군리(軍吏)가 실사한 바가 있었다.[22]

가와카미 소로쿠 병참총감은 부산에 교두보 같은 성격인 대본영의 운수통신지부(運輸通信支部)를 설치하고, 6월 7일 지부장에 참모본부 제2부원 소속 소장장교인 시바 가쓰사부로(柴勝三郎, 1864~1938) 중위를 임명하였다.[23] 히로시마에서 조선으로 가는 모든 병력과 군수물자 등은 우지나 병참 겸 정박장사령관을 맡은 대본영의 우지나운수통신지부장[24] 야마네 타케스케(山根武亮) 소좌의 통제를 거쳐 우지나군항을 출발하였고, 부산에 와서는 부산 운수통신지부장 시바 중위의 주선에 따라 움직였다. 조선에서 일본으로 보고되는 긴급 전문 같은 주요 사항도 시바 중위를 거쳐 가게 마련이었다.

인천항은 서울로 가는 최단 거리의 항구였다. 일본군은 인천에 상륙 시설을 설치하는 동시에 서울까지 행군로에 대규모 막사를 세웠다. 7월 8일 병참총감 가와카미 소로쿠가 육군 대신 오야마 이와오에게 요청한 막사는

3,000명 주둔이 가능한 규모[25]에서 5,000명 규모로 확대된 것이었다. 더운 계절에 치를 전투에 대비하여 환자 등을 위해 증설한다는 계획이었다.[26]

전쟁 발발 이전부터 가장 먼저 시급히 추진했던 임무가 군용 전선 가설이었다. 대본영에서는 제5사단장에게 명령을 내려 부설 책임을 지도록 하였다. 그러면서 직접 제1가설지대 사령관으로 요시미 세이(吉見精)[27] 공병 소좌를 선임해서 서둘러 작업하도록 하였다. 제2가설지대는 7월 2일 제5사단장이 바바 마사오(馬場正雄) 공병 소좌를 선임해서 작업을 시작하도록 하였다. 제1가설지대는 장교 5명에 하사와 병 142명 그리고 기수(技手) 9명과 운반부 160명 등을 합해 345명이었고, 제2가설지대는 장교 4명에 하사와 병 126명 그리고 기수 10명과 인부 150명 등을 합해 449명이었다. 말은 각 지대에 5마리씩 배정하였고, 전신주와 전선 등 자재와 부속은 연달아 일본에서 수송해 왔다.[28]

대본영에서 직접 임명한 제1지대는 부산에서 시작하여 대구를 거쳐 성주·추풍령·옥천을 지나 청주까지 전신 가설을 책임졌고, 제5사단에서 편성해서 파견한 제2지대는 서울에서 시작하여 청주까지 가설을 맡도록 했다.[29] 전신선로 주변을 정찰하고 호위하는 임무는 부산에 남겨 둔 보병제21연대 제5중대 병력으로 맡게 하였다. 군용전신망 연결 노선은 병참선로를 결합시켜서 전신망과 병참망이 함께 설치되었다.

조선 정부는 일본 공사 오토리의 요청에도 군용전신선의 설치를 승낙하지 않았다. 오시마 혼성제9여단장이 참모총장에게 올린 7월 13일자 보고에서도 오토리 공사가 "조선 정부가 전신 가설을 승낙할 전망은 없다고 단언했다."는 말을 전하고 있다.[30] 그러나 7월 23일 경복궁을 일본군이 기습해서 점거한 다음에는 일본군의 의도대로 갈 수밖에 없었다. 조선 정부에서 군사문제를 전담하면서 일본의 내정간섭에 적극 반대했던 호위부장 신정희(申

正熙) 등은 발언권이 줄어들었다. 일본 공사는 새로 임명된 외무대신 김윤식(金允植)에게 강요하여 각종 요구를 관철시켰는데, 국왕이 인질이 된 경복궁 점령 이후에는 군용 전선 가설 문제가 논란조차 되지 않았다.

대본영의 주요 직책은 참모본부에서 정보를 관장하던 장교들로 채워졌다. 병력과 군수물자 수송과 통신 그리고 병참 책임자가 운수통신장관 데라우치 마사타케(寺內正毅, 1852~1919) 대좌였다. 그리고 육군참모가 츠치야 미츠하루(土屋光春) 대좌와 도조 히데노리(東條英敎, 1855~1913) 대좌였으며, 병참총감부 참모장대리가 다무라 이요조(田村怡與造, 1854~1903) 소좌였다. 정보와 함께 병참과 통신을 중시했던 대본영 사정을 잘 보여주는 인선이었다. 사실상 대본영과 참모본부의 소속 장교들의 임무에는 구분이 없었다.[31]

히로시마 대본영이 목표한 조선과 청국을 상대로 한 전쟁 도발은 순조롭지 않았지만 7월 23일의 경복궁 기습, 7월 25일의 아산 풍도전투, 7월 29일의 성환전투로 확대되었다. 8월 1일 청국과 일본은 선전포고를 하고 본격적인 전쟁을 준비하였다.

북양 대신 이홍장은 파병 가능한 청국군 부대를 조선에 파견하였다. 청국이 증파한 병력은 속속 평양으로 집결하였다. 그 수는 15,000명 가까이 달하는 병력이었다.[32]

성자군(盛字軍) - 총병 위여귀(衛汝貴) 병력 5,600명

의자군(毅字軍) - 총병 마옥곤(馬玉昆) 병력 2,100명

봉천군(奉天軍) - 총병 좌보귀(左寶貴) 병력 보병 2,574명, 기병 1,156명 계 3,730명

성자연군(盛字練軍) - 총병 풍승아(豊陞阿) 병력 기병 524명 1,500명

아산군(牙山軍) - 엽지초(葉志超) 섭사성(聶士成) 병력 3,000명

계 14,954명 야포 4문, 산포 28문, 기관포 6문

아산군은 성환에서 일본군 혼성제9여단의 기습을 막지 못하고 평양 집결지로 후퇴해서 합류한 부대였다.[33] 평양 감사 민병석은 관군을 동원하고 군량을 제공해서 청군을 지원하였다. 혼성제9여단 기병대는 청국군의 남하를 우려해서 임진강 일대를 정찰하며 동정을 살폈다. 8월은 청일 양국군의 병력 증강과 대치로 불안한 정국이 이어졌다.

청일 간의 다음 전투는 평양에서 벌어질 것으로 예상되었다. 히로시마 대본영은 일본군 병력 증파를 결정하였다. 그러나 대규모 병력이 조선에 파견되고 전투를 치루면서 병참 보급의 문제가 심각한 사실을 알게 되었다. 서울에서 성환전투를 위해 행군할 때 서울 근교에서 통행로를 막고 우마와 인부를 강제 징발했다가 26일 아침에 대부분 도망해서 여단의 출발이 불가능하게 되었다. 이 때문에 제21연대 제3대대장 고시 마사츠나(古志正綱) 소좌가 자살하는 사건도 벌어졌다.

혼성제9여단 2개 연대의 병력이 서울 일대에서 한 달여 동안 주둔하였다. 11연대는 3개 대대의 12개 중대에 3,095명이 소속되어 있었고, 21연대는 3개 대대의 12개 중대에 3,070명이 소속되어 있었다. 이들에게 막사를 비롯한 여러 문제를 시급히 해결해 주어야 했다. 기병중대는 장병 208명에 말이 127마리였다. 산포병대대는 장병 523명에 승마용 말 38마리와 짐말 160마리가 딸려 있었다. 공병중대도 292명의 병력이었고, 치중대는 154명의 병력에 41마리의 말이 수반되었다. 혼성제9여단은 총 8,055명 병력에 말 290마리, 짐말 160마리 모두 450마리를 유지하였다.[34]

혼성제9여단 병력은 이미 7월의 무더위를 겪었고, 8월의 혹서기를 맞았다. 위생도 좋지 않아 야전병원에서 치료받는 병사들이 늘어갔다. 이들에

게 공급해야 할 군량과 말먹이, 무기와 탄약, 피복과 생활용품, 치료 약품과 병원 물품 등이 적지 않았다. 일본에서 계속해서 보급해야 군사력이 유지될 수 있었다.

6월 29일자와 7월 19일자로 파악된 주둔지는 다음과 같다.[35]

> 용산 : 여단사령부 제11연대 기병대 포병대 공병대 병참사령부 병참부 군
> 악대
> 아현동 : 제21연대
> 인천 : 제2야전병원 병참감부 병참부
> 공덕동 : 위생대 제1야전병원

여기에 공병으로 이루어진 군용전신 가설지대가 작업 중이었고, 전신지대는 광나루에 위치하고 있었다. 혼성제9여단의 보급품 중 조선에서 구할 수 있는 품목은 군량 같은 일부에 지나지 않았다. 막사 자재와 전신주 재료에 이르기까지 결국 일본에서 수송하여 공사를 진행하였다.

조선 내의 병참망 구축은 전쟁 승패와 직결하는 문제가 되었다. 제5사단 잔여 부대와 추가 파병 사단으로 결정된 제3사단이 출동하면 평양까지 보내는 무기와 탄약을 비롯 군량과 군복 등 군수물자 수송이 크게 증대할 것이었다.

혼성제9여단은 부산에 도착한 다음에 해로를 통해 인천까지 가는 노선을 선택하였다. 그러나 8월 초 청일 양국이 선전포고를 한 이후 서해를 통해 올라가는 방법은 위험하였다. 일본 함대가 영국 국적 수송선 고승호(高陞號)를 격침시켜서 청국군 약 1천 명을 학살한 후에는 황해로 올라가는 해로로 병력 수송하는 것을 꺼려하였다. 부산과 인천 간 항로가 막힐 경우 육로를 선

택할 수밖에 없었다.

혼성제9여단의 행군로인 인천에서 서울로 들어가는 길목에 병참부를 설치해서 군수물자를 운송했으나 항구에 여러 나라의 군함이 들어와 있고, 개항장인 인천에 각국 사람들이 들어와 있었기 때문에 일본군이 자의대로 활동하기 어려운 점이 있었다.[36]

대본영은 노즈 사단장에게 육로로 북상해서 서울로 가라는 명령을 내렸다. 7월 27일 내린 '제5사단장에게 주는 훈령'을 요약하면 다음과 같다.[37]

① 인천과 부산 간 항로가 폐색(閉塞)되는 경우 부산에서 대구·상주·충주를 경유하는 육로를 병참선로로 채택한다. 그러나 그 도로가 심히 험악하므로 미리 수리에 착수한다. 지난번 파견한 정찰관의 보고에 의거해서 연도에 군량미 수집과 수송을 위한 예비 창고를 설치한다. 지금 가설하고 있는 전선을 보호하고 그 파괴를 우려해서 호위를 한다.

② 병참감 후루가와 공병 대좌 아래 병참감부와 3개의 병참사령부에 필요한 인원, 공병 제6대대 제1중대를 소속시킨다.

③ 병참감 후루가와 대좌는 31일 오후 5시발 우지나항에서 해군 군함 이즈미마루(和泉丸)를 타고 모지항(門司港)에서 공병 제6대대 제1중대를 승선시킨다.

④ 후루가와 병참감은 도로 수리를 위해 가와카미 소로쿠 병참총감, 군자(軍資) 수집과 수송 그리고 창고 설치를 위해 노다 히로미치(野田豁通) 야전감독장관[38]의 조처를 받는다.

⑤ 도로 수리에 필요한 사항은 도로 정찰 보고를 참고한다.

이미 참모본부는 전쟁에 대비해서 육로 병참선을 구상하고 정찰관을 파견해서 도로와 군량 창고 설치 지점 등을 파악해 두었다. 이 훈령에서 조선을 전선의 후방 지원 기지와 병참 지원 통로로 설정한 것이 드러난다. 노즈 사단장의 육로 북상은 이 병참선을 점검한다는 의미가 있었다. 그래서 직접 부산에서 대구·상주·충주를 거처 올라가라고 지명까지 특정해서 노선을 정해 주었다.[39] 경상도·충청도·경기도 삼도(三道)를 지나 국토의 중앙을 관통해서 서울로 가는 최단 거리 노선이었다.

당시 조선의 도로 사정은 열악하였다. 병참 선로도 정비하지 않으면 활용하기가 어려워서 도로 공사를 맡을 공병대 제6대대 제1중대를 병참감 후루가와 대좌에게 이속시켰다. 일본인 인부도 500명을 소집해서 파견하였다.[40] 조선 정부의 승인을 받지 않고 공사를 시작한 전선가설지대도 사람과 말이 통행하기 어려운 도로부터 손봐야 했다.[41] 그것은 좁은 도로를 확장하고. 행군하기 편하도록 높고 낮은 논밭을 깎아 내리고 매립하며, 무른 땅에는 자연석을 깔면서, 붕괴 우려가 있는 길은 수선하는 것이었다. 이를 위해 광산용 화약 500kg과 뇌관, 공병용 화약 600kg와 도화선 500m 등을 보냈다.[42] 그런 공사가 이루어져야 대규모 인마의 행군과 군수물자의 수송, 특히 포병의 이동이 가능하였다.[43]

낙동강에서는 배를 이용해서 상류로 군수물자를 운반하면 육로보다 쉽게 올라갈 수 있었다. 선산부 해평과 상주목 낙동 그리고 함창현 태봉에는 낙동강 수로를 이용할 수 있는 병참부를 설치했다. 주변 나루에는 배로 올라온 군수물자를 하륙하는 정박장도 조성했다. 이러한 공사를 할 때 주민과 지방관의 협조가 필요하였다.

노즈 미치츠라 사단장이 제5사단 잔여 병력과 함께 조선으로 직행하라는 히로시마 대본영의 명령을 받은 것은 풍도해전이 일어난 2일 후인 7월 27일이었다. 청국과 일전을 결하는 대규모 전투는 피할 수 없었고, 그 첨병 사단이 제5사단이 될 것이었다. 제5사단 잔여 병력은 시고쿠(四國)의 가가와현 마루가메(丸龜)에 주둔한 제12연대와 에히메현 마쓰야마(松山)에 주둔한 제22연대가 중심이었다. 이 2개 연대로 구성된 12여단 외에 기병대대와 포병연대, 그리고 공병대대와 치중병대대 등이 포함되었다.

병력을 보면, 장관급에서 위관급까지 장교가 244명, 하사관이 697명, 병졸이 8,290명, 역졸 16명이 있었고, 군마를 관리하고 수송을 맡은 병력 각각 165명과 2,752명을 포함하면 12,164명에 달하는 규모였다. 장교에 포함된 인원 중에는 군속으로서 좌관과 위관에 해당하는 상당관(相當官)이 있었고, 또 하사에 해당하는 군속도 포함되었다. 일부이지만 병졸 중에도 그와 같은 지위로 참여하는 경우가 있었다.

여기에 기병대대에 소속된 군마 135필을 포함해서 각 부대에서 사용하는 말 396마리와 대포를 끄는 짐말 320마리를 보유하였다. 잔여 부대도 적지 않은 규모였다.[44]

〈표 3〉 第5師團(混成1旅團欠) 人馬一覽表

部隊 / 等級	師團司令部	旅團司令部	步兵2개聯隊	騎兵大隊	砲兵聯隊	工兵大隊	輜重兵隊	彈藥大隊	兵站監部增加人馬	野戰砲廠	輜重監視隊	砲廠監視隊	患者輸送部	計
將官	1	1												2
佐官 相當官	3 / 3		8	1	3	1	1	1	1	1			1	24
尉官 相當官	8 / 15	2	106 / 18	5 / 3	19 / 6	5	4 / 5	8 / 5	2	1	1	1	2	218
下士 相當官	14 / 22	2	412 / 24	15 / 2	59 / 6	18	33 / 3	44 / 12	2 / 1	4 / 7	5 / 2	6 / 2	2	697
兵卒	34		4,800 / 24	101 / 1	656 / 4	200 / 1	156	2,200		8	44	56	5	8,290

役卒	8	1						1	2	1			3	16
馬卒	34	6	38	15	36	7	11	14	1	1	1	1		165
輪卒	106	6	942	93	318	81	1,083	120	3					2,752
計	248	18	6,372	236	1,107	315	1,296	2,405	12	23	53	66	13	12,164
乘馬	64	7	38	135	79	7	21	30	1	1	6	7		396
駄馬					320									320
計	64	7	38	135	399	7	21	30	1	1	6	7		716

노즈 사단장은 이런 규모의 잔여 부대를 보내는 동시에 선발 부대인 제9여단까지 지휘하기 위해 서울로 시급히 가야 했다. 이때 제9여단의 정찰대는 임진강까지 파견되어 있었고, 평양에 있는 청국군이 남하한다면 불시에 조우전도 일어날 수 있었다. 사단장이 현지에 가서 지휘하지 못하는 상태로 오래 둘 수 없었다.

그리고 부산에서 육로로 북상하는 도상에 설치된 병참망과 군용전신망의 실태를 점검하는 것도 노즈 사단장의 주요 확인 대상이었다. 병력 이동과 함께 전쟁 수행에 필요한 무기와 탄약 그리고 각종 군수물자의 원활한 보급 여부는 병참망 운용에 달려 있었다.

2) 노즈 제5사단장의 육로 북상

대본영의 명령에 따라 제5사단 잔여 병력은 즉각 출동하였다. 제5사단 병참부가 먼저 행군로에 병참 보급을 준비하는 업무를 개시하였다. 7월 28일 제5사단 병참감 후루가와 노부요시(古川宣譽, 1849-1921) 대좌를 중심으로 본부를 꾸렸다. 그리고 감독부・금궤부・양향부・군의부・우편부와 함께 인부를 담당하는 부서를 두었다. 그리고 수비병과 함께 헌병도 파견하는 16개의 지부를 편성했다.[45]

병참 지부는 부산에서 서울까지 설치하였다. 각 요지에 병참사령부와 군용전신소를 두었고, 후비보병 제10연대의 제1대대 병력을 각 병참부에 분산 주둔시켜서 수비를 맡도록 결정하였다. 그리고 이 북상로를 중로(中路)라고 하고, 이를 관장하는 병참감을 남부병참감이라고 하였다. 남부병참감 예하의 지부인 각지의 병참부는 일시에 설치될 수 없었다. 먼저 부산과 대구 등 요지에 급히 설치한 병참부를 거쳐 선발대가 행군해 가도록 했다. 일부가 뒤에 이전하지만 설치된 지역과 수비 병력, 그리고 수비대 사령관은 다음과 같다.[46]

〈표 4〉 남부병참감 관할 병참부와 수비병

지역	병력	사령관[47]	비고
부산	대대본부		제3중대
삼랑진	1개 소대	가다오카(片岡) 소좌	
물금	1개 분대	다케다(武田) 소좌	제2중대
밀양	1개 분대	마쓰무라(松村) 소좌	
대구	1개 소대	우마야하라(馬屋原) 소좌	
청도	1개 분대	소다(曾田) 소좌	제2중대 본부
다부원	1개 분대	와다나베(渡邊) 소좌	
낙동	1개 소대	이마하시(今橋) 소좌	
해평	1개 분대	가가와(香川景俊) 소좌	제2중대
태봉	1개 분대	도키자와(時澤) 소좌	
문경	반소대	데와(出羽) 소좌	제1중대
안보	1개 분대	모리토(森戸) 소좌	
충주	1개 소대		제1중대 본부
가흥	반소대	(하담)다이쿠(大供) 소좌	
장호원	1개 분대	하타노(波多野) 소좌	
곤지암	반소대		
이천	1개 분대	우메사키(梅崎) 소좌	
송파진	1개 소대	야마가타(山縣) 소좌	제1중대
조현	1분대	시바(芝) 소좌	

3개 중대로 이루어진 후비대대의 1개 중대를 상륙지인 부산에 대대본부

와 함께 주둔시켰고, 중간의 주요 거점인 삼랑진 · 대구 · 낙동 · 문경에도 1개 소대나 그 절반의 병력을 배치하였다. 인근 병참부에서 문제가 생길 경우 거점 병참부에서 지원하도록 하였다. 이 중 군수물자 저장을 위한 창고를 설치한 중요 병참부는 9개로 부산 · 삼랑진 · 대구 · 낙동 · 문경 · 하담 이천 · 조현 · 송파 병참부였다.[48]

사단장 노즈 미치츠라 중장은 8월 5일 우지나군항을 출발해서 다음 날 오전 9시 15분 부산에 도착하였다. 노즈 사단장은 출발에 앞서서 센바 타로(仙波太郎) 참모[49]를 부산으로 보내 후속 부대의 상륙 준비를 확인하도록 하였다. 이미 8월 3일 제12연대 2대대가 부산에 도착해서 4일에는 서울을 향해 북상 행군을 시작하였다. 이때부터 중로를 거치는 행군이 어렵다는 보고가 잇달아 올라왔다. 8월 4일 병참 계통을 통해 도로 보수 사정과 함께 탄약과 군량의 수송이 곤란한 사정이 전해졌다.[50]

노즈 사단장은 부산에 도착한 직후 이러한 보고를 받았다. 중로병참부를 연결하는 도로가 대규모 병력이 이동하기 어려울 만큼 험악한 상태라는 것이었다. 노즈 사단장은 현장 지휘관으로서 대본영의 전투 서열에 따른 행군 명령을 즉각 조정하였다. 대포 같은 중무기와 포탄을 운반해야 하는 포병 연대본부 그리고 포병 1대대본부 및 포병 제1중대를 원산으로 직행하도록 한 것이다.

일본군 대본영도 동일한 보고를 받고 계획을 수정해서 제5사단 잔여 부대 중 일부도 해로를 통해 원산으로 가도록 하였다. 이에 따라 가가와현 마루가메에 주둔했던 제12연대 제1대대도 도토미마루(遠江丸)에 승선하여 원산으로 향했다. 그리고 사단장은 나머지 부대와 함께 중로로 북상해서 속히 서울에 가라고 훈령을 내렸다.

노즈 미치츠라 사단장은 참모부 부관과 함께 기병 제5대대 제2중대에서 차출한 제1소대의 호위를 받으며[51] 8월 8일 오전 4시 50분 서울을 향해 부산을 출발하였다.[52] 첫 번째 도착지는 양산병참부였다. 노즈 사단장은 참모총장 타루히토(熾仁) 대장에게 보낸 「사단보고」에서 부산의 사척동(砂脊洞) 고개부터 마필 통과가 심히 곤란했다고 언급하였다. 북상길 전 구간에서 일어난 여러 사건을 세세히 기록[53]한 이 보고문은 첫머리에서 노즈 사단장이 겪은 주요 문제를 나열하고 있다.[54]

> 도로는 험악하고 더구나 조선 화폐는 없고 고용할 사람이나 마필(馬匹) 부족으로 군대가 행진하는 데 곤란한 상황은 여러 번 전보로 보고한 것과 같습니다. 그 도로는 험악하여 대부분 돌길이었고, 또 도로라고 부르기가 어렵게 논두렁길(畦道)로 지나가는 부분이 간혹 있어 심한 험로였습니다. 처음에 한 사람은 통과한다고 생각했지만 휴대품이 있어 곤란하였고 또 많은 물품을 운반하는 데 많은 인부가 필요했습니다. 조선 인부(韓夫) 사용에는 곤란한 점이 심했고(인부를 얻기도 어렵고 얻더라도 행진이 느리고 재촉하면 놀라서 도망칠 우려가 있는 등) 또 물품을 지방에서 조달했지만 실로 주선이 너무 늦어 결국 다음 날 행군을 중지하는 데 이르렀습니다.

불편한 점으로 지적한 것은 다섯 항목이었다. ① 도로가 험악하고 좁아서 군장과 무기를 휴대해서 통과하기가 어렵다. ② 물자 수송에 인부가 많이 필요하지만 조선 인부 확보가 어렵고 또 신속히 행진하지 않는다. ③ 인부에게 빠르게 가라고 재촉하면 놀라서 도망한다. ④ 운임 지불에 필요한 조선 돈 확보가 어렵다. ⑤ 지방에서 물품 조달이 어렵고 주선이 너무 늦다.

노즈 사단장은 행군하면서 이런 문제의 해결 방안을 찾아내야 했다. 도로 문제는 단기간에 해결할 수 있는 문제가 아니지만 공병대 동원만이 유일한 방법이었다. 그래서 7월 28일 공병 제6대대 제1중대에 일본 인부 500명을 동원하는 긴급 공사를 명령하였다.[55] 제5사단 예하의 공병 제5대대는 전투 현지에 동원되었기 때문에 이 공병대는 제6사단에서 배속받은 중대였다.

일본군 공병대가 벌였던 도로 공사는 조선의 관리들에게 놀라운 사건이 었던 것 같다. 고성부사 오횡묵은 공사 내용까지 세밀하게 기록하고 있다. '도로가 좁은 곳은 넓혔고, 높은 곳은 파내고 낮은 곳은 메우며, 돌을 뽑고 나무를 잘라 평탄하게 만든다.'는 것이다.[56]

> 일본인을 말하면 5월부터 동래에서 내지를 따라 상경한 사람이 5만~6만 명에 이른다고 한다. 지나는 길은 3백 명씩 혹 대를 지어 3일 기한으로 10리 를 수리하는데 좁은 곳은 전답을 따지지 않고 높은 곳은 파내고 낮은 곳은 메워서 돌을 뽑고 나무를 잘라 기어이 평탄하게 하였다. 대략 40리에 하나 씩 병참을 두어 동래·밀양·청도·대구·독명원·해평·낙동·태봉·문 경은 대참(大站)으로 일병이 많으면 2천~3천 명에 이르고 적어도 천 명 이하 가 아니다. 그 나머지 소참(小站)에도 1백~2백 명이 된다고 한다.

여기에서 병참부 사이의 거리가 40리라고 하면서 설치된 지명도 기록하 고 있다. 일본군 공병대는 공사 구역을 3개로 나누었다. 처음에는 대구에서 인동까지, 인동에서 상주까지, 상주에서 문경까지 구역을 설정했으나 곧 대 구에서 해평, 해평에서 태봉, 태봉에서 문경까지 조정하게 되었다.[57] 각 군 현의 읍내와 읍내를 연결하는 계획을 병참부 직결 방식으로 변경한 것이다.

한창 공사 중에도 군수물자가 수송되었다. 군수물자 운반은 육로뿐 아니 라 낙동강 수로도 활용하였다. 수로는 육로보다 비용을 적게 들었다. 배에 실어 나를 경우 인부 임금을 주지 않아도 되었기 때문이다. 8월에는 낙동강 수로를 통해 1천 석이나 되는 정미(精米)를 대구로 보냈다. 낙동강 수로의 북쪽 거점은 낙동병참부였다. 막사와 함께 군용 창고도 설치한 낙동은 '대참(大站)'이라고 할 만한 곳이었다.

당시 경상도 사람들이 쓴 일기를 보면 일본군이 하는 일들을 주시하고 있었음을 알 수 있다. 오횡묵의 기록은 가장 생생한 내용을 전해 주고 있다.

> 강가에 이르니 4~5척의 돛단배가 모두 일본인의 군량과 물자를 운반해 가는 것이다. 근일에 쌀과 보리가 몇 만 석이 지나갔다고 한다. 비록 작폐하는 일은 없었으나 인심이 의심하고 두려워한다.[58]

낙동강은 북에서 남으로 흐르기 때문에 돛단배로 북상하기가 쉽지 않았다. 돛의 방향을 엇갈리게 하고 강의 좌우로 방향을 번갈아 가면서 조금씩 올라가야 했다. '몇 만 석'처럼 보이는 막대한 군량이 낙동강 수로를 통해 운반되었다. 군량은 일본에서 가져오는 것과 경상도 일대에서 사들인 것이 있었다. 비록 제값을 주고 곡식을 매입하였지만 주민들에게는 내키지 않은 거래였다. 일본군이 경복궁을 점거한 사태로 인해 '의심하고 두려워'하고 있었다.

노즈 사단장에게 보고된 난제에는 조선인 인부를 확보하는 문제가 포함되었다. 이것은 혼성제9여단이 성환전투 직전 서울에서 남하할 때부터 제기된 문제였다. 군대는 보조 인력이 필요해서 평시에도 군속을 두고 있는데 전투가 벌어질 때는 더 많은 인력이 동원되어 전투병이 담당하기 어려운 문제를 맡아 주어야 했다.

우선 군량을 비롯한 각종 군수물자를 부대 주둔지와 전투지로 운반해 줄 인부가 필요했다. 조선은 도로 사정 때문에 현지 인부가 있어야 했다. 내륙에는 넘어야 할 고개가 많았고, 크고 작은 강과 하천도 건너야 했다. 지게를 사용해야 운반이 가능한 경우가 적지 않은 까닭에 조선 인부는 전쟁 수행에 꼭 필요하였다. 또 임금으로 지불할 조선 돈[59]도 필요하였다.

남부병참감부의 지출 부서인 금궤부(金櫃部)에서 은화를 가지고 왔으나 이는 고액 화폐이기 때문에 소액 조선 돈으로 바꿔야 했다. 그래서 다량의 조선 돈을 확보해야 했지만 바꿀 수가 없었다. 당장 이 문제도 시급히 처리해야 했다. 노즈 사단장은 경상 감영에서 있었던 사건에서 해결 단서를 찾았다.

다음 노즈 사단장의 행군 일정표[60]를 보면, 11일 오후에 대구에 도착한 후 13일 새벽 다시 북상하고 있다. 그 사이에 조선 돈을 바꾸는 방법을 알아내고 있다.

〈표 5〉 노즈 미치츠라(野津道貫) 사단장의 행군 일정표

날짜	노즈 사단장 일정	참고
8월 5일	우지나항 출발(오전 2시 25분) 무쓰레(六連島) 도착(오후 1시 50분) 오후 9시 무쓰레 출발	제12마루가메연대(丸龜聯隊) 출동 명령, 파병 동행
6일	부산 도착(오후 9시 15분) 도모야스(友安) 12연대장에게 중로 이동 지시	1대대 중로, 기타 원산 직행 결정, 대본영 전보 보고(오후 1시) 포병 연대 원산 직행 지시
7일	중로행 부대 상륙 시작	
8일	부산 출발(오전 4시 50분) 양산 도착(오후 2시 20분)	사척동 고개, 수레와 마필 통과 곤란
9일	양산 출발(오전 4시 50분) 밀양 도착(오후 6시 30분)	12연대장 도모야스 일행 만남 병졸 배낭, 인천에 선편 수송 후발부대도 동일한 지시
10일	밀양 출발(오전 5시 30분) 청도 도착(오후 2시 25분)	조선 관리에게 출병 이유 설명
11일	청도 출발(오전 5시) 대구 도착(오후 4시 30분)	팔조령 고개 통과 조선 돈과 인부 문제 확인

12일	대구 판관에게 조선 돈 교환 요청 경상감사에게 충청 경기감사와 지방관 에게 협조 공문 요청	프랑스 선교사가 대구의 재산가에게 징 발하도록 정보 제공
13일	대구 출발(오전 5시 45분) 인동 도착(오후 7시 20분)	
14일	인동 출발(오전 4시 30분) 상주 도착(오후 7시 40분)	낙동에서 제1군용전신가설대 요시미 소 좌 만남
15일	상주 출발(오전 5시) 문경 도착(오후 7시 5분)	
16일	문경 출발(오전 4시 35분) 충주 도착(오후 7시)	조령 암석 사이의 판석 위에서 말이 5~6 차례 넘어짐
17일	충주 출발(오전 5시) 가흥 도착(오전 10시) 가흥 출발(오후 1시)	충주는 제2군용전신가설대 바바 소좌의 공사 진행 지역, 남한강 이용 2일분 식량 을 준비하고 선편 출발
18일	광진 선착장 도착(오후 9시 30분)	
19일	광진 출발 서울 도착(9시 40분)	오시마 여단장, 오토리 공사 만남
24일	참모총장 타루히토에게「사단보고」	

노즈 사단장이 대구에 접근했을 때 긴급한 사건이 일어났다. 제12연대 제2대대장 한다 다카토키(半田隆時)[61] 소좌가 대구 감영에 조선 돈 교환을 의뢰는 했으나 불가능하다고 보고해 온 것이다.

> 지난 4일 부산을 출발한 이래 오늘에 이르기까지 7일간에 겨우 30리씩 행군하고 이날 대구부에 도착하였더니 당부(當府)에 의뢰한 한전(韓錢) 교환은 (안 되어) 처음부터 한인 고용(식량 제품 운반과 및 한전 운반 등에 필요함)이 특히 크게 곤란하여 금일 출발도 기대하기 어렵고 진퇴유곡입니다. 이리하여 앞으로 추진할 보병 1대대의 행군은 이러한 장애로 신속하게 전진하기가 불가능합니다.

조선 돈이 없으면 인부 모집이 불가능할 수밖에 없었다. 군량을 보낼 수 없으면 병력 이동도 어려웠고 신속한 행군도 할 수 없었다. 이 보고를 들은 노즈 사단장은 우에다 아리사와(上田有澤, 1850~1921)[62] 참모장을 급히 대구로 보냈다. 대대장 한다 소좌와 대구병참사령관 마쓰무라(松村) 소좌에게 대구 상황을 보고받고, 감사와 담판을 짓게 하였다.

당시 경상 감사는 조병호(趙秉鎬, 1847~1910)였다.[63] 그의 친형인 경호(慶鎬, 1839~1914)가 홍선대원군의 장녀와 혼인을 해서 국왕과 사돈 관계라는 막강한 배경을 갖고 있었다. 공조판서와 예조판서 그리고 한성 판윤 등 주요 경직을 역임하고 충청 감사를 지낸 다음에 경상 감사로 선임되었는데, 이때는 부임한 지 며칠 되지 않았다. 갑자기 일본군 제5사단의 대대 병력이 대구 부내를 점거한 상태에서 참모장 우에다 아리사와 대좌가 감영에 들어와서 협박을 하였다. 조선 돈을 환전해 내라는 것이었다.

경상 감영은 조선 돈을 환전한 전례가 없었을 뿐 아니라 막대한 액수의 돈을 갑자기 구하는 것도 쉽지 않았다. 이때 일본군을 도와준 것은 프랑스 선교사들이었다. 선교사들이 '대구 지방 부근의 재산가가 조선 돈 등을 저장한 경황을 정탐'해서 알려 주었고, 우에다 참모장이 이 정보를 근거로 경상 감사에게 압력을 넣었다. 그래서 재산가들을 강제로 감영에 불러들여 조선 돈을 바꿔 주도록 하였다.[64] 이 방법은 효과를 보아서 필요한 돈을 긴급히 바꿀 수 있었다.

경상 감영에서 환전을 한 방식은 노즈 사단장에게 선례가 되었다. 그것은 조선에서 협조를 받는 방법을 알려 준 것으로 각 군현에서도 대구와 같이 조선 돈 교환이나 인부 모집과 함께 운송 수단인 말을 제공하도록 한 것이다. 경상 감사는 관할 군현에 공문을 보내라는 강요를 거부할 수 없었다.

당장 노즈 사단장 일행에게 도착하는 군현마다 협조해 주도록 하였다. 일본군이 "인부와 말을 요구하면 관리는 이에 응하여 인마를 소집"하고, "크고 작은 물자 등을 전달하는 편의를 제공"하라는 것이었다. 또 경상 감사에게 "충청도 및 경기도의 감사에게도 통첩"하게 하였다.

한 번 요구를 받아 주자 다른 문제도 요구하였다. 조선 돈을 직접 주지 않고 인부들을 부리는 방식을 강요한 것이다. 일본군이 직접 임금을 주지 않는다면 돈을 바꿀 필요가 없고, 부피와 무게가 많이 나가는 조선 돈의 운반에 들어갈 작업량도 줄일 수 있게 된다. 그것은 "인부의 임금은 그 부대가 경성에 도착하여 이상의 관청을 경유해서 본인에게 지급"한다는 것이다. 실제로 이 방식으로 인해 "조선 돈 운송의 수가 줄어짐에 따라서 인부의 수용도 크게 줄어들게"되었다고 말하고 있다.[65] 지방관들은 일본군의 요구대로 할 수밖에 없었다.

이런 강요된 협조에 만족한 노즈 사단장은 오토리 공사에게 전보를 쳐서 대구에서 있었던 일을 알렸다. 그리고 조선 정부에 강요해서 그런 방식으로 협조를 받도록 요청하였다. 조선 정부가 전국 각 군현에 공문을 보낸 조치는 즉시 취해졌다. 8월 14일 노즈 사단장이 낙동강에 왔을 때 오토리 공사가 조선 정부에서 모든 도에 관문을 발송한 사실을 통보해 왔다. 8월 16일 문경 조령에서 두 번째 공문을 받았다.

노즈 사단장의 북상을 보고한 국내 기록은 문경을 지나 충청도 연풍으로 갔을 때 연풍 현감 한진태(韓鎭泰)가 충청감사 이헌영에게 보고한 내용이 유일하게 남아 있다. 충청 감사 이헌영은 이 보고문을 국왕에게 별계(別啓)로 올렸다. 그 내용은 다음과 같다.[66]

7월 17일 문경부 공형의 방위사통(防僞私通)을 접해 보니, 일본 중장(中將) 일행 30여 명이 방금 도착하였으며, 고군(雇軍) 355명을 연풍현에 통문으로 연락하여 내일 이른 아침에 색리를 정하여 안보참(安保站)에서 인솔하여 기다려 달라고 일본인이 직접 청하러 왔습니다. 이는 동래에서부터 올라오는 연로의 각 읍을 통행하는 관례라고 하였습니다. 짐꾼의 삯과 먹을 것에 대한 값은 수대로 내어 주어 처음부터 폐해를 끼친 일은 없으며, 백미·피모(皮牟)·간장·큰 나무로 된 반상·사기·솥 등의 물건들은 요청한 것에 의거해 주겠다고 하였으므로, 고군 355명과 함께 장리(將吏)를 입회하여 안보참으로 보내 호송하도록 하였습니다.

갑오년 7월 17일이면 양력으로 1894년 8월 17일이다. 경상 감사 조병호가 관내 지방관에게 보낸 지시에 따라 문경 공형이 연풍에 통지한 것이었다. 방위사통(防僞私通)은 "아전끼리 주고받던 공문으로 사사로운 글이 아니라는 뜻에서 '방위(防僞)'라는 두 글자를 찍어 사서(私書)와 구별"한 것이다. 그 내용은 '일본 중장 일행 30여 명이 방금 도착'했다는 것과 '짐꾼 355명을 모집해서 안보병참부에서 기다리라.'는 것, 그리고 그런 방식이 '동래에서부터 올라오는 연로의 각 읍을 통행하는 관례'라고 한 것이다. 대구에서부터 감사에게 강요해서 지방관의 협조를 받기 시작한 방식을 동래부터 통행하는 관례라며 전한 말은 허위였다. 또 연풍에서 미리 대기시킨 355명 중 짐을 운반하지 않은 사람도 따라오게 하였지만 "짐을 지지 않은 자들에게는 고가(雇價)를 주지 않았"다.

일본군 제5사단의 병참 보급은 원활하지 않았다.[67] "백미·피모(皮牟)[68]·간장·큰 나무로 된 반상·사기·솥"을 민간에서 구하여 제공하라는 요청을 보면 알 수 있다. 이처럼 세세하게 요구해 왔지만 일본군 행군로의 각 지방관은 협조하지 않을 수 없었다. 정부도 그런 지시에 해 왔기 때문에 요구할 때마다 협조해 주어야 했다.[69]

일본군은 조선에 들어온 초기에는 민폐를 끼치지 않으려고 하였다. 조선 인부에게 임금을 지급한 것이나 또 소나 말을 빼앗지 않고 매입한 것은 긍정적이었다. 경상 감사 조병호도 고성 부사 오횡묵에게 일본군이 "고인(雇人)에게는 10리마다 2~3량을 주고, 소와 말을 빌리면 4~5량을 준다. 만약 팔고 사면 값을 3배를 올려 준다. 이는 해를 끼치거나 걱정되는 일이 아니지만 오랜 태평 시기에 해괴하고 당혹스러움이 있다."[70]고 말했다.

노즈 사단장은 8월 17일 오전 10시 가흥병참부에 도착하였다. 육로로 계속해서 간다면 충주 감곡면을 지나 장호원으로 올라간 다음 이천을 지나 곤지암으로 향해야 했다. 이천의 장호원과 읍내에도 병참부가 설치되어 있었다. 그렇지만 노즈 사단장은 육로로 가지 않았다. 남한강 수로를 이용해 배를 타고 가기로 하였다. 노즈 사단장은 그 과정을 다음과 같이 표현하였다.

여기서부터 수로로 가기 위하여 사람과 말이 함께 배를 탔습니다. 마필은 배 한 척에 3마리를 태우고 기병과 마부도 거기에 소속시켰습니다. 별도로 한 척의 배를 준비하여 장교 이하 2일분의 식량과 말먹이를 준비하고 오후 1시에 출발하였습니다. 물의 흐름이 완만하고 또 주야로 행할 것을 약속하였습니다. 느슨한 한국 사람이 밤에 쉬는 일이 염려스러워 각 선박마다 당번을 만들어 독촉하게 하고 맨 뒤편의 배에 하사 및 통역을 두어 뒤처진 배가 없게 되었습니다. 8월 18일 오후 9시 30분에 광진의 선착장에 도착했습니다.

이때 소형 기선이 충주 인근까지 항행했다는 기록은 나오지 않는다. 노즈 사단장 일행은 여러 척의 돛단배를 징발했던 것으로 보인다. 배 한 척마다 말을 3마리씩 태운 것을 보면 10척 이상의 돛단배가 조선인 키잡이에 의지해서 내려갔다.

육로보다 남한강 수로는 빨라서 17일 오후 1시에 가흥병참부를 출발하여

18일 오후 9시 30분에 광나루에 도착하였다. 밤낮 쉬지 않고 32시간 30분 걸린 일정이었다. 육로에 비하면 수로는 행군 시간을 약 절반 정도 줄여주었다.

노즈 사단장이 중로병참선을 따라 북상하던 8월은 도로 수선과 함께 전신 가설이 한창 진행되던 시기였다. 아직 병참부가 설치되지 않은 곳도 있었다. 노즈 사단장은 8월 14일 상주 낙동에서 제1전신가설지대의 요시미 세이(吉見精) 공병 소좌를 만나서 상황 보고를 받았다. 8월 17일에는 제2전신 가설지대의 바바 마사오(馬場正雄) 공병 소좌가 공사하는 가흥병참부를 지나가고 있다.

아직 군용전신이 개통되지 않았지만 노즈 사단장은 오토리 공사와 전보를 주고받고 있었다. 그것은 조선 정부가 설치한 서울과 부산 간의 전신선을 일본 육군의 기술자들이 6월부터 장악해서 통제하였기 때문에 가능하였다. 군사비밀 통신은 주로 군용전신을 통했지만 이때 긴급할 때에는 조선 정부의 전신선도 군사용으로 활용하고 있었다.[71]

노즈 사단장이 참모총장 아리스가와노미야 타루히토 대장에게 보낸 「사단보고 제1호」는 간략하게 구성되었다. 이 보고서는 노즈 사단장이 직접 작성한 것으로 원본은 9월 30일에 작성한 「의견서」에 포함되어 있다. 이 의견서에는 6월 6일자 후쿠시마 중좌를 비롯한 참모본부의 정보장교들이 보낸 기사와 혼성여단 참모 나가오카 가이시(長岡外史) 소좌의 일련의 보고 문서가 함께 들어 있다.[72]

4. 일본군의 병참부 설치와 선산 해평병참부

병참감부의 본부 편성안은 7월 28일 히로시마에서 이루어졌다. 그리고 31일 우지나군항을 출발해서 8월 2일 부산항에 도착한 후 일본 상법회의소 (商法會議所)[73]를 차지하고 임무를 시작하였다. 다음 날인 8월 3일 부산 거류지 내에 창고를 세우고, 먼저 마쓰무라(松村) 소좌와 이마바시(今橋) 소좌를 대구와 상주 병참사령관으로 임명해서 지부를 설치하도록 하였다.

8월 9일 부산에 도착한 제5사단 잔여 부대의 제1차 부대가 부산에서 서울로 출발하였다. 각자 군량과 말먹이, 그리고 땔감을 가지고 가도록 하였다. 이날 상주병참부의 위치를 처음 계획과 달리 낙동으로 바꾸었다. 그리고 10일에는 삼랑진 · 태봉 · 문경 · 하담 4개소에 병참부를 두기로 하고 11일에 병력을 보냈다.

선산부 해평에 병참부를 설치하라는 명령은 노즈 사단장이 광진 나루에 도착한 날인 8월 18일 내려왔다. 해평병참부 사령관에는 가가와 카게토시 (香川景俊) 보병 소좌가 임명되었다. 가가와 소좌는 해평병참부에 8월 30일 부임해서 업무를 시작하였다.[74] 같은 날에 청도병참부와 다부병참부도 각각 소다(曾田) 보병 소좌와 와다나베(渡邊) 공병 소좌가 임명되었다.[75]

이들 병참사령관들에게 '지방의 최고 관리와 직접 담판해서 인마의 공급 등을 주선'하고, '병참 일반 업무를 다하여 군대의 통행과 기타의 편리를 도모하며, '전선 보호와 도로 수선 등 공병대의 작업을 보조하고, '모든 병참로의 안전과 민활한 근무를 꾀하라'는 훈령을 내렸다. 조선 관리들과 교섭을 돕도록 통역도 1명씩 보내 주었다.

소좌나 대위 계급의 병참사령관에게 직접 조선의 지방관을 상대해서 업무 지원을 요구하도록 지시한 것은 주목된다. 이미 일본군은 조선의 관리들을 꺼려하거나 어려운 대상으로 보지 않았다. 병참 업무에 도움을 요구하는 대상으로만 본 것이다. 경복궁에서 국왕이 인질이 된 상태에서 지방관이 대응할 방도가 없었다. 문경 진안(陳安)의 병참부에서는 제멋대로 행동하는 것을 지적하자 '너희 임금도 우리 수중'에 있다면서 무시하는 일도 일어났다.[76]

'문경(聞慶)에 도착하니 왜놈 몇 천 명이 진안(陳安)에 진을 치고 소 70여 필을 사들이는데, 값을 넉넉하게 주고 샀으며, 심지어 흐르는 물을 마시고도 역시 돈을 주고 가더라.'고 하였다. 종종 벌거벗은 몸으로 인가에 틈을 보고 들어갔는데 주인이 성내어 꾸짖으면, '요즘 너희 임금도 우리 수중(手中)에 있어 마음대로 못하는데, 하물며 너희들이 무슨 힘을 믿고 말하느냐?'고 하였다.

일본군 병참부에는 일본 사람을 구경하러 온 사람들이 모여들기도 하였다. 일본군이 갑자기 출현하자 이들을 보러 온 사람들이 있었는데 이들은 "난리를 구경하러 온 사람들"이었다고 했다는 것이다.[77]

진안(陳安) 근방에는 왜놈을 구경하러 온 사람들이 만여 명이나 되는데, 모든 사람들이 말하기를, '오늘날의 난리는 과연 별 난리라고 할 만하다. 난리를 구경하러 온 사람들이 있는가 하면 몸을 팔아 남 대신 전장(戰場)에 나가는 사람들도 있으니 참으로 우스운 일이다.'

후루가와 병참감이 해평병참부에 내린 구체적인 지시를 보면 병참부의 업무를 알 수 있다.

① 정미(精米) 및 부식물 자원을 조사하고 그 수량과 가격 보고

② 땔감을 조달하여 통행부대나 기타에 지급

③ 인부 우마 기타 수송 수단의 수량을 조사하여 보고하고, 통행 부대의 청구에 응하여 신속히 조달 도모

④ 정미 100석을 교부받아 부대나 기타 청구에 응해 지급하고, 또 귀관 이하의 식용에 충당

⑤ 지폐 3,000원과 한전(韓錢) 200관문을 교부하니 부관을 분임관으로 보관 출납을 담당하고 한전이 부족하면 현지에서 교환

이런 지시를 받은 해평병참부는 업무 시작 이전부터 이미 제5사단 잔여 부대의 이동이 한창이었기 때문에 즉각 대처해야 했다. 병참감부에서 군량과 함께 술과 담배 등을 분배하였고, 천막을 보내 숙영할 때 사용하도록 했다. 그렇지만 전투력 보존을 위해 행군 병력이 편히 쉴 만한 막사를 지어야했다. 일본에서 가져온 자재를 보급 받아 해평병참부에 모두 5동의 장방형막사를 지었다.[78]

제12연대 병력의 북상에 이어 제22연대의 행군도 시작되었다. 각 부대가연이어 밀려왔다. 행군 순서와 규모는 다음과 계획과 같다.[79]

① 제22연대 제3대대 본부 및 제9, 제10, 제11중대 : 인원 1,066명, 말 8마리

② 제12연대 제9중대 및 포병 제4중대 : 인원 520명, 말 96마리

③ 제22연대 제1대대 본부 및 제3, 제4중대, 위생대 : 인원 1,130명, 말 20마리

④ 제22연대 본부 및 제1, 제2 중대, 포병 제2대대 본부 및 제3중대 : 인원 822명, 말 106마리

⑤ 기병 제2중대, 보병 탄약반종렬, 야전병원 : 인원 1,402명, 말 106마리

⑥ 치중병 제5대대본부, 보병탄약반종렬, 포병탄약1종렬 : 인원 1,362명, 말 15마리

⑦ 제22연대 제12중대, 탄약대대본부, 포병탄약1종렬, 임시공성창종렬 : 1,026명, 말 1마리

각 병참부는 연달아 밀려오는 제5사단 후속 병력을 맞이했다. 이동 병력에게 숙소를 제공하고, 식사를 마련해 주면서 군수물자를 운반하고, 군복 등 필요품을 공급하는 업무가 계속되었다. 이 같은 임무에는 그 지역 지방관의 도움이 필요하였다. 인부 동원도 갈수록 필요했고, 매일 식량과 반찬을 제공해야 했다.

부산 총영사 무로타 요시아야는 일본 외무대신 무츠 무네미츠(陸奧宗光)에게 병참부가 당면한 문제들을 보고하고, 지방관에게 협조받는 문제를 외교 차원에서 해결하도록 건의하였다. 노즈 사단장이 경상 감사 조병호에게 강요해서 협조를 받은 사례가 모범이 되었다. 무츠 외무대신이 오토리 공사를 통해 요구한 항목이 8월 21일 외무대신 김윤식이 경상 감사 조병호에게 보낸 공문에 그대로 들어 있다. 8월 21일은 노즈 사단장이 서울에 도착한 2일 후인데 여기에서 요구한 사항은 구체적이었다.[80]

우선 경상도의 다부역과 해평·낙동·태봉·문경 병참부의 인부 수급이 좋지 않다면서 급히 각 지방관아와 함께 역(驛)과 진(鎭)에서도 역부(役夫) 500명을 구해 내라고 하였다. 또 경상 감사가 각 지방관에게 협조를 지시했다면서 일본군 병참부가 주는 화폐를 주민들이 의심 없이 받으라고 하였다. 환전은 일본 돈 1원(元)을 동전 5량(兩)으로 교환하게 명시하였다. 또 지방관이 세금으로 거둔 돈도 그 비율로 바꿔 주도록 요구하였다.

이뿐만이 아니었다. 조선 정부에 서울과 부산 사이에 설치한 병참부에 각종 편의를 제공해 줄 것을 강요하였다. 각급 군현의 관내에 있는 일본군 병참부에 협조해 주라는 것이었다. 조선 정부에 보낸 협조 공문은 실상을 잘 아는 부산의 일본 총영사관에서 작성하였다. 여기에 적시된 경상도와 충청도뿐 아니라 경기도와 서울까지 협조를 요청한 관할 지방관과 병참부 위치는 다음과 같다.

동래부사 관하 : 부산
양산군수 관하 : 구포 물금
밀양부사 관하 : 삼랑 밀양
청도군수 관하 : 청도
대구감영 관하 : 대구 다부역
선산부사 관하 : 해평
상주목사 관하 : 낙동 태봉
문경부사 관하 : 문경
충주목사 관하 : 안보 충주 하담
여주목사 관하 : 장호원
이천부사 관하 : 이천
광주부사 관하 : 곤지암 조현 송파진
경성 관하 : 경성

이 자료를 보면 병참부의 수가 늘어난 것을 알 수 있다. 모두 21개 일본군 병참부가 부산에서 서울까지 배치되었는데, 구포·하담·송파·서울도 병참부가 기재되어 있다. 부산과 서울을 제외하면 구포·하담·송파가 증설된 병참부였다. 충주와 광주는 3개의 병참부가 관내에 있었고, 양산·밀양·대구·상주에는 2개의 병참부가 설치되었다. 노즈 사단장 일행과 같이 말을 타고 하루에 2개의 병참부를 행군하면 10일이면 도착할 수 있고, 무기와 탄약 등 군수물자를 가지고 하루에 1개의 병참부만 행군하면 20일 걸려서 도착할 수 있게 된다.

9월 21일에는 남부병참부 체제를 사령부와 지부로 재편하였다. 19개까지 설치했던 병참사령부를 구포·삼랑진·대구·낙동·문경·가흥·이천·송파의 8개로 줄이고, 나머지를 지부로 편성하였다. 물금과 밀양은 구포병참사령부의 지부, 밀양은 삼랑진사령부의 지부, 청도와 다부는 대구사령부의 지부, 해평과 태봉은 낙동사령부의 지부, 안보는 문경사령부의 지부, 충주와 장호원은 가흥사령부의 지부, 곤지암은 이천사령부의 지부, 조현은 송파사령부의 지부로 재편한 것이다.[81]

병참부 건물은 여러 형태로 확보하였다. 첫째, 조선의 교통 시설인 역과 함께 사창(司倉) 건물을 탈취해서 사용하는 방식이었다. 역과 사창은 대지가 넓었기 때문에 숙영하는 병력을 수용하는 데 편리하였다. 둘째, 민간 저택을 탈취하여 사용하는 방식이었다. 요지에 있는 민간 저택을 병참부로 활용할 경우 막사를 신축하는 작업을 덜 수 있었다. 그러나 어느 병참부나 많은 일본군 이동 병력을 수용하기 위해 막사를 추가로 지어서 사용해야 했다.

통신소는 병참부와 동일한 장소에 설치하였다. 병참선로 이외에 설치하면 유사시 전신선과 통신소 보호에 불편했기 때문이었다. 처음부터 통신소는 조선인의 공격을 예상해서 병참부와 함께 설치하였다.

교통의 요지인 역에 자리를 잡은 병참부는 충청도의 가흥과 안보병참부가 대표적이었다. 가흥에는 가흥창이 있었기 때문에 군량을 확보하기에도 편리하였다. 남한강 수로도 가흥병참부에서 이용할 수 있었다. 그렇지만 노즈 사단장 일행이 수로를 이용한 경우 이외에 다른 사례는 기록에 나오지 않는다.

낙동강 수로를 이용할 수 있었던 병참부는 해평과 낙동 그리고 태봉병참부였다. 이 중 낙동병참부는 창고를 설치한 거점 병참부로서 역할을 하였다. 창고는 민간 소유지에 세우기도 했다. 1895년 4월 이노우에 가오루 공사는 민유지에 창고를 설치한 곳은 그 면적에서 수확하는 미곡의 1년 생산량을 기준으로 차지료(借地料)를 책정해서 지급하겠다고 외무대신 김윤식에게 서신을 보냈다.[82]

선산에 있는 해평병참부는 민간 저택에 설치하였다. 한 김천 유생은 "해평 진사 최극삼(崔極三)의 집도 일본군이 빼앗아 거주하였다. 일본 병사들이 동래에서 수륙 양쪽으로 진격하여 인천·칠곡·상주·선산·대구·문경 등지에 가득 찼다. 좋은 곳을 엿보아 관사를 지으니 달성과 낙동 같은 곳에 그대로 머물렀다."고 일기에 기록하였다.[83] 여러 채의 저택을 차지한 해평에서는 막사를 많이 지을 필요가 없었다.

5. 동학농민군의 공세와 일본군 병참부의 반격

1) 영남 북서부의 동학농민군과 민보군

해평병참부는 선산 읍성의 남동쪽 낙동강 건너편에 위치하였다. 대구에서 다부역을 거쳐 해평에 이르면 인접한 나루에서 배를 탈 수 있다. 강을 건너면 바로 선산 읍성으로 직행할 수 있다. 이런 교통의 요지에 일본군이 병참부를 설치한 것이다.

해평에서 낙동강을 건너지 않고 북상한다면 의성으로 올라가서 단밀면 낙정리에 이르게 된다. 거기서 강을 건너면 낙동 마을에 닿는다. 상주의 낙동병참부가 위치한 곳이다. 여기에 1개 소대가 주둔한 거점 병참부를 설치하고 창고를 신축하였다. 배로 군수물자를 싣고 올라갈 때 상주병참부는 종착점이 되었다.

낙동병참부에서 상주 읍성을 거쳐 북상하면 함창현 태봉이 나온다. 태봉병참부는 낙동강에 연해 있는 마지막 일본군 병참부이기도 했다. 태봉병참부에서 새재 방향으로 직행하면 문경 병참부가 있다. 산비탈 작은 마을에 있는 진안의 일본군 병참부를 지나면 새재를 통해 충청도로 넘어간다.

경상도 북부 지역에 있는 해평·낙동·태봉·문경의 일본군 병참부는 설치 즉시 동학 조직의 공세 대상이 되었다. 이 4개의 병참부가 들어선 지역은 1894년 봄에 동학 세력이 크게 증대된 곳이었다. 6월 13일 무로타 요시아야 부산 총영사가 경상도의 동학도들을 탐문해서 올린 보고에 그런 상황을 기록하였다.[84]

경상도에서도 충청도·전라도와 접경한 각 지방에 동학당류가 많고 특히 선산·상주·유곡 등의 각지는 평소 동학당의 소굴이라고 일컬어진다. 이번 충청도의 소요 때에도 동학당을 응원하기 위하여 상주 쪽에서 그곳으로 간 사람이 적지 않다고 한다. 위의 각 지방 백성들은 동학당에 대하여 누구나 암암리에 경의를 표하며 동학당을 지목하여 동학군 혹은 동학인이라 칭하며 당이라고 말하지 않는다는 것이다. 그리고 그 말하는 바를 듣건대, 모두가 민씨 집안의 전횡에 분개하고 지방의 폐정을 탄식하지 않는 자가 없다고 한다.

유곡은 문경에 있는 역(驛)으로 역 관리와 노비들에게 동학이 전파된 후 거점이 된 곳이다. 선산부터 상주와 문경까지 '동학당의 소굴'이라고 할 만큼 동학 조직이 확대되었고, 충청도 보은과 긴밀히 연락하며 활동하고 있었다. 충청도에도 상주에서 간 사람이 적지 않다고도 하였다. 또 척족 민씨 집안의 국정 전횡과 폐정이 동학도들이 일어난 배경이며, 선산·상주·문경의 백성들은 동학에 대해 경의를 표한다고 하였다.

그러한 사정은 이들 군현만이 아니었다. 전라도와 충청도에 접한 김산·지례·개령·함창·용궁·예천 일대도 동일하였다. 수많은 농민들이 동학에 들어가면서 각 군현의 관아는 동학을 제어할 힘을 잃었다. 농민들은 소송할 사건이 일어나도 지방관이 주재하는 관아를 찾지 않고 동학의 포접 조직에 호소할 정도였다.

동학에 많은 사람들이 합류하면서 지주와 부농들에게 과거의 원한을 보복하는 경우가 일어났다.[85] 여름이 되면 관아에서 동학도를 두려워해서 읍내를 벗어난 외촌에서 공무를 보지 못할 상황이 되었다.[86] 일본군이 병참부를 설치한 선산의 해평 일대도 같은 상황이었다.

선산 부사 윤우식(尹雨植)은 뒤에 체포한 동학 두령 신두문(申斗文)을 '무덤을 파헤치고 사람을 해치며 무리를 모아 성을 함락시킨 죄'로 포살하였다.[87] 그런 죄목은 관리들과 양반들이 보기에 용서할 수 없는 불법 행동이었다.

해평에 있는 전주 최씨 대저택들도 동학도의 공세를 받게 되었다. 해평의 전주 최씨는 인조 대의 영사공신(寧社功臣)인 최산휘(崔山輝)의 후손으로 벼슬에서 멀어진 후 서울을 떠나 향리 해평으로 돌아와 스스로의 힘만으로 거부가 되었다.[88] 동학 세력이 커진 후 이 저택들도 작인들과 과거에 벌인 갈등 등으로 시달리게 되었다. 선산 일대의 동학도도 인근 김산이나 상주와 마찬가지로 매우 거세게 활동했던 것으로 보인다.

> 농민군들이 전재(錢財)를 요구하는 공세는 최씨가(崔氏家)에 집중되어 인
> 심을 많이 잃은 지주는 멀리 피난가지 않을 수 없었고 그렇지 않은 사람은
> 남아 있으면서 동학군이 들어오면 음식 대접을 하고 양식이나 옷을 제공해
> 주며 모면하였다. 진사(進士) 최용기(崔龍基)는 농민군들에게 시달리다가 가
> 족들을 먼저 다른 지역에 피신시키고 몇몇만 집을 지키고 있던 중 붙잡혀 끌
> 려가는 곤욕을 치렀다. 강정(江亭)나루를 통해 고아면(高牙面) 예강동(禮江洞)
> 까지 잡혀가 있던 최용기는 다른 가족이 뒤따라가서 주선하여 전곡(錢穀)과
> 옷감을 주고 가까스로 풀려날 수 있었다. 거칠게 군 '동학꾼'들은 외지 사람
> 들이었다.[89]

선산 일대의 동학도들이 가장 격렬하게 활동했던 시기는 일본군이 경복
궁을 기습 점령한 7월 23일 이후부터 가가와 카게토시(香川景俊) 소좌가 병
력을 이끌고 해평에 들어와 병참부를 설치한 8월 30일 이전까지였다. 마침
내 최봉기(崔鳳基)와 최용기(崔龍基) 형제는 일가 피신을 결정하였다. 해평에
들어온 일본군은 비어 있는 최씨가의 저택을 차지해서 병참부로 사용하였
다. "해평 진사 최극삼(崔極三)의 집도 일본군이 빼앗아 거주하였다."는 기록
도 나오는데 피신하지 않은 저택도 탈취한 것처럼 보인다.[90]

이 시기에 동학도들은 의병 봉기를 목표로 무장봉기를 준비하고 있었다.
스스로 임란의 의병 전통을 계승하는 것으로 생각하고, 민간에 있던 창과
칼 그리고 화승총을 수집하였다. 그리고 동학에 많은 사람들을 입도시키려
고 하였다. 동학에 새로 들어온 '신입 도인'들이 봉기를 위해 돈과 곡식을 모
으는 과정에서 지주층과 갈등을 빚는 사건이 늘어났다.

김산·지례·개령 등 작은 군현들은 동학도들을 통제할 엄두도 내지 못하였다. 상주와 선산 같은 대읍조차 관아는 속수무책일 뿐이었다. 양반지주들도 얼굴을 아는 동학도들을 만나서 곤욕을 치를 것만 꺼려하였다.

그러던 중 예천에서 커다란 사건이 벌어졌다. 동학도들이 읍내 향리층에게 보복하고, 지주들의 재물을 강제로 빼앗고, 안동부사의 행리까지 탈취한 일이 벌어졌다. 그러자 8월 26일 향리들이 주도해서 읍내를 중심으로 결속하여 집강소를 만들고 민보군을 결성하였다.[91] 민보군은 예천군수에게 허락을 받아 관아의 무기로 무장하였다. 예천의 민보군은 동학도들이 돈과 곡식을 강제로 헌납받는 것을 화적과 같은 일이라고 보고 금지시켰다. 심지어 예천집강소가 동학도 11명을 한천 모래밭에 생매장해서 정면 대립하는 지경까지 이르렀다.

이때는 일본군 병참부가 설치되고, 제5사단 잔여 부대가 병참선을 따라서 대규모로 북상하던 시기였다. 동학 조직이 세력을 확대했던 선산과 상주 그리고 함창과 문경에 세워진 일본군 병참부는 위협적이었다. 동학 지도자들도 일본군의 위력을 직접 보았을 것이지만 봉기를 준비하였다.

경상도 북서부의 동학 조직은 세력 증대에 집중하였다. 부농과 지주에게 돈과 곡식을 강력하게 요구했던 것은 그 때문이었다. 하지만 예천 사태로 상황이 급변하였다. 예천의 동학 조직은 경상도에서 처음으로 기포를 결정하였다. 동학도들에게 무기를 들고 예천 화지와 금당실에 집결하도록 한 것이다. 이와 같은 본격적인 기포는 경상도뿐 아니라 전국에서 처음이었다.

동학농민군은 예천의 민보군을 이끄는 집강들을 불러들여 생매장 사건의 책임을 물으려고 시도하였다. 하지만 집강소의 민보군은 수많은 동학농민군이 읍내 인근에 대규모로 집결한 것을 알면서도 강력히 저항하였다. 그러자 동학농민군 도회소는 9월 12일(음력 8월 12일) 읍내로 통하는 길목을 점

거해서 식량과 땔감 반입을 막았다.[92]

일본군의 경복궁 점령으로 정국이 위기에 처한 속에서 경상도 내륙을 종단하는 병참망이 구축되는 유례없는 사태를 앞에 두고 동학농민군과 민보군이 대치하는 상황이 펼쳐졌다. 동학농민군은 이러한 대치 속에서도 예천의 민보군에게 일본군과 싸우기 위해 서로 협력하자고 제의하였다. 실제로 경상도의 동학농민군은 다른 지역보다 대일전쟁에 앞서 나갔다.

2) 동학농민군의 일본군 군용전신선 절단과 석문전투

예천의 동학 조직은 무장 봉기한 동학농민군을 대규모로 집결시켜서 읍내에 압박을 가했지만 다른 군현에서는 지방관이 위협을 직접 느낄 만한 집단행동은 하지 않았다. 동학의 포접 도소가 있는 마을에는 동학도들이 번잡하게 드나들었다. 8월 하순이 되면 일본군이 경복궁을 침범한 7월 23일과 풍도전투가 일어난 7월 25일, 그리고 성환전투가 벌어진 7월 28일부터 한 달이 지난 때가 된다. 이 시기에 경상도 북서부의 동학 조직은 군사 활동을 은밀히 시작했다.

경상도 북서부에서 시작한 군사 활동은 전국에서 가장 이른 시기였다. 충청도 보은에서 8월 2일(양력) 사각면 고승리에서 수백여 명이 창의(倡義) 모임[93]을 열고 군수에게 동참을 호소하였고, 공주에서도 8월 31일(음력 8월 1일) 정안면 궁원(弓院)에서 창의를 한다는 1만여 명의 모임을 충청 감사가 확인한 적이 있었다.[94] 그렇지만 의병 조직을 결성해서 활동하지는 않았다.

경상도 북서부의 동학 대접주들은 청산 문암리에 처소를 둔 해월 최시형과 긴밀히 왕래하였다. 전국에서 오가는 포접 조직과 연락했던 보은 장내리의 대도소도 가까운 거리에 있었다. 따라서 경상도 북서부 여러 군현에 마치 도백(道伯) 같은 행장으로 순회하던 동도 검찰관이라는 인물[95]은 교단과 관련 없는 사람이 아니었을 것이다.

경상도 북서부에서 시작한 군사 활동을 결정한 과정도 검토할 필요가 있다. 이 일대 조직에서 스스로 결정한 것인지 동학 교단과 협의했는지 전해 주는 자료는 없지만 추측할 근거는 있다. 보은 사각면 고승리 천변에서 창의를 논의한 모임의 두령들은 경상도와 충청도의 동학도들을 이끌던 임규호(任圭鎬)·황하일(黃河一)·이관영(李觀榮)·김재현(金在顯) 등 대접주들이었다. 경상도의 동학 조직까지 예하에 두었던 이들 대접주들이 앞서서 의병 봉기를 이끌었다면 그 영향은 적지 않았을 것이다.

동학도들에게 일본군 병참부는 쉽게 공격할 대상이 아니었다. 신식 무기를 가진 일본군을 정면 공격한다면 희생이 클 것이었다. 처음에는 직접 부딪치지 않고 항쟁하는 방법을 찾아야 했다. 그 다음에는 무장봉기를 해서 일본군을 축출하는 방법을 찾아야 했다. 동학 교단이 기포령을 내리기 전까지 경상도 북서부의 여러 군현에서 갖가지 사태가 벌어지고 있었다.

첫째, 지방관에게 압박을 가해서 일본군 병참부에 협조해 주지 않도록 하였다. 8월 27일 태봉병참사령관 도키자와(時澤) 소좌가 가와카미 병참총감에게 직보한 함창현 사태에서 잘 드러난다.[96] 3일간 연이어 보고한 요지는 "27일 아침 동학당이 함창현에 들이닥쳐서 현감을 포박해 갔기 때문에 약속한 인부를 주선하지 못했고, 일본군에게 노무를 제공하지 말라고 교사했으며, 병참노선의 안녕을 위해 계획을 세워야 한다."는 것이었다. 동학농민군에게 압박을 받은 함창현감은 사직하고 상주로 떠났다는 내용까지 있었다.

둘째, 일본군이 가설한 군용전신선을 단절시키려고 시도하였다. 전신주는 길을 따라 세웠거나 논과 밭을 가로질러 가기 때문에 순찰병을 피하면 파괴가 가능하였다. 그래서 여러 차례 전주를 뽑아내거나 전선을 절단해서 통신을 마비시켰다. 이 전신선 공격은 효과적이었다. 한창 청국과 전쟁을 벌이던 시기에 히로시마 대본영의 명령 하달은 물론 평양과 의주, 그리고 요동반도에서 보내는 전투 보고를 차단시킬 수 있었다. 일본군은 즉시 복구해서 전신선을 연결시켰지만 이런 공세는 일본군의 전투력에 직접 영향을 미쳤던 유력한 방법이었다.

부산의 무로다 일본 총영사가 시급히 오토리 공사에게 보낸 보고 문서를 보면 그 성과를 알 수 있다. 그 내용은 다음과 같다.[97]

경부간(京釜間) 군용 전선은 개통된 지 겨우 1개월 반밖에 안 되었어도 불통이 되는 일이 빈번하여 실로 다음과 같습니다.

8월 23일 長川 以西

同 25일 大邱 以西

同 29일 鳳凰台・陳安 間

9월 1일 大邱 以北

同 2일 同上

同 16일 洛東 以東 (17일)

同 21일 洛東 以北 (8월 22일)

同 22일 洛東・長川 間

同 24일 洛東・長川 間

9회나 되는데, 그중 한두 개는 자연재해에 의한 것이라 할지라도, 그 외는 모두 전선 또는 전주를 절단한 것으로 이들 불법의 무리는 대부분 조선인일 것입니다. --- 또 동학도도 각지에서 불온한 거동을 하여 이미 어제 문경병참부가 당항(當港) 병참감에게 보낸 정보에는 '동학도 1명을 잡았는 바 자백은 안했지만 그 휴대품 중에, 조만간 청군 7,000명이 인접 지역에 올 것이니 양식준비를 하여 놓으라는 예고 같은 서면이 있다.'고 하였습니다. 생각하건대 전선 절단도 주로 동학도 및 청국 패잔병의 행위일 것입니다. 그래서 지난번부터 빈번히 전보로써 말씀드린 대로, 우리 병참감이 각지 병참사령관에게 각각 명령을 내려 범행자의 조사는 물론 동학도의 거동에도 한층 주의를 구할 예정입니다. 그러나 이제는 조선 정부가 경상·충청 양도 감사에게 전훈하여 낙동·문경·가흥 3개소에 수명의 순포·순사를 조선 관리에 붙여서 파견하여 우리 병참사령관과 협의하여 우리 군용전신을 보호하는 한편 동학도 등의 폭발을 예방하게 된다면 서로 이익이 될 것입니다. 또한 마찬가지로 대구와 공주에도 전선 보호를 위하여 특별히 관리나 순포 등에게 전술한 병참사령관의 지시를 받아 위의 조사에 스스로 노력하도록 해 주시고 이를 긴급하게 조선 정부에 요청해 주시기를 희망합니다.

1894년 9월 24일 보낸 이 보고 문서를 보면 9차에 걸친 일본군 군용전신선은 대구 북쪽의 해평과 낙동 사이에서 단절되었다. 29일에는 전주(電柱) 3개가 뽑혀지고 전선도 10칸이나 멸실되었다. 무로다 총영사는 청국군 패잔병의 소행이라고 의심하고 있지만 그런 증거는 확인되지 않는다. 전신선이 단절된 지역은 대구에서 문경 사이였다. 일본군 병참부와 통신소는 해평·낙동·태봉·진안 4지역에 있었다. 여기가 직접 공세의 대상이 된 것이었다.

9월 16일과 17일에는 15일의 평양전투에서 승리했다는 노즈 사단장의 전보가 전해졌다. 남부병참감에게 각 부서의 장교를 소집해서 고시문을 낭독하고 만세삼창으로 봉축하라는 전보가 연이어 왔다. 이런 전승 분위기를 깬 것이 바로 동학농민군의 전신선 단절 보고였다.[98] 9월 16일 밤 낙동 바로 남쪽에서 전선이 단절되었다는 보고에 따라 수리병을 파견했는데 도중에 창을 가진 동학당을 40명가량 만났다. 수리병은 이들이 전선을 단절했다고 추측하였다.

히로시마 대본영은 각 병참부 주둔병에게 전선 단절에 적극 대응하라고 명령을 내렸다. 그리고 조선 정부에게는 순포(巡捕)를 보내 군용전신선을 단절하지 못하게 하라고 강요하였다. 9월 11일자 가와카미 병참총감의 훈령은 "전신선을 절단하고, 인부 모집과 식량 징발을 방해"한다는 동학도들의 방해 활동을 적시하였다. 그리고 남부병참감에게 속히 체포하여 화근을 제거하라고 명령하고 있다. 이 훈령은 다시 모든 병참사령관에게 전달되었다.

셋째, 경상도 북서부 동학 조직은 대규모 무장봉기를 적극 추진하였다. 예천 사건은 그 과정에서 벌어진 것이었다. 관동대접(關東大接)과 상북(商北)·용궁·충경(忠慶)·예천·안동·풍기·영천·상주·함창·문경·단양·청풍 등 13명의 접주가 도회를 연 것은 주목된다. 관동대접은 물론 상북과 충경은 대접주의 포 명칭이었다. 군현 명칭도 대접주나 수접주의 조직을 나타낸 것으로 보인다. 동학 조직은 이때부터 연합해서 봉기 준비와 집결지 활동, 그리고 일본군과 민보군에 대항하는 전투에 참여하게 된다.

일본군 병참부에서는 예천 화지와 금당실에 모인 동학농민군을 위험시하였다. 더 심각했던 것은 상주 산양에 집결한 세력이었다. 태봉병참부는 가까운 산양이 집결지가 되자 병참부 습격을 우려하였다. 또 예천의 집강소도 9월 14일(음력 8월 14일) 소야수접주 최맹순(崔孟淳)에게 보낸 통문에서 읍내 공격을 우려하고 있었다.[99]

근래에 들으니, 상주·함창·용궁 3개 고을과 충주병 5,000여 명이 무슨 일 때문인지 산양 등지에 모여서 크게 위세를 떨치며 본 읍을 도륙하려 한다고 하였다.

예천뿐 아니라 인근 군현과 충주의 동학농민군들도 산양에 모였다는 것이다. 예천의 집강소는 외부 통행이 한 달 동안 두절되고 추석 이후까지 식량과 땔감 부족으로 읍민 생활이 절박해지자 동학농민군과 결전을 벌여 승패를 가르기로 결정하고, 먼저 도발하기로 하였다. 9월 22일(음력 8월 23일) 예천 민보군 300명을 화지 집결지에 근접시켜서 동학농민군의 읍내 공격을 유도하였다.

예천과 산양 일대에 동학농민군이 집결한 상황은 낙동과 태봉, 그리고 문경 병참부에서 동시에 인지하였다. 낙동병참부는 집결 이유도 약탈을 하다가 체포된 동학당이 타살되었기 때문이라고 파악하였다. 문경병참부의 데와(出羽) 소좌는 후루가와 병참감에게 예비병 100명만 보내주면 조선병 200명과 함께 이들 소굴을 포위 공격하겠다고 건의하고 있다.[100]

이 시기에 군용전신선 단절 사건도 이어졌다. 낙동 부근의 전신선은 밤낮으로 순찰병을 보내서 지키는 조치가 취해졌다. 태봉병참부는 직접 예천 등지를 정찰해서 집결한 동학당이 2,000명이라는 사실을 파악하였다.

태봉병참부는 9월 24일(음력 8월 25일) 부관 다케노우치 모리마사(竹內盛雅) 대위에게 병사 2명과 함께 산양 일대를 정탐시켰다. 그러다가 다케노우치 대위가 죽는 사건이 일어났다.[101] 이 사건은 동학농민군 진압 임무를 띤 일본군의 증파 이유[102]가 되었다. 부산병참감부에서는 문경과 태봉 병참부에 즉각 반격하라는 명령을 내리고 또 1개 소대를 파견하였다. 산양의 동학농민군은 9월 26일 용궁 관아에 들어가서 무기를 탈취하였다. 이 무기는 예천 동학의 근거지인 소야(蘇野)에 옮겨 놓았다.[103]

동학농민군이 일본군 병참부에 위협을 가한 것은 태봉만이 아니었다. 낙동병참부에서 강을 건너면 바로 나오는 안계에도 의성의 동학농민군이 집결하였다. 낙동병참부 사령관 아스카이(飛鳥井) 소좌는 9월 26일 후루가와 병참감에게 전보를 보내 의성 안계에 집결한 동학농민군을 공격할 필요가 있음을 보고하였다. 이때부터 '동학당 공격을 엄렬(嚴烈)히 실행'하라는 명령이 반복되고, '동학당을 도살(屠殺)'하겠다는 보고가 잇달아 올라간다.

문경병참부도 인근 갈평과 적성에 동학농민군이 집결했다는 정보를 듣고 긴장하였다. 갈평은 병참부가 있는 진안에서 동쪽 10여 km 거리에 불과했다. 갈평을 지나서 동쪽으로 산골짜기 길로 더 가면 적성이 나온다. 적성에서 북쪽으로 올라가면 단양과 청풍 그리고 충주로 이어지고, 남쪽으로 내려가면 소야와 산양이 나온다. 문경병참부는 갈평과 적성에 집결한 동학농민군을 우려하였다.

대구조차 안전하게 보이지 않았다. 9월 25일 대구병참부의 우마야하라(馬屋原) 소좌는 "동학당 50여 명이 대구에 들어왔는데 이들은 선착이고 점점 더욱더 올 것이라는 소문이 있다."고 부산병참감부에 보고하였다.[104]

이러한 동학농민군의 집결 활동은 곧 2차에 걸친 타격을 받게 된다. 그리고 급속히 힘을 잃었다. 첫 번째가 예천전투에서 실패한 것이고, 두 번째가 석문전투에서 일본군에게 패하고 소야 근거지가 기습당한 것이다.

예천에서는 9월 28일 저녁부터 29일 새벽까지 동학농민군과 민보군 사이에 읍내 공방전이 벌어졌다.[105] 동학농민군이 화지와 금당실에서 읍내로 접근해서 공격하였으나 완강히 방어한 민보군이 승리하였다. 이 공방전에 동원된 수는 적지 않았다. 민보군은 1,500명에 부녀자들까지 동원되었고, 정부에 보고한 동학농민군은 4,000~5,000명이었다.

잇달아 일본군이 기습해 왔다. 산양 일대에 직행해 온 일본군은 충주에 있던 공병제1대대 소속 25명의 파견군이었다. 9월 28일 석문에서 조우한 동학농민군 600명은 힘써 항쟁했으나 패산하였고, 이어 소야의 근거지도 기습당해 봉기를 위해 모아 놓은 무기 등은 모두 탈취되었다.[106]

　　공병 소위 고토(後藤)가 공병 25명과 본국의 역부 12명을 인솔하고 용궁에서 문경으로 전진하여 9월 28일 상오 9시에 문경 동쪽 50리 지점인 석문(石門) 지방에 도착하였을 때, 우연히 동비(東匪)를 만났고, 그들의 수는 약 600명으로 좁은 요충지를 점거하여 엄한 수비를 하고 있었기 때문에 진격하려 해도 쉽지 않아 척후병을 파견, 좌우를 탐지한 다음, 중앙의 깊숙한 길로 진격해 들어갔다. 그들은 총을 쏘며 힘써 싸웠으나 우리 공격을 견디지 못하여 병기를 버리고 도주하였다. 도주 방향은 한결같지 않아 사라진 곳을 잘 알 수 없으나 아마 예천 소야(蘇野) 등지로 도주했으리라고 생각된다. 그러나 우리 병사는 단 한 명도 사상자가 없었고, 비도는 사망자가 2명이며 부상자는 미상이다. 그 비도(匪徒)들이 거처한 옥사(屋舍) 11칸은 다 불에 태웠고 그때 죽은 시신 중에는 전포(戰袍)를 입은 자들이 있어 매우 장관이었다. 탈취한 물건을 보면 조총 103개, 칼 4자루, 창 3개, 말 2필, 동전 9관문 등이다.

　　용궁(龍宮)으로부터 문경으로 오는 길에 하사 이하 25명을 이끌고 동학당 약 600명과 싸워 총기·기타 물품을 노획했으나, 부대 안에 인부가 적어 총·창·깃발 등 여섯 바리 정도만 가져오고 나머지 도끼와 괭이는 가옥(電文 不明) 4, 5채와 함께 태워버렸음. 또 총 200정 정도를 찾아냈음. 지금 여기서 짐을 가져오도록 짐꾼 30명을 보냈음.

이와 같은 9월 말의 사건은 동학농민군이 재봉기하기 전에 일어난 충돌이었다. 예천 읍내 공방전과 석문전투는 경상도 북서부의 상황을 바꾸었다. 지방관아와 양반층을 압도하던 동학농민군은 기세가 위축되었다. 히로시마 대본영은 일본군 병참부 수비병들에게 '동학당 공격을 엄렬(嚴烈)히 실행'하도록 명령하였다. 이것은 학살령이었다. 또한 동학농민군 진압을 목적으로 후비보병 제19대대를 증파하는 결정을 내렸다.

6. 기포령 이후 동학농민군의 선산 읍성과 상주 읍성 점령

전라도의 남접농민군이 재기를 한 뒤에도 동학 교단은 기포를 결정하지 않았다. 하지만 예천을 비롯해 상주와 함창 그리고 선산에서 동학 조직이 군사 활동을 시작하면서 교단 내부에 영향을 주지 않을 수 없었다. 여러 지역에서 민보군을 결성해서 동학농민군을 공격하는 사태도 심각하였다. 동학농민군이 강원도 강릉을 점거했다가 패산한 사건과 경상도 예천에서 벌인 읍내 공방전에서 패퇴한 사건, 그리고 경기도 지평의 맹영재 민보군이 강원도와 경기도 일대에서 동학농민군을 공격한 사건은 동학 교단의 결정을 서두르게 하였다. 일본군이 처음 동학농민군을 공격해서 적지 않은 피해를 입힌 석문전투도 커다란 사건이었다.

9월 하순 석문전투의 보고를 받은 부산의 중로병참감부는 경계를 강화하였다. 전라도와 인접한 군현에는 정보를 파악하기 위해 스파이를 보냈다. 8월 말 전라도 남원에서 대집회를 열었던 사실부터 참석자 수만 명이 무기를 들고 횡행한다는 것과 경상도 운봉에서 남원의 동학도들을 막고 있는 사정도 보고되었다. 후루가와 병참감은 구포병참부의 수비병을 증원하고 정찰을 강화하라는 명령을 내렸다.

북서부 일대의 정찰도 강화하였다. 낙동병참부는 후지다(藤田) 대위가 이끄는 1개 소대 병력을 순회시켰다. 아스카이 소좌는 10월 1일 용궁과 예천,

그리고 안동 부근을 정찰해서 이 지역은 일시 진정된 상태라고 가와카미 병참총감에게 보고하였다. 10월 3일에는 남부병참감에 이토 스케요시(伊藤祐義) 포병 중좌가 새로 부임하여 후루가와 중좌에게 업무를 인계받았다.

10월에 들어오면 전국의 동학 조직에서 격화된 활동을 벌이기 시작했다. 청국군은 평양전투에서 밀려난 후 황해해전에서도 패배해서 제해권도 상실하였다. 남접농민군의 최고 지도자 전봉준 장군은 청국군에게 승리한 일본군이 동학농민군 진압에 나설 것으로 생각하였다. 동학 교주 최시형도 각지에서 동학도들이 참살당한 보고를 듣고 대응을 결정하게 된다. 10월 16일(음력 9월 18일) 각 포의 대접주들을 청산 문암리로 소집해서 "다 함께 나라의 급난(急難)에 달려가기를 천번 만번 바란다."며 기포령을 내렸다.[107]

기포령이 내려오자 전국의 동학 조직은 일시에 봉기하였다. 여러 군현은 동학농민군에게 읍내를 점거 당하였다. 관아 무기고에 보관된 천보총이나 화승총, 그리고 활과 창칼은 동학농민군이 탈취해서 무장하였다. 경기도 군현까지 이런 사태가 벌어지자 정부에서는 비상조치를 취하였다. 죽산과 안성 지방관에 경군의 영관을 선임해서 병대를 이끌고 부임시킨 것이다.

이어 정부는 10월 20일(음력 9월 22일) 경군을 비롯한 관군을 지휘할 도순무영을 설치하고, 양호도순무사에 신정희(申正熙)를 임명하였다.[108] 그러나 경군 파견병대의 지휘권은 일본 공사의 강요에 의해 일본군 후비보병 제19대대의 미나미 고시로(南小四郎) 소좌에게 넘겨주고 그 지시를 받도록 하였다.

정부에서 양호도순무영을 설치한 10월 20일 경상도의 대읍인 선산과 상주 읍성이 동학농민군에게 점거되는 사건이 벌어졌다.[109] 선산 읍성은 김산의 동학농민군이 가세해서 점거하였고, 상주 읍성은 함창과 예천 등지의 동학농민군이 합세해서 점거하였다.[110] 이 사건은 같은 시기에 충청병영이 있는 청주 읍성을 점거하려고 시도한 것과 함께 기포령 직후에 일어난 가장 큰 사건이었다. 상주 목사 윤태원(尹泰元)은 승지로 전임되어 후임 목사에게 인계하기만 기다리다가 읍성이 점거되자 외지로 도피하였다.

동학농민군이 상주 읍성을 점거했던 기간은 7일이었다. 이때 향리들도 가담하였다. 그래서 다른 군현에서 정황을 물어보면 별다른 일이 없다고 응대하였다. 예천집강소에서 정탐을 보내서 상주의 정황을 파악하였다. 예천의 동학농민군 지도자 박현성(朴顯聲)과 김노연(金魯淵), 그리고 함창의 김복손(金福孫)이 가세하고 있었고, 상주 객관에서 예천에 보복한 후 안동과 의성까지 벌하자는 주장을 한다는 정보도 전해 왔다.[111]

선산 읍성도 동학농민군이 점거한 사정은 비슷하였다. 여러 날 동안 읍내를 동학농민군이 장악하고 있어도 성내의 향리들은 성주처럼 될 것만 두려워하고 있었다. 성주 관아는 동학농민군을 체포해서 감옥에 가두었다가 보복에 나선 동학농민군이 읍내에 대화재를 일으킨 바가 있었다.

읍성을 점거했던 동학농민군의 목표는 일본군을 구축하는 것이었다. 선산과 상주에 있는 일본군 병참부가 공격 목표였다. 그러나 읍성 점거에 더 큰 위협을 받은 것은 일본군 병참부였다. 동학농민군이 봉기한 목표는 일본 세력의 축출이었고, 이는 일본군도 잘 알고 있었다.

10월 27일 낙동병참부에서 일본군이 상주 읍성을 기습하였다. 읍성 안에서 동학농민군은 완강히 대항하였다. 아스카이 소좌의 보고에는 후지다 대위가 인솔한 3개 분대 병력으로 8시 23분에 공격해서 11시까지 전투를 벌였다고 하였다. 성내의 동학농민군은 1천여 명이었으나 사다리를 타고 성벽을 넘어 들어와서 우세한 무기로 공격하는 것을 막을 수 없었다. 그래서 희생자를 50명이나 내고 성내를 빠져나가야 했다. 2명은 포박을 당했고, 부상자는 얼마인지 기록이 없기 때문에 확인할 수 없다.

이날 가와카미 병참총감으로부터 전보로 "동학당에 대한 처치는 엄렬(嚴烈)함을 요한다. 향후 모두 살육할 것"이라는 명령이 내려왔다.[112] 이 명령은 즉시 시행되었다. 이천병참부에서는 감옥에 가둔 동학당 10명을 탈옥 도주를 꾀했다는 이유로 모두 총살하였다.

선산의 향리들은 일본군 병참부에 "동도 만여 명이 읍성에 둔취하고 있으면서 장차 너희를 공격해서 모두 죽이려고 한다."고 알렸다. 해평병참부는 수비병이 1개 분대뿐이기 때문에 외부 파견을 할 수 없었다. 선산 읍성을 공격한 것은 낙동병참부 수비병이었다.

아스카이 소좌는 "어제 저녁 선산부에 동학당 수천이 집합하여 낙동병참부를 습격해서 상주의 복수를 한다는 보고가 있어 즉시 척후를 보내서 그 상황을 살폈더니 과연 보고와 같았다."[113]며 10월 28일 새벽 선산 읍성에 2개 분대를 보내서 기습하도록 하였다. 선산 읍성의 동학농민군은 6시에 불의의 공격을 받은 후 9시까지 완강히 대항하였으나 결국 읍성에서 퇴각하지 않을 수 없었다.[114] 동학농민군 중에는 성내에서 빠져나가기 위해 '성을 넘다가 떨어져 죽은 자'가 많았다고 한다.[115] 선산 읍성에서 희생된 동학농민군의 수는 보고되지 않았다. 일본군은 병졸 1명이 부상을 입었고, 노획물을 예상해서 동행한 병참부 고원(雇員)인 하마다 칸유(濱田寬裕)가 죽었다.

상주와 선산에서 사로잡힌 동학농민군에 관한 기록이 없다. 처형했다는 말도 나오지 않는다. 수천 명이 있던 두 읍성을 일본군이 기습해서 점거했는데 동학농민군을 사로잡지 않았다는 것이다. 이는 가와카미 병참총감의 학살령을 따라 처음부터 포로를 만들지 않은 것이었다.

상주 읍성과 선산 읍성에서 일본군이 가져간 노획물은 매우 많았다. 상주에서는 말 수십 마리를 비롯해서 관아에서 탈취한 무기가 매우 많았는데 이것을 모두 가져갔다. 선산에서도 노획물 수가 매우 많아 즉각 파악하지 못해서 추후 보고하겠다고 하였다.

경상 감사 조병호는 선산과 상주 읍성이 실함되고 무기를 빼앗겼어도 선산 부사 윤우식(尹雨植)과 상주 영장 민치완(閔致琓)의 관직을 박탈하지 않도록 하였다. 한창 동학농민군의 봉기가 진행되고 있는 중이기 때문이었다.[116]

선산 관아와 상주 관아는 예천 선례를 따라 향리 중심의 민보군을 결성하였다. 이 민보군은 동학농민군 근거지를 수색할 때 해평병참부와 낙동병참부의 일본군과 협력하였다. 이 일대에서 위력을 과시했던 동학농민군은 읍성에서 물러난 이후 급속히 세력을 상실하였다.

7. 맺음말

이 연구는 일본 제국의 육군 제5사단장 노즈 미치츠라(野津道貫) 중장이 1894년 8월 휘하 병력을 이끌고 부산에 상륙해서 병참노선을 따라 육로로 북상했던 사건과 경상도 북서부의 동학농민군이 해평과 낙동, 그리고 태봉으로 이어지는 병참부와 군용전신망을 공격했던 상황을 검토한 것이다. 일본 아시아역사자료센터에서 제공한 자료가 이 연구에서 주요 자료로 활용되었다.

노즈 중장은 야마가타 아리토모(山縣有朋)에 이어 제1군사령관을 맡았고, 청일전쟁에서 전공을 인정받아 다음 해 3월 대장으로 승진하고, 8월에는 백작으로 승급하였으며, 러일전쟁 후에는 원수 칭호까지 받았던 인물이었다. 황해의 제해권을 장악하지 않은 상태에서 일본군이 조선과 청국으로 병력을 파견하는 중요한 통로였던 경부 간 병참선로는 노즈 중장의 북상 이후 조선 관리의 협조를 강제로 받아서 제 역할을 하게 된다. 이 병참선로에 히로시마 대본영과 전선을 잇는 군용전신선을 가설해서 더욱 중요하게 되었다.

청일전쟁은 일본이 조선을 침략하기 위해 청국에 도발해서 벌어진 전쟁이었다. 이 전쟁은 육군참모차장인 가와카미 소로구(川上操六) 중장이 기획하고 주도하였다. 조선 침공과 전쟁 도발 임무를 부여받은 동원 사단은 히로시마에 주둔한 보병제5사단이었다. 1894년 6월 히로시마까지 개통한 산요철도(山陽鐵道)는 각지의 군대와 군수물자를 집결시킨 히로시마를 침략의 통로로 만들었고, 또한 전쟁 지휘부인 대본영을 히로시마로 이끌어 들였다.

히로시마에서 출정한 육군이 처음 직행한 조선의 항구는 인천이었다. 혼성제9여단의 1차 파견군과 2차 파견군은 모두 인천항을 통해서 서울로 진공하였다. 하지만 황해의 제해권을 장악하지 못한 상태에서 해로 수송은 위험하였다. 북양 함대는 군함 톤수나 크기 그리고 무장력에서 일본 함대보다 우위에 있었기 때문에 8월 1일 청일 양국이 선전포고를 한 후 해로보다 육로를 선택해야 하였다. 그런 까닭에 혼성제9여단에 이어서 노즈 미치츠라 사단장이 5사단 잔여 부대와 함께 조선에 들어올 때는 부산에 상륙해서 육로로 북상하였다.

부산에서 서울까지 대규모 병력 이동을 할 때 먼저 병참선을 구축해야 했다. 병참선에 관한 자료는 이미 가와카미 참모차장이 정보장교를 파견해서 준비해 놓았다. 가와카미는 1889년 육해군 통합 지휘부인 참모본부를 이끌면서 전략 전술뿐 아니라 각 병과와 근위사단을 물론 함대 참모부와 육군대학교 그리고 군용전신대를 통괄하였다. 청일전쟁 시기에 황족 다루히토(有栖川宮 熾仁) 친왕이 참모총장을 맡았으나 대본영 상석참모로 육해군을 지휘한 실세는 가와카미 중장이었다. 그리고 병참총감을 겸하여 병참과 통신분야를 직접 관장하였다.

일본 제국은 조선에서 펼친 첫 대규모 원정(遠征)을 정보전(情報戰)과 병참전(兵站戰) 두 방식으로 수행하였다. 정보전은 청국군과 벌인 각 전투에서 승리한 결정적인 수단이었다. 조선에 대한 군사 공격의 성격을 가진 인천 상륙과 서울 진주, 그리고 경복궁 기습과 대원군 동원 등도 정보전의 결과였다. 육군 참모본부와 해군 군령부 소속 정보장교들은 장기 계획에 따라 조선과 청국의 정국 상황은 물론 군사기밀과 사회 동향에 걸친 정보를 축적해서 활용하였다.

혼성제9여단 선발 부대에는 정보장교들인 후쿠시마 야스마사 육군 중좌를 비롯한 우에하라 유사쿠, 무라키 마사미 육군 소좌와 이주인 고로 해군 소좌, 아오키 노부즈미 육군 대위 등이 동승하였다. 이들은 조선에 있던 와다나베 테츠타로 육군 대위, 니이로 도키스케 해군 소좌와 함께 작전을 좌우하였다. 이들은 정보 수집만 담당한 소모품 장교가 아니었다. 최종 계급이 원수육군대장(우에하라 유사쿠), 원수해군대장(이주인 고로), 육군대장(후쿠시마 야스마사), 육군중장(무라키 마사미, 아오키 노부즈미)인 것을 보면 전쟁의 실상을 알 수 있다.

청일전쟁 평가에서 가장 비판을 많이 받은 분야가 병참이었다. 하지만 육군 7개 사단이 동원되고, 모두 174,000명 규모의 국외 원정은 효과적인 병참전이 아니었으면 불가능하였다. 그 중요한 병참선의 하나가 부산에서 서울, 그리고 서울에서 평양을 거쳐 의주로 연결한 병참선이었다.

히로시마 대본영에서 제5사단장 노즈 미치츠라 중장을 경부 간 병참선을 통해서 서울로 북상시킨 것에는 일정한 의도가 있었다. 파견군 사단장이 현지 정보를 파악하는 기회를 주는 동시에 병참선과 전신선의 시급한 설치를 점검・독려하도록 한 것이었다. 이 계획은 성과를 보았다.

첫째는 경부 간 도로 상황이 열악해서 포병 등 중장비 수송이 짧은 기간에 불가능한 것을 알게 된 노즈 사단장이 해로 운송을 명령한 것이다. 그 결과로 원산 상륙 부대가 늘어났으며, 후속 부대 일부는 인천으로 목적지를 변경하였다. 둘째는 무더운 여름철 작전의 어려움 때문에 임기응변으로 병사들의 군장을 선편으로 인천에 수송하도록 한 것이다. 셋째는 경상 감사 조병호에게 압력을 가해서 조선 관리들의 협조를 강요하고, 이를 실행시킨 것이다. 인부의 강제 동원이나 군량 조달에 필요한 조선 돈의 대량 교환은 노즈 사단장이 관철시켰다.

병참선과 전신선은 부산 - 구포 - 물금 - 삼랑진 - 밀양 - 청도 - 대구 - 다부역 - 해평 - 낙동 - 태봉 - 문경 - 안보 - 충주 - 하담 - 가흥 - 장호원 - 이천 - 곤지암 - 조현 - 송파진으로 이어졌다. 각 병참부는 역이나 진 같은 기관을 차지하거나 낙동강과 남한강의 연안 마을을 선정하거나 대구 · 충주 · 이천 같이 읍내에 두는 형태로 설치하였다. 대병력 수용을 위해 천막 지급 또는 막사 신축이 시급했고, 거점 병참부에는 창고를 지어 사용했다.

선산 경내의 낙동병참부는 전주 최씨 저택을 차지하여 병참부로 활용했다. 인근 낙동병참부처럼 1개 소대가 주둔할 정도의 거점은 아니었으나 전신선은 설치 직후 동학농민군의 공세를 받게 된다. 또 경상도 북서부의 해평병참부 · 낙동병참부 · 태봉병참부는 이에 공동으로 대응해야 했다. 동학농민군 재봉기 이전에 민보군과 대규모 결전을 벌였던 예천공방전이나 태봉병참부의 부관 다케노우치 대위의 사망사건, 일본군과 최초로 벌인 석문전투는 그 과정에서 일어난 것이다.

동학농민군은 각 군현의 관리들에게 일본군의 전쟁 협력 요청을 거부하도록 촉구하였다. 그리고 직접 전투를 벌이지 않는 대항 방법인 전신선의 단절을 꾀하였다. 경상도를 횡단하는 병참선은 평양과 의주, 그리고 요동반도로 전투가 확대되는 상황에서 병참 지원과 함께 통신망을 연결하는 기능을 하였다. 경상도 북서부에서 봉기한 동학농민군의 1차 목표는 일본군 병참부와 통신소였다. 청일전쟁 전 기간 동안 일본군을 배후에서 공격한 유일한 세력이 동학농민군이었다. 그에 대한 격렬한 반응이 가와카미 참모차장이 병참총감 직함으로 '동학당 공격을 엄렬(嚴烈)히 실행'하라는 명령이었다. 이러한 학살령은 경상도 북서부에서 동학농민군이 공세를 시작한 초기에 나온 것이었다.

동학 교단 기포령 직후 동학농민군은 선산 읍성과 상주 읍성을 점거하였다. 인근 동학 조직이 대규모로 합세해서 이룬 성과였다. 그러나 우세한 무기를 가진 일본군의 기습을 받아 많은 희생자를 내고 읍성에서 철수하였다. 그 이후 경상도 북서부의 동학농민군 세력은 크게 위축되었고, 병참선과 전신선은 청일전쟁 이후까지 중요한 침략의 길과 정보망으로 유지되었다.

항일 봉기와
섬멸 작전의 사실을
탐구하여

- 한국 주요 산악 지대의 전장을 중심으로

이노우에 가츠오(井上勝生)_ 일본 홋카이도대학교 명예교수

1. 머리말

지난해(2015년) 10월과 11월, 일본군 '동학당토벌대'의 진군로를 한국의 연구자들과 공동으로 조사할 수 있었다. 후비제19대대(당시 '동학당토벌대'라고 불리었다) 제1중대 진군로의 추적 조사이다.

한국 측의 참가자는 신영우 씨와 현명철 씨, 일본측에서는 이노우에 가츠오. 이 3명으로, 경기도 충청도의 전쟁 현장의 유적을 답사했다.

또 그 다음달인 11월에, 박맹수 씨까지 현지에 모인 연구자들과 함께, 남원 동학농민운동 기념사업회의 여기저기를 전라도 남원을 중심으로 조사할 수 있었다. 거기에 대해서는 다른 기회에 보고할 예정이다.

2011년 나는 도쿠시마현 아와시(德島 阿波市)에서 그 지방 향토사가의 소개로 후비제19대대 제1중대에 참가한 후비역 상등병의 「종군일지」를 볼 수 있었다. 2013년에 일본 이와나미서점에서 간행한 졸저 『메이지 일본의 식민지 지배 - 홋카이도에서 조선까지-』 제4장 제3절에서 그 일부를 「병사의 종군일지」라고 하여 소개했다(졸저는 한국에서 다음 해에 번역 출판되었다).

동학농민군 토벌부대에 참가한 병사가 전장을 기록한 「종군일지」는 일본에서도 처음으로 소개된 것이다. 그는 도쿠시마현 아와군(德島 阿波郡, 現阿波市)의 병사였다. 그 「종군일지」는 개인(3대 자손, 고령으로 지난해에 사망하였다)이 소장하고 있었다. 청일전쟁하, 제2차 동학농민전쟁으로부터 6년

후, 1901년 1월에 친족의 도움을 받아 두루마리로 정서한 기록이다. 표제는 「메이지 27년 일청교전 종군일지(明治二十七年, 日淸交戰從軍日誌)」이다. 가는 먹글씨로 쓰여졌고, 길이가 9미터 23센치의 장대한 종군일지이다. 일본군의 동학농민군에 대한 섬멸 작전의 현장이 그대로 기록되어 있다.

기록된 최전선 전쟁 현장의 상태는 이제까지의 예상을 뛰어넘는 것이었다. 그 때문에 졸저『메이지 일본의 식민지 지배』에 일부를 소개하고, 일본과 한국의 각지에서 열린 연구회 등에서 내용의 핵심 부분을 소개해 왔다. 향토사가를 통해서 소장자 측의 승낙을 얻은 후에, 우선 그렇게 발표한 것이다.

「종군일지」는 장렬한 가해의 기록(또는 비극의 기록, 負の記錄)이며, 동아시아 역사의 유산이라고 해야 할 것이다. 당연히 학술 연구를 위해서 전문을, 원문 그대로, 정확하게 발표하는 것이 과제였다. 다만, 전문의 공표에 즈음하여, 그 전에 몇 개의 과제가 있었다.

첫째는『종군일지』가 귀국 6년 후에 정서된 것이었기 때문에, 즉, 엄격히 말하면 완전한 1차 사료는 아니다. '정서(正書)'라고 하는 작업이 들어가 있기 때문에, 기재되고 있는 기술 내용이 당시의 사실을 정확하게 기록하고 있는지를 확인하는 일이 필요했다. 가해 측면(負の側面)의 기록이라는 성격도 있기 때문에, 발표에 즈음하여, 사료가 확실한지를 확인하는 사전 현지 확인 조사가 더욱 필요했다.

둘째는 개인 소유이고, 소유자가 자손이었다는 것 때문에, 발표에 즈음하여 확실한 승낙을 얻을 필요가 있었다. 처참한 전쟁 현장이라고 하는, 역사의 어두운 면도 기록한 사료라는 점 때문에도 필요했다. 이러한 가해의 기록은 역사 연구에서는, '발표하면 끝난다'가 아니다. 그것을 반복하여 말씀드리고 싶다. 그 지방의 협력, 그리고 소장자의 양해, 공표를 승낙받은 것에

사의를 표명하는 일 등이 필요한 일이다. 발표에 즈음하여서는, 상식적인 발표의 매너를 지키는 것이 중요하다. 그렇게 함으로써, 소장자 측의 협력을 얻게 된다면, 그 위에 여러 가지 사실(史實)의 학술적인 탐색이 이후 진전되고, 역사 인식이 넓게 정착되는 것도 가능할 것이다.

덧붙인다면, 셋째로 이 '종군일지'에 의해 이후 어떠한 사실을 밝힐 수 있을까, 그것을 처음부터 끝까지 모두 꿰뚫어 볼 필요가 있었다. 우선 학술적 의의의 공표이다. 이 사료를 가능한 한 폭넓게, 그 위에 학술적인 미디어에 활자로 발표하고 싶다고 생각하고, 몇 군데 문의를 했지만 최근의 출판계의 상황에서는, 좀처럼 좋은 답을 구체적으로는 얻을 수가 없었다. 그 때문에도, 이 사료를 공표하는 일의 학술적인 의의를, 적극적으로 처음부터 끝까지 모두 꿰뚫어 봐 두어야 했다.

넷째로 더 중요한 것은, 내용 고증이다. 지난해 겨울에, 한국에서 현지 조사를 할 수 있었다. 그 전에 도쿠시마현 아와군에서 징병된 병사가 아와군에서 부대 편성지인 마쓰야마시(松山市)로 향했던 일지의 기록, 그리고 전쟁이 끝나고 마쓰야마시로 귀향하여, 그곳에서 아와군으로 돌아갔다는 진술을 고증 조사했다. 그 지역 아와군(阿波郡, 현재의 阿波市)의 향토사와 일본 코리아협회 에히메(사무국장, 야나세 가즈히데(柳瀨一秀)) 씨 등이 중심이 되어 놀랄만하게 상세한 고증 조사가 이루어졌다.

마쓰야마시는 청일전쟁 시기에, 시고쿠(四國)로 출군(出軍)하는 일본국 전체의 부대편성지이기도 했다. 「청일전쟁 하의 마쓰야마시」에 대한 조사는, 「군(軍)의 도시」 마쓰야마시의 조사도 된다. 그 조사 자체가 학문적 의의를 갖는 것이었다. 마쓰야마시에서의 조사는 일본 코리아협회의 야나세 가즈히데(柳瀨一秀) 씨, 도미나카 나스유키(富長泰行) 씨, 오노우에 마모루(尾上守)

씨, 사사키 이즈미(佐佐木泉) 씨 등, 이노우에(井上)도 일부 참가하여, 논문으로도 발표되었다. 야나세 가즈히데 씨가 발표한 논문 「동학농민군 섬멸에 징용되었던 두 사람의 '종군일지'에서 '마쓰야마의 족적'(東學農民軍殲滅に徵用された二人の「從軍日誌」における「松山の足跡」)이다.

(『에히메근대사연구(愛媛近代史研究)』69, 2015년 10월)

이번 심포지엄에서는 한국 연구자들의 참가를 얻어 실현되었다. 한국 현지의 추적 조사를, 「종군일지」의 일부를 소개해 가면서 보고한다. 조사의 중심이 된 신영우 씨, 현명철 씨, 또 현지에서 협력해 주신 한국의 연구자들과 시민들에게 심심한 사의를 말씀드리고 싶다.

2. 이천시(경기도)에 대한 현지 조사 2015년 10월

「종군일지」의 서울 출군(出軍)의 부분을 최초로 소개한다. 또 원문을 읽기 쉽게 적지만, 현대문에 가깝게 고쳐가면서 소개한다.

11월 11일, (서울·용산)……동일 밤, 명령 있음. 이번 동학당토벌대(후비제19대)의 행진로를 셋으로 구분, 즉 동로(東路), 서로(西路), 중로(中路)의 세 길로 나누어 진군해야 할 것. 즉, 제1중대, 마쓰키(松木) 대위는 동로병참선(東路兵站線)으로 진군하고, 제2중대, 모리오(森尾) 대위는 서로로 진군하고, 제3중대, 이시구로(石黑) 대위는 중로로 진군한다. 각 대 모두, 충청·전라에 있는 동도를 진압 섬멸하고, 경상도 낙동병참부로 나가서 명령을 기다릴 것. 이로써 각 대는 그 준비를 갖추고, 우리 제1중대는 통역 2명, 길 안내 2명……

12일 오전 7시 30분, 용산을 출발…….

　후비제19대대 제1중대는, 11월 12일 아침, 서울 용산을 출발했다. 대대의 임무는, 동학농민 '진압 섬멸'이다. 세 길로 나뉘어서 동로, 서로, 그리고 중로로 진군한다. 「종군일지」 필자의 제1중대는 동로를 따라갔다. 제1중대 중의 제2소대 제2분대에 소속된 것이다. 「종군일지」에 이 제2분대의 사람 수가 기재되어 있지 않다. 다른 분대는, 몇몇 분대에 대하여 명기되어 있고, 사람 수의 많고 적음의 차이가 있다. 다른 분대같이 15명 전후였을 것이다. '동로'인 제1중대는 우선 부산에서 서울로 이어지는 일본군 병참선에 따라서 서울로부터 진군했다. 우리도 현지 조사를 위해, 아침 7시 서울의 연세대학교 숙사를 출발했다. 신영우 씨, 현명철 씨, 그리고 이노우에. 운전은 북접동학농민전쟁연구의 제1인자인 신영우 씨가 했다. 제1중대는 출발하고부터 2일 후인, 1월 14일에 곤지암을 출발해서 이천으로 들어온다. 「종군일지」의 곤지암에서 이천으로 들어가는 부분을 소개한다.

　11월 14일, 오전 7시 30분 (곤지암) 출발, 행로는 대강 2리(일본의 里)가 되는 곳에 작은 촌락이 있음. 이곳을 통과하려고 할 때, 한인(韓人) 어린아이가 달려옴. 우리 분대에 서한을 주었다. 개봉하니, 그 촌에 동당(東黨)의 조직원이 있다는 것을 탐지한 보고 서면임.
　그에 따라 급히 갔고, 그 집에 도착해 한 명을 포박함. 성명 김기룡(金基龍). 심문하니, 아버지는 동학당의 접주로서 일전에 전라 방면으로 갔고, 각 괴(魁)들과 한자리에 모였다고 대답, 오후 3시, 이천병참부에 도착해서, 곧 포로를 유도(심문)하고, 그곳의 옥에 투옥하다. 오후 7시 30분, 위의 김기룡, 우리 보초병에게 저항하므로, 옥에서 꺼내서 총살하다. 이 밤, 3리를 행군하다.

우리 부대가 이천에 도착하자 그 곳으로부터 1리 반 떨어진 곳에 동학당이 있다는 보고가 왔다. 그로써 제2소대 구수노(楠野) 소위를 선발대장으로 수행하고, 위의 촌락에 도착해서 엄하게 수색하여 그 읍민을 체포하고 심문하다. 동학당이 많이 있지만, 일전에 전라도로 가서 집합했다고 대답한다. 또, 10여 호의 인가를 포위해 집집마다 수색하다. 도망가는 자가 있으면 그를 총살하다. 이때 촌민 등이 놀라서 곳곳으로 숨었다. 여기에는 또 부인 등 13명, 모두 도망가는 것을 그곳에서 손짓을 해서 잡아두고, 후에 촌의 우두머리에게 인도하다. 일몰 후, 이천으로 돌아오다.

곤지암을 나와서 이천으로 향하다. 대강 2리 거리 되는 곳의 작은 촌락. '그 촌에 동학당의 조직이 있다'는 보고가 들어오다. '그 집에 도착해, 1명을 포박'. 성명은 김기룡. 심문하자 아버지가 동학농민군의 '접주'라고 한다. 아버지는 "일전에 전라 방면으로 갔고, 각 지도자(魁)와 집합했다."고 대답했다고 한다.

주목해야 할 것은 김기룡의 증언이다. 곤지암에서 '대강 2리'. 일본의 리는 1리가 4킬로미터이며, 곤지암에서 8킬로미터의 소촌락이다. 또 곤지암에서 이천까지 전체 행로는 위의 소개 글에서처럼 '행정 3리'(즉) 12킬로미터이다. 신영우 씨는 자동차의 미터기로 8킬로를 계산해 가면서 운전했다. 곤지암과 이천의 사이에 해발 300미터 정도의 소산맥이 횡단하고 있었다. 소산맥에 '널고개'라는 산마루가 있다. 그 내리막길 근처의 작은 촌락에서 김기룡이 체포된 것이다. 우리는 남정리에서 차에서 내려 주위를 걸었다.

김기룡은 이천에서 '그곳의 감옥'에 넣어졌다. 신영우 씨의 안내로 이천시립박물관을 방문했다. 이천은 도자기와 쌀의 명산지라고 박물관에서 가르쳐 주었다. 이천의 감옥은 현재의 창전동사무소 근처로 이천 시가의 중앙이라고 한다.

창전동사무소의 건물을 방문했다. 옆에 이천문화원이 있었다. 이천문화원에서 더 가르쳐 주셨는데, 구 감옥의 정확한 위치는 동사무소의 안쪽, 현재의 이천 평생학습센터 자리였다. 당시의 사진이 남아 있었다.

제1중대는 곤지암 등에서처럼 시가의 중앙부에 천막을 친 것이다. 조금 전의 기술을 재검토하면, '이곳의 감옥에 투옥하다. 오후 7시 30분, 위의 김기룡, 우리 보초병에게 저항하므로, 옥에서 꺼내서 총살하다.'라고 되어 있다. 투옥된 접주의 아들, 김기룡은 '우리(제1중대)' 보초에게 저항하므로, '옥에서 꺼내서' 총살되었다.

김기룡, 총살까지의 경과가 극히 자연스럽지 않다. 감옥에 있던 포로 김기룡이 일본의 보초에게 어떻게 저항할 수 있었던 것일까, 일본의 보초는 감옥에 있던 김기룡(접주의 아들)에게 무슨 짓을 했던 것인가. '저항'이 있었다고 하여 포로인 김기룡을 왜 옥에서 꺼내서 총살한 것인가. 「종군일지」는 '포로'라고 기록하지만, 소위 '포로'의 취급을 일탈하고 있다. 아들에게 한 '총살'은 일본 제1중대의 불법적인 행위이다.

신영우 씨는, 동학농민군 북접 세력 연구를 발표했다. 제2차 동학농민전쟁의 초기에 북접농민군이 충청도 보은 근처에 집결해 항일 기포했다는 것을 밝혔다. 집결한 북접농민군의 반수, 약 2만 명은 전라도의 남접 세력인 전봉준의 기포에 참가하여, 공주로 원정했다(나머지 반수는 충청도 지역의 수비대가 되었다). 원정한 북접동학농민군은 최대의 격전인 공주전투를 치렀고, 더구나 공주전투의 중요한 전투에서 싸웠다고 하는 새로운 사실을 실증했다 (「북접농민군의 공주·우금치·연산·원평·태인전투」, 『한국사연구』 154, 2011 등). 신영우 씨에 의하면 공주전투에 참가한 북접원정군의 중심이 되었던 것은 경기도 동학농민군이고 그 가운데에서도 이천과 안성 등의 동학농민군이었다.

현지에서 보았듯이, '널고개', 남정리 근처의 소촌락에 살던 김기룡의 아버지인 동학농민군 접주는, '일전에 전라 방면으로 갔고, 각 지도자(魁)와 집합했다'고 한다. 이「종군일지」의 일본 병사의 기재는 중요하다.

제1차 공주전투는 11월 23일부터 시작되었다. 공주전투의 전초전인, 세성산전투와 대교전투는 최근 한국에서의 연구로는 같은 달 21일부터 전투가 시작되었다고 추정하고 있다. 이 전초전은 제1중대의 이천으로의 진군, 아들 김기룡 체포로부터 7일 후에 시작되었던 것이다.

그 다음의 기사를 보자. 제1중대에 이천으로부터 '1리 반 떨어진 곳'에 '동학당이 있다'고 하는 보고가 왔다. 제1중대의 제2소대, '위의 촌락'에 도착한 제2소대는「종군일지」필자 자신의 소대이다. 병사도「종군일지」에서 지휘관인 중사(軍曹)를 수행하여 위의 촌락에 도착했다고 기재하고 있다. 병사는 현장에 참가한 것이다. '엄하게 탐색했고', 촌민을 체포하여 심문했다. 촌민은, '동학당이 많이 있지만, 일전에 전라도로 가서 집합했다고 대답했다'.

이 촌락에는 '동학당이 많이 있다'라고 했다. 동학농민군이 다수 있는, 농민군이 우세한 촌락이다. 촌락민들은 김기룡의 아버지처럼, '일전에 전라도로 가서 집합'했다. 역시, 공주전투에 참가했을 것이다. 제1중대는 촌민을 체포하여 심문하고, 혹은 10여 호의 인가를 둘러싸고 포위하여 집집마다 수색했다. '달아나는 자가 있으면 그를 총살하다.' 가혹하게 토벌했다. '부인 13명…'이라는 기사는, 현장에 있지 않으면 기록할 수 없는 기사이다.

이천으로부터 1리 반은 거리 6킬로미터이다. 동학농민이 많으며, 촌민들이 전라도 농민군에게 가서 집합했다고 하는 촌은 어느 촌일까. 행군 6킬로미터는 지도로 계산해서 직선거리 6킬로미터보다 짧은 거리인 곳이라고 생각할 필요가 있다. 이천은 해발 200미터에서 300미터 정도의 산으로 둘러싸여 있는 도시이다. 지도를 보면, 북부라면 원적산(해발 559미터) 등의 남측 산기슭에 있는 촌이고, 남부에 있다면 산에 둘러싸인 골짜기인 안평리 등, 그 어느 쪽의 촌일 것이다. 지도에서 직선거리 6킬로미터와 4킬로미터의 반경 가운데에 들어가는 촌이고, 동으로는 시계 도는 방향으로 돌아서, 현재의 지명으로 고척리·마교리·남정리·지석리·도암리·장동리·신대리·조읍리·우곡리·도지리·산촌리·아미리·가좌리 등의 어느 쪽일 가능성이 있다. 이 조사의 단서가 있을까. 이천 지역사 연구자의 조력을 구하고 싶다.

김기룡의 집이 있었던 곳은 널고개 주변의 소촌이었다. 동학농민전쟁(청일전쟁) 후에 이천 의병 투쟁이 일어났고, 1896년에는 널고개에서 의병이 봉기했다고 한다(널고개전투). 이천 지역은 경기도 의병 운동의 큰 중심이었는데, 일본군에게 궤멸당했다. 궤멸당한 사진이 이천시 시립박물관에 크게 전시되어 있었다. 나는 이천의 중요한 역사를 알 수 있었다. 이천 평생학습센터에서 기록을 위하여 건물을 촬영하고 있다고 한다. 이천문화원에서 책을 주셨다. 『이천의 의병전쟁과 독립운동』(이인수, 이천문화원 발행, 2009)이다. 제2차 동학농민전쟁에 참가한 이천의 인물로서 김규석(金奎錫), 김창진(金昌鎭) 등이 실려 있다. 동학농민전쟁은 무언가의 형태로 의병 운동의 방향으로 지속되고 있었다고 생각하지 않을 수가 없었다.

김기룡은 '동학당토벌대' 후비제19대대에게 최초로 포박된 사람이다. 지역의 동학농민군 지도자였던 부친은 일본군과 싸우기 위해 전라도의 지도자들이 있는 곳으로 가서 집합했다. 이천의 감옥 앞에서 총살된 아들 김기룡 총살 사건과 이천 근교의, 지금은 촌명을 알 수 없지만, 촌락 습격, 즉 토벌 사건을 역사가 파묻힌 어둠 속에서 충분하지는 않지만 발굴할 수 있었다. 이 촌락은 또한 일본군의 '동학당토벌대'에게 최초로 습격당한 촌이다.

3. 가흥·동막리 (「동막읍」)에 대한 현지 조사

「종군일지」의 기록에서 제1중대의 충청도「동막읍 습격(東幕邑 襲擊)」부분을 소개한다. 이천 사건으로부터 3일 후이다.

11월 17일, 가흥(일본군 병참부가 설치된)의 북방, 3리 떨어진 곳에 동학당이 있는 것을 탐지하고, 동일 오전 3시 출발하다. 어두운 밤을 틈타 강을 건너서, 동막읍(東幕邑)으로 향하다.

이때 차가운 바람이 몸을 파고들었다. 6시 동막읍에 도착, 소수의 적과 만나다. 방화를 시작해, 짧은 시간에 격퇴하고 촌가에 불을 지르고 파괴하다.

적의 사망자 18명, 노획품은 활, 창, 칼, 화약, 미곡, 목면 등이고, 오후 3시 15분, 이 촌에는 접주 이경원(李敬原)이 살았다. 즉시 총살하다.

이날은 최초의 전쟁으로, 인천상륙 이후 적이 응전한 최초. 각 병사는 용감하게 나아갔고, 가흥으로 돌아오다. 왕복 6리, 도로는 대단히 나빴고, 차량은 통과되는 좁은 골목이다. 가흥 북방의 강은 한강의 상류가 된다.

제1중대는, 동막읍을 습격하고 그곳의 동학농민군과 싸웠다. 동막읍에 대하여 서술하겠다. 현재의 지도로 보면, 가흥리에서 남한강을 건너서, 다시 앞으로 더 가면 북쪽에 동막리(東幕里)가 있다. 「종군일지」의 '동막(同幕)'은 동음이자(同音異字)이고, '동막(東幕)'이 바른 것일 것이다.

우리가 방문했을 때, 마을 위를 19번 국도의 고가(高架)가 지나고 있었다. 남한강의 북쪽에서 흘러들어 온 구룡천(九龍川) 동지류(東支流)의 골짜기 오지(奧地)에 있는 순 농촌 지역이었다. 많은 사과 과수원이 넓게 펼쳐져 있었다. 배후에는 높이 500-600미터의 산들이 이어진다.

가흥(일본군 병참부의 유적에서 직선거리로 5킬로미터 조금 모자라고, 일본 리로 1리 남짓이 된다. 「종군일지」는 가흥의 '북방 3리 떨어진 곳', 12킬로미터 떨어진 곳이라고 기재하고 있기 때문에 동막리는 아주 가까운 곳으로 보인다. 그러나 현재도 남한강을 건너는 다리는 가흥의 상류에 있는 목계대교(牧溪大橋)다.)까지 다리가 없다. 한편 하류에는 건너는 장소가 있지만, 현재에도 계속 다리는 없다. 일본군 제1중대는 강을 건너는 장소까지 우회하여 어딘가에서 건넜을 것이다. 건넌 후에도 산(제네편峰, 250미터 등)을 우회하여 진군했다. '소로'이고 악로(惡路)였다고 기재되어 있다. 보행 거리는 지도의 직선거리보다 훨씬 길었다고 추측된다. 역시 현재의 동막리일 것이다.

'북방, 3리 떨어진 곳에 동학당이 있다는 것을 탐지하고, 동일 오전 3시에 출발하여 어두운 밤을 틈타서 강을 건너고 동막읍으로 향하다.' 이 기사도 주목된다. 다른 일본군 병참선 수비대, 후비제10연대 제1대대의 「진중일지」 12월 13일 기사(1,003쪽)에는 후비제10연대 제1대대의 '각병참지배포(各兵站地配布)' 일람이 보고되고 있다. 가흥병참부는 제2중대 후쿠토미(福富) 대위가 병참사령관에 임명되었다. 후쿠토미 대위 휘하에는 사관 1명, 하사 2명, 병졸 34명이 배치되어 있었다고 기재되어 있다. 충청도에 있는 일본군 병참부에서 가장 많은 병사가 배치되었다. 후비제10연대의 가흥병참부는 후쿠토미 대위를 사령관으로 하여, 소백산맥과 북측 산악 지역에서 일본군 수비대의 중심이 되고 있었다. 거기에서도 1894년 11월, 후비제19대대 제1중대는, 오전 3시에 출발, '어두운 밤을 타서 강(南漢江)을 건너 동막촌(東幕村)으로 향했다.'는 것이다. 11월 중순, 거의 한겨울의 심야에 강을 건너서(보행으로 건넘), 병사는 '때로 찬바람이 세차게 몸을 파고들었다'고 기술한다. 어두운 밤을 택하지 않으면 안 되었다. 수비대는 남한강 상류, 소백산맥 산악 지역 수비대의 사령부 부근에서도 동학농민군에 대하여 군사적 우세를 전혀 확립할 수 없었던 것이다.

제1중대는, 동막리에서 소수의 적과 만났다. '방화(放火)' 사격하고, 단시간에 격퇴한다. 농민군 사망자 18명, 같은 시기의 게릴라전으로서는 격전이다. 동학농민군 항일 게릴라는, 강력한 적의 내습에는 후퇴를, 적이 빠져나가면 진격을 원칙으로 했던 것이다(전게, 졸저, 『메이지 일본의 식민지 지배』참조).

이리하여 '촌가를 불사르고 파괴'했다. 노획품은 활·창·칼·화약·미곡·목면 등이고, 접주 이경원을 총살했다. 노획품은 무기와 군수품, 식료이다. 동학농민군이 항일을 위해 여기에 집결하고 있었다고 추측된다.

실은, 약 1개월 조금 전에 북접동학농민군은 이 지역에서 일제히 봉기하였다. 10월 26일 가흥에서는 동학농민군이 우안(북측)에 집결했다. 일본군 병참부에 대한 가흥·충주·안보 동학농민군의 동시 공격이 있었고, 가흥전투가 일어났다. 이들의 일제 봉기와 전투는, 일본군 히로시마 대본영이 후비제19대대를 일본으로부터 (조선으로) 파견하는 작전을 세우는 하나의 요인이 되었던 것이다 (졸저).

대강 1개월 후, 제1중대 병사의 「종군일지」에 기재된 것처럼 11월 17일 가흥병참사령부에서 수 킬로미터 떨어진 곳으로, 남한강의 대안에 있는 산악의 오지에, 충청도 동학농민군이 집결하고 있었다. 배후에 500~600미터를 넘는 산이 이어지는 깊은 골짜기 두메산골 마을이다. 이 동학농민군은 진격한 일본군에게 저항하고 18명의 전사자를 낼 정도로 전의가 왕성했다.

공주전투(11월 23일부터)의 6일 전이다. 지금까지 후비제19대대의 서전은 먼저 지적했듯이 11월 21일 무렵, 공주전투의 전초전이 되었다. 전투한 것은 후비제19대대의 제2중대, 서로분진군(西路分進軍)이었다. 그러나 이 「종군일지」에 기재되어 있듯이, 엄밀하게 말하면, 제1중대, 동로분진군(東路分

進軍)의 11월 17일 동막리전투야말로 후비제19대대 전군(全軍)과 동학농민군 사이에 있었던 격전의 서전이었을 것이다. 더 넓게 일본군의 동학농민군에 대한 촌락 습격도 포함해 보면, 11월 14일 이천에서의 촌 습격(촌이름 불명), 도망하는 자 있으면 '이것을 총살하다'야말로 후비제19대대의 서전이라고 말해야 할 것이다. 동막리에서는 접주 이경원(동음이자의 가능성이 있다)를 총살했다. '즉시 총살하다', 즉시는 '그 자리'의 뜻이고, 그 장소에서 곧 일본 병사가 살육한 것이다. '즉시'라고 하는 말도, 토벌의 상황을 재현하기 위하여 잊어서는 안 되는 문구이다. 현재의 동막리 과수원의 넓은 경관을 보고 있으면 역사 발굴의 중요함을 되새기지 않을 수 없다. 동막리의 전의(戰意) 왕성한 북접동학농민군이 집결하여 있었고 일본군 토벌대대 제1중대가 이것을 습격하여 격전이 벌어지고 있었다.

이 다음은, 「종군일지」의 기재, 충주성 입성의 부분을 소개한다.

> 11월 18일 오전 8시, 가흥 출발. 동막리 제천 지방으로 제3소대 모리타 치카유키(森田近通) 중사 이하 18명이 정찰로서 파견되다. 본대는 12시 한강으로 가서 상류를 건너고 여기서 점심식사. 오후 2시 충주성에 도착하다. 병참부가 있다. 이 성은 지성으로, 같은 축벽(築壁)을 2丈 5-6척 쌓아올렸고 주위는 1리 남짓. 사대문이 있다. 문 안은 시장이라고 함. 목사가 이 성의 사령관임. 또 병참사령은 후쿠토미(福富) 대위로 함.

충주에서 동쪽의 제천 지방으로 가다. 제3소대 중사 이하 18명(소대의 일부)이 정찰대로 파견되었다. 그리고 충주성으로 진군한다. 성벽의 높이는 '2장 5-6척', 7.5미터에서 7.8미터였다. 지금 충주의 성벽은 일본 제국 지배시대에 일본에게 철저하게 파괴당해 흔적도 없다.

이어서 「종군일지」의 동쪽으로 파견된 정찰 부대가 보고한 '제천 방면 죽산 전투'의 부분을 소개한다.

11월 19일, 체재. 동일 오전 12시, 모리타 중사가 귀환하여 보고하다. 하관(下官, 森田 중사) 명령에 의해 정탐하고, 제천 방면으로 나가다. 한인 토민이 알려 주기를, 죽산(竹山)이라고 하는 촌락에 동학당 수천 인이 집합해 있다고. 그로써 곧 시찰하기 위하여 그 촌락에 도착하자, 과연 적의 많은 수가 촌중에 집합해 있었다. 때문에 급속하게 응전, 적은 퇴각할 조짐이 없었다. 점점 극도로 맹렬한 사격을 했고. 우리 쪽으로 접근하다. 때문에 각 병사가 흩어져서 맹렬히 공격했지만, 적은 엄폐물에 의지해 있고, 우리 병사는 강의 들녘에서 탄환을 막을 장애물 없음. 응전 중에 잠깐 적이 우회하여 우리의 배후로 돌아가는 동정을 보였다. 할 수 없이 일몰이 되자, 지리에 밝지 않았기 때문에 퇴각하고, 야행하여 오전 3시 가흥으로 도착했습니다 라고.

제천 방면으로 정찰 파견된 중사와 제3소대 18명의 보고이다. 죽산이라고 하는 촌락에 동학농민군 수천이 집결해 있었다. 응전하는 동학농민군은 '퇴각할 기세가 없이 점점 맹렬하게 사격을 했고 우리 쪽으로 접근하다'. 일본군 소대는 흩어져서 맹렬하게 사격했다. 그러나 동학농민군은 지리적인 이점을 점유하고 있었고, 일본군 소대는 강가의 평지에 있어서 엄폐물도 없었다. 동학농민군이 우회하여 소대의 배후로 돌아가는 움직임을 보여서, 일몰이 되자, 지리에 어두운 일본 소대는 '퇴각하지 않을 수 없었다'고 한다.

제천 방향의 죽산의 위치를 지금 알 수는 없다. 촌락에 집합한 동학농민군 수천 명은 전의가 왕성했고, 지리를 알고 있어서, 맹렬하게 반격하는 일본군의 분대를 퇴각시켰다.

일본군 후비부대는 스나이더 총이라는 라이플 총을 갖고 있었다. 미니에 총과 스나이더 총이 라이플 총이라는 것은 중요하다. 덧붙이자면, 최근 우리는 아메리카합중국 텔레비전방송국에서 실험한 미니에 총, 스나이더 총 등의 사격 실험을 자주 볼 수 있었다. 거기서 구경 15미리미터라고 하는 19세기 중반 '개발 초기 라이플 총'의 엄청난 파괴력을 알 수 있었는데, 그것은 크고 무거운 탄환과 점화가 늦은 흑색 화약을 사용해, 고열로 달궈진 크고 무거운 탄환을 맞으면 소의 대퇴골이 순식간에 공중으로 분쇄돼버리는 위력을 갖고 있었다. 이렇게 개발 초기 '라이플 총'인 스나이더 총을 가진 일본 군과 동학동민군의 전력 차는 매우 컸다. 그렇다고 한다면, 충청도 충주의 동쪽, 청풍 · 제천 방면의 동학농민군의 세력이 컸다는 것과 일본군에 대한 전의가 높았다는 것을 알 수 있다.

4. 성내리(성내동)에 대한 현지 조사

「종군일지」의 기재에서, 충청도 '성내동(城內洞) 진입' 부분을 소개한다.

> 1월 21일, 오전 7시, 충주 출발. 도중 2리 남짓, 가고 있는 촌락에 동학당의 접주가 있다는 것을 듣고, 그 가옥에 도착하니, 도주하여 부재로 인해, 가옥을 불태우다. 또 다시 전진하여 4리를 지나는 곳에 새 촌락이 있는데 성내동(城內洞)이라고 한다. 민가가 모두 소실됨. 그 전, 후비제10연대가 동학이 이곳에 집결한 것을 격퇴할 때 불태운 것이라고 한다. 우리 부대가 도착하자 촌민이 공포에 떨고 도주하다. 오후 5시, 청풍에 도착하여 숙박. 행정 8리.

제1중대는 충주를 출발하여 동쪽의 청풍으로 향했다. '가는 곳의 촌락에 동학당의 접주가 있다는 것을 듣다.'라고 기재되어 있다. 충주의 동쪽, 소백산맥의 북측에서는 거의 대부분의 촌락에 동학농민군의 접주가 있었다고 기재되어 있다.

'그 가옥'에 도착하자 접주는 '도주로 부재'이다. 제1중대는 '가옥소실(家屋燒失)하다.'라고, 접주의 집을 불살라 버렸다는 것이다. 모두 세력이 강한 북접동학농민군과 모질게 토벌하는 일본군의 행동을 밝히는 중요한 기술이다.

이어서 성내동 침입의 기사가 있다. '또 다시 전진하여 4리를 지나는 곳에, 세 개의 촌락이 있음. 성내동이라고 한다'. 현지인이 성내동이 현재에도 있다는 것을 가르쳐 주었다. 이 성내동은 현재 청풍댐(충주호)에 있는 성내리(금성면)라고.

신영우 씨가 운전해 충주호에 있는 성내리에 도착했다. 충주호는 지도에는 청풍호로 기재되어 있다. 성내리는 댐이 북동부로 흘러 들어가는 곳의 동안(東岸)에 있었다. 다시 「종군일지」를 보면, '(성내리의 3부락은) 민가(모두) 소실됐다. 그 이전에 후비제10연대, 동학이 이곳에 집결한 것을 격퇴할 때 불태운 것이라고. 우리 부대가 이르자, 촌민들이 공포에 떨고 도주하다.'라고 기재되어 있다.

성내리의 3부락은 제1중대가 도착하자, 민가가 모두가 소실되어 있었다. 전에 10연대가 불질렀다고 말한 것이다. 신영우 씨는 댐(호수)의 경관을 보면서, 이 지역의 산줄기는 '한국의 스위스'라고 불려진다고, 지금은 댐에 잠겨 있지만, 일찍이는 더 근사했고, 지금도 아름답다고 설명했다. 나도 아름답다고 느꼈다. 지금은 광대한 리조트 지역이다.

일찍이 총독부에서 작성한 오만분의 1 지도를 보면, 댐(호수)이 생기기 이전의 성내리 모습을 알 수 있다. 남한강 남안(南岸, 左岸)의 거리, 청풍의 대안(對岸)에 북진리가 있고, 그곳으로부터 골짜기를 북상하면 성내리이다. 남한강 북안의 북진리로부터 골짜기의 평원부를 강을 따라 도로가 북상하고 있다. 그 도로는, 충주호 댐의 호수 바닥이 되어 있고 지금은 동측 위쪽에 82번 지방 도로가 통과하고 있다. 신영우 씨가 운전하는 차도 이곳을 달렸다. 지도에서 보면 82번 지방 도로는 서원에서 동쪽으로 분기해 있는데, 분기점을 포함하여 동북부 일대는 분지가 되어 있고, 분기에서 동쪽으로 길을 들어가면, 약 5킬로미터 안에 무암사(霧岩寺)가 있다. 이 절은 내가 아직 보지 못했지만, 지금도 있으며, 관광 코스의 하나이다.

성내리는, 총독부 시대의 지도에서는 「종군일지」에 기재된 것과 같이 3개의 부락이 있다. 하나는 지방도로가 동쪽으로 무암사 방면으로 분기하는 곳의 교차점에 있는 부락, 두 번째는 분기점으로부터 동북부에 분지가 있고, 당두산(堂頭山, 496미터) 남쪽 기슭의 완만하게 경사진 들판에 넓게 퍼져 있는 부락, 세 번째는, 북으로 흐르는 강을 따라가는 옛길(지금은 댐의 바닥)의 서측, 서쪽의 대덕산(大德山, 566미터) 동쪽 기슭의 완만하게 경사진 들판에 있는 촌락이다. 이 세 개의 부락은 불타 버린 뒤에도, 댐이 생길 때까지는 크게는 변하지 않았을 것이다. 이들 세 개의 부락은, 현재의 지도에서 보면, 분기점에 있는 촌락과 대덕산의 동쪽 기슭 들판에 있는 촌락은 완전히 댐에 수몰되고, 당두산 남쪽 기슭의 완만하게 경사진 들판에 있는 촌락이, 거의 대부분의 촌락이 수몰되었지만, 무암사로 들어가는 도로에 있는 일부 부락(일찍이 '마을 변두리 동구 밖'이었던 촌락)은 남았다고 생각된다. 3개의 부락은 종횡 1킬로미터 정도의 분지로 넓게 나뉘어져 있었는데, 모두 불타 버렸다. 그것을 목격하고, '그 전에 후비제10연대가 동학이 이곳에 집합한 것을 격퇴할 때에, 불지른 것이라고 한다'고 병사는 기록하고 있다. 후비제10연대가 불질렀다고 들은 것은 주목되는 기록이다.

후비제10연대는 부산에서 서울까지 북상하는 일본군 병참선을 수비하는 부대였다. 사령부는 부산에 있었다. 당시 조선 중남부의 일본군 수비대 전체의 총사령부는 인천에 있고, 남부병참감부(南部兵站監部)라고 불려지고 있었다. 이 남부병참감부가 기록한 「진중일지」가 도쿄 에비스(惠比壽)의 방위성 방위연구소 도서관에 남아 있고, 이 남부병참감부 「진중일지」에 다음과 같은 기사가 기재되어 있다. 1894년 10월 16일 기사의 일부이다.

> 10월 16일 화요일 맑음
>
> ······
>
> ⑧ 동시(오후 9시), 가흥 후쿠토미(福富) 대위에게 다음의 전보를 치다.
>
> …충청도 동학당의 상태는 어떠한가 보고하라.
>
> ⑨ 오후 10시 25분, 가흥 후쿠토미 대위로부터 다음의 전보가 있음.
>
> 어제, 충주지부에서, 하사 2명, 병졸 2명을 보내서 단월에서 동학당의 수령 린섹겡 이하 3명을 포획했다. 또, 어제 동 지부에서, 하사 이하 9명, 군부(軍夫) 7명, 한인 7명으로서 청풍 부근 성내의 동학당 소굴을 습격하고, 그곳의 수령 세이도간을 쓰러뜨리고 4명을 포획하다. 적의 즉사 약 30명, 그들이 소지한 소총 2천, 그 외 화약 등 남기지 않고 불태워 버림. 다만, 상등병 1명, 그 때문에 부상당함. 상세한 내용의 우편.

모두 전보 연락의 기록이고, 번호 ⑨는 「진중일지」 같은 날 기사의 아홉 번째를 가리키고 있다. ⑧과 ⑨에 기록되고 있는 후쿠토미 대위는 당시, 가흥에 있었던 후비제10연대 제1대대 제1중대의 지휘관이다.

주목할 것은 ⑨의 문장 중에서, '또……' 이하 기사이다. 어제, 후비제10연대 동 지부(충주지부)에서 하사관 이하 병사 9명, 군부 7명, 한인 7명으로 '청풍 부근 성내의 동학당 소굴을 습격'했다. 후비제10연대의 부대는, 그 곳의 수령(접주) 세이도간을 쓰러뜨리고(살해하고) 4명을 포획했다. 동학농민군의 전사자는 약 30명, 농민군의 소총 2천, 화약 등을 남기지 않고 불태워 버렸다고 한다('상세한 내용의 우편'이라고 기재되고 있는데, 이 우편은 발견되지 않았다.). 후비제10연대 일본병 및 일본 군부 16명과 한인 7명으로 '청풍 부근 성내'의 동학농민군 소굴을 습격했다고 하는, 이 청풍 부근 '성내'야말로 성내리라고 말할 수 있을 것이다.

동학농민군의 소총 2천과 화약을 불살라 버렸다고 하는 것은 상당한 규모의 무기를 불태운 것이다. 동학농민군의 즉사자 30명도, 게릴라전으로서는 대규모이다. 이때에 후비제19대대 제1중대 병사의 「종군일지」가 기록한 3개 부락 모조리 불태워져 버리는 일이 일어났다고 추측할 수 있다.

「종군일지」의 병사가 기록한 후비제10연대의 성내리 습격에 대해 전해 들은 말, '3촌락이 있고, 성내동이라고 한다. 민가 모두 불탔다.'는 것은, 이 충주병참지부에서 남부병참감부로 보고된 「진중일지」에 기록된 후비제10연대가 '청풍 부근 성내의 동학당 소굴을 습격'했다는 기사와는 이렇게 조응한다.

후비제10연대가 '청풍 부근 성내의 동학당 소굴을 습격'한 것의 기사는 남부병참감부 「진중일지」 10월 16일 중에 있고, '어제'의 전투라고 기재되고 있었다. 따라서 후비제10연대의 성내리 습격은 10월 15일의 사건이었다는 것이 판명된다. 후비제19대대 제1중대가 성내리로 들어왔던 11월 21일의 1개월 6일 전의 후비제10연대의 습격 사건이었다.

이 성내 습격 전쟁의 시기에 후비제10연대 부대는 '수령 성두환'을 쓰러뜨렸다. 외교사료관의 「한국동학당봉기일건(韓國東學黨蜂起一件)」의 기사를 찾아보면, 9월에 가흥 후쿠토미 대위가 한국 정부의 선무사 정경원(鄭敬

源)에게 입수한 「집강망(執綱望)」(동학농민군의 수령) 일람(명부)에, '성두한(成
斗漢)'은 단양의 수령으로 기재되어 있다. 조선의 선무사는 후쿠토미 대위가
접주를 포박하려고 한 것을 막고, 유예시키기 위해 일람 명부를 후쿠토미에
게 건넨 것이다(「한국동학당봉기1건」 재부산총영사 무로다(室田)가 무츠(陸奥) 외
무대신에게 보낸 서한, 별지 갑호, 1894년 10월 1일 자). 이 단양의 접주 '성두한'이
야말로 10월 15일 후비제10연대의 수비대에 의해 성내리에서 살해된 '세이
도간'이라고 보면 틀림없다. '세이도간'은 일본의 한자음독으로 (한자의 일본
에서의 중국식 독음), 정말로 한자도 틀림이 없이 '세이도간'이다.

청풍 성내리 습격 전쟁 정보에 대해, 일본 국내의 그 후의 경과를 보면,
또 다음과 같은 것을 알 수 있다.

방위연구소의 인천남부병참감부 「진중일지」와 외교사료관의 「한국동학
당봉기1건」에 의하면, 10월 17일에 이 청풍(성내리) 습격 등이, 인천남부병
참감부 본영에서 히로시마 대본영으로 보고되었다. 또 10월 19일에, 서울의
스기무라(杉村) 대리공사에게서 동경의 무츠(陸奥) 외무대신에게 전보로 보
고되고, 이 보고는 10월 20일 무츠(陸奥) 외무대신으로부터 히로시마 대본영
의 나베시마(鍋島) 대리공사에게 타전되었고, 이토(伊藤) 총리대신과 사이고
(西郷) 육군대신에게 전하도록 명령되었던 것이다. 외무성의 전보는 10월 14
일, 충주병참기지의 단월 동학농민군 수령 3명 포박, 그리고 15일의 청풍 부
근 성내리의 동학농민군 수령 살해, 4명 포박, 전사 약 30명, 소총 2천 정을
불태워 버리고, 16일의 곤지암의 수령 2명 포박 등을 이토(伊藤) 총리와 사이
고(西郷) 육군대신에게 보고하고 있다(「한국동학당봉기일건」 전송, 제416호, 무츠
외무대신으로부터 히로시마의 나베시마 외무서기관에게 보낸 전보).

한편, 한국에서는 10월 16일 보은의 2대 동학 교주 최시형이 전라도의 전봉준에 이어서 항일 기포령을 낸다. 이와 같이, 10월 15일의 일본군 후비제10연대 부대의 청풍 성내리 농민군 습격은 일본과 한국을 뒤흔들 정도로 중요한 움직임의 하나였다. 이 일본과 조선의 일련의 경과를 이후, 더욱 상세하게 검증할 필요가 있다. 이것은 이후의 과제이다.

성내리는 남한강 남안에 있고, 교통의 요지인 청풍의 대안 안쪽(奧)에 위치한다. 대안의 안쪽에서 북쪽에서 흘러들어 가는 남한강 지류의 촌락이다. 지류의 안은 해발 800-900미터의 산이 우뚝 솟아 있다. 즉, 남한강으로 진출하는 요지의 안쪽에 동학농민군이 대규모로 집결하고 있었던 것이다.

먼저 보았듯이, 10월 15일 단양 농민군 지도자 성두한이 성내리에서 살해되었다. 남부병참감부「진중일지」에 의하면, 이와 같이 동학농민군은 일본군에 의하여 단양의 접주가 살해되었지만, 그 9일 후인 10월 24일, 동학농민군 4천 명이 단양으로 가서 또 봉기했고 단양부를 점령했다. 충청도 동학농민군이 일제히 봉기하여, 안보·충주·가흥을 습격하기 하루 전이었다. 이단양봉기는 동학농민군이 충청도에서 항일 봉기를 전개한 일련의 전투 중하나이다.

대집결지였던 성내리 3부락이 모두 불태워지고, 현지의 접주가 살해당했어도, 단양동학농민군의 전의가 쇠퇴하지 않았음을 알 수 있다. 동학농민군을 살펴볼 경우에 토대가 되어야 할 사실이다.

「진중일지」에 의하면, 11월 22일 제1중대는 청풍을 출발하여 청풍과 제천의 사이에서 접주 한 사람을 체포하고 총살했다. 다음 23일 제천에서 청풍으로 돌아갔고, 그날 동학농민군의 빈 가옥 수십 호를 불태웠다. 모두 후비제19대대 1중대 병사의「진중일지」에 의해서 알게 된 사실이다.

5. 1896년 충주 의병 공방전

고치(高知)의 서남부인 스쿠모시(宿毛市) 오츠키(大月)촌에서 후비제10연대 제2중대 상등병의 「진중일지」를 볼 수 있었다. 발견해서 연락하고, 스쿠모시로 안내해 준 것은, 고치대학의 오바타 히사시(小幡尙) 씨이다. 향토사가인 나가오카 야스시(長岡和) 씨가 자가(自家)의 곳간(멋진 분위기의 곳간이었다)에 나무상자에 넣어서 보전하고 있는 것을 발견한 것이다. 나가오카 겐(長岡憲) 상등병의 종군일지이고, 표제로는 「진중일지(陣中日誌)」라고 기재되어 있었다.

나가오카 겐씨가 소속된 후비제10연대 제2중대는 1894년 제2차 동학농민전쟁에서, 대구 · 낙동 등 경상도 중앙부의 수비대에 소속되었다. 나가오카 겐은 중대의 사령부 소속이며, 그 일지에는 제2차 농민전쟁 토벌 현장의 기사는 적다. 그러나 청일전쟁 종료 후 다음 해인 1896년에는, 후비제10연대 제1중대로 교체되고, 문경에서 북쪽의 소백산맥 산악 지대의 병참부 수비대로 (소속이) 바뀌었다. 후비제10연대 제2중대는 격렬한 의병전쟁과 대면하게 되었다. 앞에 「종군일지」에서 후비제19대대 제1중대의 충주성 입성을 소개했는데, 나가오카 겐의 「진중일지」에는 충주성에서의 후비제10연대 제2중대와 의병과의 공방전에 대한 기록이 있다. 기록의 일부를 다음과 같이 소개한다. 또 이 부분은 나가오카 야스시 씨에 의해서 1995년 간행된 『오오츠키쵸사(大月町史)』에 정확하게 복각(復刻)되고 있다 (438쪽~440쪽).

1896년(메이지 29) 3월 의병전쟁 · 충주성 공방전 부분
4일 오전 4시 반, 충주성에서 약 500미터 떨어진 삼림에 도착. 새벽을 기다림. 다섯 시가 지나서부터 전면의 고지로 나감. 소대가 일제히 사격. 3, 4

회를 (사격)함. 얼핏 보면 (의용군은) 성의 내외는 큰 모닥불(篝火)을 태우고, 호령을 내리고, 경계를 태만히 하지 않음. 6시, 다나카(田中) 대위의 부대가 도착. 그때부터 공격을 시작. 우리 대는 남문 밖으로 향하다. 세 방면에서 포위 공격을 함. 마침내 적으로부터 100미터 떨어진 곳까지 근접함. 그렇지만 쉽게 함락되지 않음. 오후 3시, 전투를 그침. 그렇지만 쉽게 함락되지 않음. 성 밖 4-500미터의 땅에 긴급 군영을 만듦. 밤중에도 끊임없이 발포함. 이날 우리는 부상 9명. 적의 사상불명. 우리 부하는 1인도 없음.

5일 휴전. 오후 9시 무렵부터 동문을 열다. 적이 도주할 조짐이 있다는 생각. 보초에게 보고를 받고, 곧 추격하면서 동문으로 성내로 돌입. 잔적 수 명을 사살, 동 11시 완전히 점령 완료. 최초 돌입할 때, 제1분대에서 일제히 사격 수 회를 받음. 여기서는 입을 다물고 말하지 않음. 노획물은 쌀, 총, 검, 창, 말(馬) 등이 산과 같음. 그날 밤 구지(舊地)로 돌아옴, 군영 내에서 묵다.

6일 맑음, 적이 버린 무기를 처분. 같은 날 같은 곳에 체제. 그날 밤 8시 무렵부터 눈이 내림. 이 전투에서 적의 사자 30여 명, 부상 불명.

1896년 3월 4일부터 6일의 부분을 소개했다. 1896년 충주 주변에서의 항일 의병 활동은 이렇게 지극히 활발했다. 전신선을 단절하고, 혹은 전주를 넘어뜨리는 일이 빈발했다. 이 상황은 「진중일지」에 기재되어 있다. 이 3월 4일부터 6일의 부분에서는 충주성 공방전이 전개된다. 의병은 성에 틀어박혀서 일본군에 항전했다. 성에 틀어박힌 의병은 포위한 일본군에게 100미터의 거리에서 응전했다. '쉽게 함락되지 않고' 철야 전투했다.

동학농민군의 전투와 마찬가지로 충청도 의병투쟁은, 충주성이 전투의 중심의 하나가 되었다. 그것은 전신선의 단절과 전주를 넘어뜨린다고 하는 게릴라전을 중심으로 하는 더 격렬해진 항일 전투였다. 전투 방식을 보면,

북접농민군의 동학농민전쟁과 충청도 의병 투쟁은 촌락 레벨로는 연결된 면이 다분히 있다고 볼 수 있다.

6. 맺음말

후비제19대대 제1중대 병사의 진군로에 대한 한국의 현지 조사는 의의가 있었다. 여러 가지의 사실이 부상되었다. 이 조사는 한국의 신영우 씨, 현명철 씨의 조력에 의해서 비로소 가능했다. 이 두 분에게 깊은 감사를 드리고 싶다. 현명철 씨는 주로 통역을 해 주셨다. 또 현지에서 협력해 주신 그 지방의 여러분에게도 깊이 감사를 드린다. 일본에서도 크게 조력해 주신 그 지방의 여러분에게 깊이 감사하고 싶다. 또 한일의 현지 조사를 계속해서 그들의 성과를 토대로 하고, 검증도 포함해, 이번 가을 「종군일지」를 학술지에 발표할 예정이다. 마지막으로, 도쿠시마현 아와시(德島県 阿波市) 스쿠모시(宿毛市) 소장자와 관계자 여러분의 역사 학술 조사에 대한 이해와 협력에 깊이 감사의 말씀을 드리고 싶다.

구미 선산의
동학 조직과 활동

임 형 진_ 천도교 종학대학원 원장

1. 서론

1860년(경신년) 4월에 득도한 수운 최제우에 의하여 성립된 동학은 이후 조선 사회를 경천동지하게 만들었다. 그것은 동학이 가지고 있는 만민 평등, 인간 존중의 사상이 당시의 조선 성리학 사회에 엄청난 충격을 주었기 때문이다. 더욱이 동학은 점증하는 서양 세력에 대항하는 철저한 보국안민과 척왜양창의의 정신으로 무장되어 있어서 성리학의 한계를 뛰어넘는 시대적 정신으로 우뚝 솟았다.

그러나 당시의 보수적 유생 집단은 이러한 동학의 가치를 인정치 못하고 1864년 3월 10일 수운 최제우를 '평세사란 암지취당(平世思亂 暗地聚黨)'이라는 혐의[1]와 사술(邪術)로 정학(正學)을 어지럽힌다는 '좌도난정(左道亂正)'의 죄목으로 대구장대에서 처형시켜 버렸다.[2] 수운과 함께 체포된 10여 명의 제자들은 원악도(遠惡島, 서울에서 멀리 떨어져 있고 살기가 어려운 섬)와 황해도·함경도·강원도 등지에 죄의 경중에 따라 정배되었다.[3] 그러나 최제우가 처형된 이후 오히려 동학은 들불처럼 퍼져 나갔다. 이처럼 동학이 확대된 원인은 최제우의 제자인 해월 최시형의 노력도 있었지만 무엇보다도 동학의 시대를 뛰어넘는 가치에 주목한 민중들의 염원 때문이었다. 즉 당시의 민중들은 탐관오리들의 가렴주구에 시달리고 있었으며 중국적 세계관이 무너지자 그야말로 어디로 가야할 지를 모르는 난민들이 되고 있었다. 그들에게는 메시아적 구원의 손길보다도 자신들의 처지를 근본적으로 치유해 줄 어떠한 절대적 가치 체계 즉 믿음의 체계가 필요했던 것이고 동학은 이들의 염원에 응답한 것이다.

동학 탄압은 수운 최제우의 처형 이후에도 더욱 극렬해졌고 최시형의 포덕의 길은 형극의 길에 진배없었다. 동학 초기 최시형이 동학을 포덕한 지역은 대부분 경주를 중심으로 한 경상도 지역이었다. 그러나 초기 동학이 경상도 전역으로 차츰 세력이 넓어지고 따르는 자들 역시 늘어나고 있을 때 터진 1871년 영해 지방에서 발생한 이필제 중심의 교조신원운동은 동학의 뿌리를 흔드는 커다란 사건이었다. 관의 추적으로 동학은 최대의 위기 상황에 처해졌지만 동학의 지도자들은 이 위기 상황을 극복하기 위한 피난의 과정 속에서 오히려 전화위복의 계기를 마련하였다. 그것은 민중들에게 동학의 세계관에 대한 공감대를 확산시키고 교단의 활동 범위가 확대되는 과정이었으며 이 과정 속에서 동학의 지도자들과 민중 사이에는 소통의 장이 마련된 것이었다. 동학의 지도자들은 접주제도와 포제를 완성해 동학을 조직화해 나갔다.

초기 동학의 이러한 수난의 과정 속에서 동학은 민중뿐만 아니라 일대의 지식인에게도 크게 영향을 주었다. 다른 지역보다도 특히 경상도 지역의 동학은 소위 양반계급의 동조자들이 다수 있었다. 그들은 왜 난법난도의 사교로 몰린 동학에 관심을 가지게 되었으며 나아가 1894년 동학농민혁명에 참여하고 그중 일부는 동학군을 지휘하는 지도부에까지 이르게 되었는가. 본고의 출발은 여기에 있다. 동학의 어떠한 내용이 경상도 유학자들의 관심을 끌었으며 심지어 탄압의 대상이었던 동학에 입도하고 지도부에까지 이르게 하였는가를 풀어 보고자 한다. 실제로 1894년의 동학농민혁명 당시 경상도 지역의 동학군들을 탄압한 것도 지역의 양반들이 주로 모은 민보군이었지만 동학군을 지휘하거나 협조해 준 양반층도 다수 있었다.

특별히 구미 선산 지역의 경우는 이러한 현상이 두드러졌다. 정확한 기록 등의 부재로 인하여 확언할 수는 없지만 많은 증언 등에 따르면 구미 선산 지역을 비롯한 김산 지역, 상주 지역 그리고 문경, 예천 지역 등에서의 양반층의 참여는 확실하다.[4] 이를 미루어 보아 경상도 북부 지역의 동학은 민중들뿐 아니라 상당수의 지식인층에도 호응을 얻고 있었음을 알 수 있다. 천한 신분 출신의 해월 최시형의 포덕 행위에 동조했다는 사실은 이 지역의 식자층이 상대적으로 깨어 있었음을 반증하는 것이라고 할 수 있다.

2. 동학과 영남 유학의 만남

경상도 지역은 동학이 발생한 곳이고 수운 최제우와 해월 최시형에 의하여 동학이 최초로 전파된 지역이었다. 당시 조선의 지배 이념이었던 전통 성리학에 매몰된 유림들은 초기 동학에 대대적인 배척 운동을 전개하였다. 그러한 배타적인 분위기 속에서도 경상도 지역에서는 동학이 들불처럼 번져 나갔다가 1871년 영해 지방에서 발생한 최초의 교조신원운동으로 거의 궤멸의 위기에 처해졌었다. 이후 최시형의 피신지인 강원도 지역과 충청도 지역으로 확대되는 가운데 재기한 동학은 경상도 북부 지역을 중심으로 그 세를 이어 가고 있었다. 그 결과 1894년(갑오년)의 경상도 지역은 다른 어느 지역 못지않게 동학농민혁명이 전개되었다.

최제우는 동학을 창도한 뒤 자신의 집에 거느리고 있던 계집종 중 나이가 든 여종은 며느리로 삼았고 나이가 어린 여종은 수양딸로 삼았다. 동학이 가지고 있었던 신분타파, 완벽한 인간 해방의 정신을 창도주인 최제우는 그대로 실천한 것이다. 이뿐만 아니라 최제우는 교도가 된 사람들의 반상과 적서를 가리지 않았으며 후천개벽의 이상 사회를 제시하였다. 최제우의 현실 인식은 당시 엄격한 신분제 타파뿐 아니라 국가 수탈인 부세 체제 곧 삼정 문란과 지주-전호의 갈등 그리고 세도정치의 비리에 맞추어져 있었다. 이러한 최제우의 인식은 아버지 최옥(崔鋈)에게 물려받은 사상에 기인한다.[5]

최제우는 1861년부터 경주를 중심으로 경상좌도 일대에서 포덕 활동을 전개하였다. 많은 교도들이 몰려들자, 이를 주목한 세력은 관아의 벼슬아치보다 재지 사족 집단인 전통 유림이었다. 동학이 제시하는 내용은 문중을 배경으로 한 재지 사족들의 주목을 받을 수밖에 없는 것들이었다. 이들의 모함과 험담 등 핍박에 최제우는 득도한 고향 경주를 떠나야 할 정도였다.[6] 그러나 유림들의 동학에 대한 공격이 본격적으로 나타난 것은 1863년 여름부터였다.

상주의 우산서원에서는 1863년 9월 13일자, 원장 홍은표, 재임 정직우의 이름으로 통문을 돌렸고 이 통문을 받은 도남서원은 이해 12월 1일자, 원장 정윤우(鄭允愚), 회원 유후조(柳厚祚)의 명의로 상주에 있는 옥성서원 등 여러 서원에 통문을 재작성해 보냈다. 두 통문의 내용은 다음과 같다.[7]

첫째, 이단론이다. 이 이단론은 유학의 이론을 세운 공자와 맹자를 원조로 한다. 맹자는 이단의 표적으로 겸애설을 주장한 양자와 겸애설을 주장한 묵자를 꼽았다. 양묵(楊墨)을 이단으로 지목해 배척했던 것이다. 그런 뒤 유학을 배척하는 학문 사상을 이단으로 보았다. 둘째, 송 대의 성리학자인 정자와 주자는 불교와 도교를 허무적멸(虛無寂滅)의 가르침이라 하여 배척하였는데 이 이론에 따라 불교와 도교를 이단으로 포함시켜 배척하였다. 그리하여 송 대에서는 이단 논쟁이 더욱 치열하게 전개되었다. 그런 뒤 불교와 도교의 한 갈래는 유교에 맞서 변란 세력으로 변화하였다. 셋째, 유학의 이론 곧 주자의 주장을 비판한 육상산과 왕양명의 이론을 육왕학(陸王學)이라 하여 이단으로 몰았다. 왕명학파들은 주자학파에 맞서 정치권력을 잡기도 하고 변혁세력이 되기도 하였다. 이것이 벽이숭정(闢異崇正)의 이론이다.

경주 인근 지역의 유림들은 이와 같은 철저한 주자주의적 원칙론에 입각해서 동학을 비판했고 나아가 천주의 주문을 외우니 동학은 이름만 바꾼 서학에 진배없다고 보았다. 또한 동학은 황건적의 무리와 다름없는 도깨비로 치부하였다.[8]

> 저들(=동학)이 천주(天主)의 주문을 외우는 법은 서양에 따른 것이고, 부적 태운 물로 병을 치료한다는 말은 황건(黃巾)을 답습한 것이다. 귀천(貴賤)을 동일하게 보고 등위(等威)에 구별을 무시하니 천한 자들이 모이며, 남녀를 섞어 포교소(帷薄)를 만드니 시집·장가를 제때 못 간 사람들(怨曠者. 즉 홀어미와 홀아비)이 모이고, 재화를 좋아하여 있는 자와 없는 자가 서로 도우니 빈궁한 자들이 기뻐하는 것이다.(중략)

> 요사이 이른바 동학이라는 것은 무당이 귀신주문(鬼神呪文)을 외는 것과 같은 자들이다. 무지한 천박한 부류들(賤流)이 많이 (동학에) 물들고, …옛 사람들이 이단을 칭하여 사람들을 이적금수(夷狄禽獸)에 떨어지게 하는 것으로 보았는데, 이것은 이단을 배척하는 극단의 말이나, 오늘날 이른바 동학이라는 적들은 사람을 도깨비(魑魅魍魎)로 떨어지게 하는 데 불과한 것이다.[9]

이처럼 초기 동학에 대한 유림의 입장은 서학을 '이적금수(夷狄禽獸)'로 보고, 동학을 '이매망량(魑魅魍魎)' 즉 '도깨비'로 보아 모두 척사의 대상이었다. 당시 이 통문이 상주를 중심으로 여러 서원에 돌려졌고 유림들은 동학 배척에 나섰다. 이 운동을 전개한 주역들은 바로 영남사림을 대표하는 정윤우, 유후조 등이다. 이들은 정치색으로 보아 영남 남인, 퇴계학파의 맥을 잇는 서원 세력, 문중을 배경으로 향촌에서 위세를 부리는 토호들이었다.

그러한 초기 인식에서 벗어나 경상도 유림의 일부가 동학에 우호적인 입장으로 돌아선 이유는 아무래도 최제우 처형 이후 동학에 대한 인식 변화 때문이었을 것이다. 그것은 처음에는 무조건적으로 동학(東學), 즉 성리학 이외의 학문이므로 탄압을 했고 무엇보다도 서학과의 구별이 거의 없었다는 것인데 차츰 시간이 흐르면서 그 차이가 드러나기 시작했다. 무엇보다도 당시 유학의 대세를 이루고 있었던 위정척사론과 흡사한 논리에 동감되었기 때문이었을 것이다. 오히려 성리학이 가지는 명백한 신분적 한계 내지는 탁상공론에 머무는 학문관 등에 회의적이었던 지식층이 이에 적극 호응하였을 것이다. 특히 벼슬길에서 멀어진 이른바 몰락한 양반층에게는 민중들과 똑같은 인식으로 접근되었을 것이다.

영남의 학문은 퇴계학을 정통으로 하여 계승되었는데 수운의 동학 역시 그와 상통하고 있었다. 이에 대한 최재목의 연구는 주목할 만하다. 그는 수운의 아버지인 최옥이 13세 때부터 기와(畸窩) 이상원(李象遠)의 문하에서 배웠는데 기와는 바로 퇴계 영남학파의 선봉인 갈암(葛庵) 이현일(李玄逸)의 현손(玄孫. 5세손)이므로 자연스럽게 퇴계학을 계승했다고 지적한다. 특히 퇴계의 경(敬) 사상은 장계향과 존재·갈암을 거쳐, 대산 이상정(大山 李象靖)으로 이어져 근암→수운→해월로 저류하는 것으로 이해할 수 있다고 지적한다. 경 사상은 자신의 몸을 공경하는 심성으로 결국은 타자에 대한 존중 정신으로 실천된다. 즉, 경신(敬身)은 경인(敬人)과 경물(敬物)로 자연스럽게

이어지기 마련이다.[10]

무엇보다도 주목하는 것은 여성인 장계향으로 그녀는 '성인(聖人)을 꿈꾼' 여성 유학자였다. 남녀유별이 엄격했던 그 시절에 이렇게 당당하게 여성의 권익을 주장할 수 있었다는 것은 매우 특기할 만한 사실이다. 그녀는 자신뿐만 아니라 자식들, 손자들에게도 모두 '성인을 지향'할 것을 권했다고 한다.[11] 이 밖에도 여자도 성인이 될 수 있다고 당당하게 주장한 여성으로 임윤지당(任允摯堂)도 있는데 이러한 여성에 대한 차별 없음을 강조한 것이 퇴계의 경 사상의 진보적 발전이라는 것이다.

동학의 섬김(敬)사상은 장계향의 아버지인 장흥효에게서는 '나도 또한 남이고, 남 또한 나이다. (중략) 내가 또한 하늘이고, 하늘 또한 나이다(己亦人, 人亦己, 己亦天, 天亦己).'라고 말하는 것처럼, 동학의 '사람이 곧 하늘(人乃天)'이라는 사상에 가장 가까이 접근된다고 할 수 있다. 이처럼 동학사상에는 퇴계의 경 사상의 진보적 발전으로 해석할 여지가 충분했기에 특히 경상도의 지식층에게는 설득력 있게 다가갈 수 있었을 것으로 사료된다.[12]

한편 동학이 경상도 지역의 양반 계층에 접근할 수 있는 방식은 서학에 대한 해석의 동일성에서 발견된다. 일반적으로 퇴계 철학의 핵심을 말할 때 이발설(理發說)을 말한다. 주자는 이 세계의 궁극적 절대자인 태극(理)이 도덕적 원리이기 때문에 무위하다고 했는데도 불구하고, 퇴계는 리(理)에는 무위한 측면도 있지만 어떤 형이상학적 힘을 갖는 유위한 측면도 있다고 하면서 자신의 독창적인 학설을 이끌어 냈다. 그의 후학들은 이러한 퇴계의 리의 성격을 무위와 유위가 종합된 무위이위(無爲而爲)라고 하였다. 반면에 최제우 사상의 핵심은 절대자로 대표되는 한울님은 인격적 요소만 가지고 있는 것이 아니라 원리적 측면도 가지고 있다는 것이다. 다시 말하면 원리적인 무위의 측면과 힘을 가지는 유위의 측면이 함께 있다. 즉 절대자를 무위이화(無爲而化)로 설명한다. 이렇게 보면 무위이위와 무위이화는 어떤 내적 연관 관계가 있다고 볼 여지가 생긴다.

무위이위와 무위이화를 서학의 사상과 대비해 보면 그 의미가 좀 더 명확해진다. 조선 후기에 유입된 서학이 성리학을 비판했던 핵심은 절대자를 무위한 원리로만 상정하면서, 세상을 주재하면서 실질적인 힘을 행사하는 유위의 측면을 배제했다는 것이다. 절대자는 영명한 이성과 무한한 선의지를 가지고 이 세상을 주재한다는 것이다.

경상도 지역에서 이러한 인식의 서학 비판은 대산 이상정 이후 본격적으로 전개되었는데, 그 핵심은 천주교가 절대적 인격신을 상정하면서 절대자를 원리적 측면보다 힘을 가진 유위한 존재만 부각시켜 인간을 미혹의 세계로 인도한다는 것이다. 그러면서 절대자가 인격신으로 나아갈 것을 우려해 퇴계가 말한 '리의 유위한 측면'을 제한하려고 하였다.

동학의 무위이화의 체계에서는 분명히 인격신을 말한다. 이 때문에 영남 퇴계학파보다 절대자의 유위를 더 강조하는 체계이다. 그러나 다른 한편으로 천주교와 비교해 보면 절대자는 여전히 무위한 원리적 측면을 가진다. 즉 절대자가 완전한 힘을 가지고 사후 세계까지 관장하는 것으로 보지 않으면서 인간 중심의 인문적 정신을 배제하지 않으려고 한다. 그러면서 천주교의 절대자를 무위의 원리에 근거해 비판하기도 한다. 이렇게 절대자를 무위와 유위의 긴장 관계에서 파악하려는 태도는 영남 퇴계학파나 동학이 유사하다는 것이다.[13]

즉, 서학에서는 상제와 태극을 구분하여 상제만 인정하고 태극을 배척하는데, 성리학에서 말하는 상제는 바로 태극이고 리라는 것이다. 그리고 리를 의미하는 절대자 상제는 자연적 원리이기 때문에 소리를 듣거나 냄새를 맡는 것과 같은 인격신이 가진 능력 즉 정의 계탁 조작이 없다는 것이다.[14]

그러나 서학은 이러한 상제를 절대화하여 모든 만물을 주관한다고 주장하고 백성을 혹세무민한다는 것이다. 따라서 성리학에서 보는 천주교와 차이는 '세상은 필연적 법칙에 의하여 운용되는가.' 아니면 '우연적 힘에 의하여 운용되는가'의 구분이다. 다만 세상이 필연적 법칙이 아니라 우연적 힘에 의해 지배받게 된다고 보면 세상은 그 자체로 혼동과 무질서로 빠지고 만다는 것이 그 비판의 핵심이다. 그렇기 때문에 우연적 힘이 아니라 필연적 법칙이 형이상의 절대자가 되어, 그것이 개별 사물에 보편적으로 적용된다고 말하는 성리학의 논리가 옳다는 것이다.[15]

동학이 보는 서학 비판은 수운 최제우의 글에서 발견된다.

아동방 현인달사 도덕군자 이름하나 무지한 세상사람 아는바 천지라도 경외지심 없었으니 아는 것이 무엇이며 천상에 상제님이 옥경대 계시다고 보는 듯이 말을 하니 음양이치 고사하고 허무지설 아닐런가.[16]

우리 도는 무위이화이다. 그 마음을 지키고 그 기운을 바르게 하고 그 성품을 따르고 그 가르침을 받으니, 화는 스스로 그러한 가운데 나오는 것이다. 그러나 서양 사람은 말에 차례가 없고 글에 순서가 없으며 도무지 한울님을 위하는 단서가 없고 다만 제 몸만을 위하여 빌 따름이다.[17]

여기서 최제우는 성리학은 종교적 경외심이 없다고 비판한다. 즉 성리학자들은 무위한 도덕법칙만인 천지의 이치에 대해 아는 것은 있지만, 상제관에 대해서는 제대로 알려고 하지 않기 때문에, 그것으로 인하여 경외심을 가지지 못하고 있다는 것이다. 반면에 서학을 하는 무리들은 천주라는 절대자의 유위한 힘만 믿으면서 천지의 법칙성을 제대로 알려고 하지 않기 때문에, 사후의 천당을 기원하는 것 같은 허무맹랑한 미신에 빠져 있다는 것이다. 정리하면 최제우는 종교적 경건성과 함께 천도의 법칙성을 동시에 강조하는 이른바 절대자에 대한 무위함과 유위함의 종합적 접근을 주장한다고 할 수 있다.

이와 같이 퇴계학을 기반으로 출발한 동학은 상당 부분이 경상도 유림들에게 설득력 있게 다가설 수 있는 내용들을 가지고 있었다. 퇴계학의 경 사상의 진보적 접근과 특히 서학에 대한 반감과 공동 인식은 이후 위정척사 사상이 점차 극에 달할 때에도 역시 뜻을 함께 했다고 할 수 있다. 비록 동학이 교조신원운동이라는 형식으로 확대되는 과정에서 척왜양창의 운동이 전개되었지만 그 밑바탕에는 서세에 대한 공동의 배타적 성격과 자주적 성격이 강하게 깔려 있었다.

3. 경상도 지역의 동학 전파와 접포조직
- 구미 · 선산 지역을 중심으로

관의 사교 탄압 열풍이 거세지자 최제우는 1862년 11월 9일 용담정을 떠나 50여 리 떨어진 흥해 매곡리 손봉조의 집으로 거처를 옮겼다. 이곳은 지금의 매곡동인 바 흥해읍에서 동남쪽의 장기 · 연일 · 구룡포, 서쪽의 신광 · 기계 · 영천은 물론 북쪽의 청하 · 영덕 · 영해 방면에 이르는 교통이 편리한 중간지점이다.[18] 수운은 1862년 말에 이 지방들에 접소를 설치하고 접소에 접주를 두는 '접주제'를 실시하기 시작하였다.[19] 당시 접주가 되려면 적어도 50호 내외의 도인을 거느려야 했다.

최제우는 1862년 12월 그믐날 친히 각처의 접주를 임명했는데 이것은 동학 최초의 교단 조직이라고 할 수 있다. 50인 내외 규모의 접에 접주로 임명

된 접주는 40여 명이었다.[20] 이에 소속된 교인 수는 약 2천 명 정도로 추산된다.[21]

확인된 접주들 대부분이 경상도 지역 사람들인 것은 확실히 동학 초기의 중심이 경상도였다는 것을 반증한다. 또한 검증하기는 어렵지만 이들의 신분은 대게 평민과 중인 계급 출신이었다. 이듬해 최제우는 1월 하순부터 3월초까지 영천·신령·대구를 비롯하여 청하·영덕·영해·평해·진보·안동·영양·상주 등지와 충청도 단양 지역을 순회하였다.[22] 이때 지례·김산·선산·금산·진산도 다녀왔을 것으로 짐작된다.[23] 동학을 창도한 이후 최제우가 최초로 선산 땅을 밟은 것이 바로 이때쯤일 것으로 추정된다.

해월 최시형의 경우도 구미 선산 지역을 다녀갔다는 기록은 지금까지 발견되지 않는다. 다만 이웃인 김산 지역에는 자주 방문하였다. 특히 1889년 11월에는 김산군 복호동에 있는 김창준(金昌駿)의 집에서 유명한 「내칙(內則)」과 「내수도문(內修道文)」을 지어서 각 포에 보냈다.

布德 31年 庚寅(1890)에 神師 手撰 內則 及 內修道文하야 頒示 道人하시다. 正月에 神師의 子 東曦 生하다.[24]

布德 30年 乙丑(1889) 11月에 神師 慶尙道 金山郡 伏虎洞 金昌駿家에 往하사 親히 內修道文을 撰하사 一般 婦人에게 頒布하시니 是 修道의 本이 婦人에게 在한 故이더라.[25]

최시형이 김산의 복호동에 머물렀던 시기에 대해서는 약간의 이견이 없지 않다. 『천도교창건사』에 의하면 1889년 11월부터 이듬해인 1890년 3월까지 약 5개월 정도로,[26] 『동학사』에는 1888년 3월에 수운의 환원기도를 한

후 언제 복호동으로 갔는지에 대한 기록이 없다. 다만 1890년 3월 충주 외서촌으로 이거하였다고 되어 있어 1880년대의 1년간에 대해서는 기록이 누락되어 있다.[27]

1880년대 후반기에 접어들면서 삼남 지방을 중심으로 교세가 크게 확장되어 가자 관의 지목은 다시 심해졌다. 따라서 지목을 피하기 위해 최시형은 육임소를 잠시 폐쇄하고 괴산군 신양동과 인제 갑둔리, 간성군 왕곡리까지 몸을 숨길 수밖에 없었다. 하지만 계속된 관의 지목으로 최시형은 한 곳에 머무를 수 있는 공간적, 시간적 제한이 많이 따랐다. 최시형은 다시 태백산맥을 넘어 1889년 11월 경상도 쪽으로 내려와 금릉군 구성면 복호동 김창준의 집으로 은신하였다. 최시형은 이듬해 1890년 3월까지 이곳에 있으면서 부인들의 실천덕목인 「내수도문」과 태교에 관한 실천항목인 「내칙」을 직접 지어 반포한 것이다.

「내칙」과 「내수도문」은 최시형의 경 사상과 생명 사상을 대표하는 동학 경전이다. 순 한글 동학 경전으로 우선 「내수도문」은 7개 항목으로 구성되어 있으며 그 내용으로는 가족화목을 위한 인간관계를 비롯하여 심고하는 법, 위생문제, 환경문제 등으로 짜여져 있다. 그리고 「내칙」은 태아 교육의 중요성과 임산부의 섭생, 정서, 건강관리에 대한 내용으로 구성되어 있다. 포태를 하면 일체의 육식을 금하도록 하였으며, 기운 자리 앉지 말 것, 지름길로 다니지 말 것, 남의 눈을 속이지 말 것 등 임산부의 생각과 행동이 태아에게 직접 영향을 미친다고 보고 이를 삼가하고 더불어 바른 마음을 갖고 정서 안정에 노력하면 주나라의 문왕 같은 아이를 얻을 수 있다고 하였다. 그리고 임산부가 중노동으로 인한 유산 등의 위급한 상황을 피하도록 하였다.

최시형이 반포한 「내수도문」과 「내칙」은 인간의 생명을 존중하는 경인 사상의 극치이다. 이것은 인간 존엄성을 극도로 강조하고 있으며 봉건적 가

부장적인 제도하에서 남성의 권위주의를 가지고 부인을 억압하던 그릇된 습관을 버리고 부인을 존중해야 한다는 중요한 메시지를 담고 있다. 이처럼 귀중한 경전이 반포된 지역이 구미 선산의 이웃인 김산이었다면 최시형은 충분히 이 지역에도 들렀을 것으로 추정할 수 있다. 그리고 이 지역에도 어느 정도의 접 조직과 포 조직이 상존했을 것이다. 왜냐하면 1894년 동학농민혁명 당시의 구미 선산 지역의 동학군의 규모를 미루어 그 가능성은 충분하다. 『고성부총쇄록(固城府叢瑣錄)』에 "낙동강 우측에 있는 상주·선산·성주·고령·의성·함안·하동·사천·단성·진주에는 이미 동학 도인이 가득 차 있다."고 하였다.[28]

한편 최시형은 김산을 또다시 방문하는데 동학농민혁명이 일어나기 전해인 1883년 6월이다. 당시 김산의 편보언의 집에 머무는데 후일 편보언은 김산에서 도집강(都執綱)을 칭하고 김천 장터에 도소를 정할 정도로 김산 동학의 중심이었다. 또한 동학농민혁명 당시에는 해월의 총기포령이 편보언에게 내려지고 편보언은 이를 경상도 일대에 전파하는 역할을 맡기도 하였다. 이처럼 구미 선산 지역의 동학 조직은 드러나는 것은 없지만 상대적으로 김산 지역은 기록이 남아 있다.

구미 선산 지역의 동학 조직이 최초로 등장하는 것은 1883년 보은 장내리 집회에서이다. 우리나라 최초의 민회이자 민중 시위였던 장내리 집회에는 수많은 동학도들이 참여하였는데 이때 최시형은 포제를 정하고 대접주를 임명했다. 조직적으로 행동하기 위해서는 동학의 단위 조직을 포로 제도화하고 이 포를 영도하는 대표자를 대접주로 칭하게 한 것이다. 지금까지의 포는 큰접주의 이름을 따서 김덕명포, 김개남포, 손화중포로 불려 왔다. 그런데 그해 3월 20일에 이르러 큰접주의 이름 대신에 명칭을 부연한 것이며 자연스럽게 형성된 큰접주를 대접주라고 공식적인 명칭을 붙이게 된 것이

다.[29]

이때 부여한 포명과 대접주는 약 50개에 이른다. 그러나 정확한 기록이 전해지지 않아 밝혀낼 수가 없다. 다만 여러 기록들을 종합하여 보면 먼저 『천도교서』와 『시천교종역사』에는 다음과 같이 기록되었다.

충의(忠義) 대접주 손병희, 충경(忠慶) 대접주 임규호, 청의(淸義) 대접주 손천민, 문청(文淸) 대접주 임정준, 옥의(沃義) 대접주 박석규, 관동(關東) 대접주 이원팔, 호남(湖南) 대접주 남계천, 상공(尙功) 대접주 이관영이라 했다.

그리고 『동학도종역사』에는 보은(報恩) 대접주 김연국, 호서(湖西) 대접주 서장옥이 추가되었으며 『천도교회사초고』에는 덕의(德儀) 대접주 박인호가 추가되었다.

또한 오지영의 『동학사』에는 금구(金構) 대접주 김덕명, 정읍(井邑) 대접주 손화중, 부안(扶安) 대접주 김낙철, 태인(泰仁) 대접주 김기범, 시산(詩山) 대접주 김낙삼, 부풍(扶風) 대접주 김석윤, 봉성(鳳城) 대접주 김방서, 옥구(沃構) 대접주 장경화, 환산(完山) 대접주 서영도, 공주(公州) 대접주 김지택, 고산(高山) 대접주 박치경 등이 추가됐다.

이 밖의 기록들을 보면 청풍(淸風) 대접주 성두환, 홍천(洪川) 대접주 차기석, 인제(麟蹄) 대접주 김치운, 예산(禮山) 대접주 박희인, 정선(旌善) 대접주 유시헌, 진주(晉州) 대접주 손은석, 하동(河東) 대접주 여장협 등이 추가된다. 한편 보은 군수의 보고에 나타난 선의(善義) 대접주, 광의(光義) 대접주, 견의(慶義) 대접주, 죽의(竹義) 대접주, 무경(茂慶) 대접주, 용의(龍義) 대접주, 양의(楊義) 대접주, 황풍(黃豊) 대접주, 금의(金義) 대접주, 충암(忠岩) 대접주, 강경(江慶) 대접주 등도 추가되어야 한다. 이상 40개 대접주가 임명된 것이 확실하며 이밖에도 많은 사람이 누락되었을 것이므로 50여 명은 넘었다고 보인다.

이 가운데서 경상도 지역의 대접주는 확인된 것은 충경(忠慶) 대접주 임규호, 관동(關東) 대접주 이원팔, 상공(尙功) 대접주 이관영, 진주(晉州) 대접주 손은석, 하동(河東) 대접주 여장협 등 5명이다.[30] 그러나 동학농민혁명 당시 주로 활약했던 경상도 포는 예천과 문경 일대는 관동포(關東包), 상주와 선산 그리고 김산 일대는 충경포(忠慶包), 상주와 예천 일대를 비롯한 지역은 상공포(尙功包), 선산과 김산 일대는 선산포(善山包), 김산과 개령일대는 영동포(永同包)등 주로 경북지방의 포였다.

보은 취회에 참여한 지역에 대해서는 역시 정확한 기록이 남아 있지 않아 추정하건대 충청도, 전라도, 경상도, 경기도 그리고 강원도 등 당시 동학의 교세가 미친 지역은 대부분 참석했을 것으로 사료된다. 동학 교단 측의 기록에는 대부분 누락되어 있지만 관군 측 기록인 「취어」에는 전주 · 수원 · 용인 · 영광 · 선산 · 상주 · 태안 · 광주(廣州) · 천안 · 직산 · 덕산 · 금산 · 성주 · 장수 · 영암 · 무안 · 순천 · 인동 · 지례 · 양주 · 여주 · 안산 · 송파 · 이천 · 안성 · 죽산 · 원주 · 청안 · 진천 · 청주 · 목천 · 충주 · 청산 · 비인 · 연산 · 진령 · 공주 · 함평 · 남원 · 순창 · 무안 · 태인 · 옥천 · 영동 · 나주 · 하동 · 진주 · 안동 등 46개 지역이 나타나고 있다.[31]

전라도는 경우 12개 군이, 충청도는 15개 군이, 경기도는 10개 군이, 강원도는 1개 군이다. 상대적으로 경상도 지역의 군은 충청도, 전라도 그리고 경기도보다도 적은 9개에 불과하다. 이는 그만큼 경상도 지역이 동학의 발상지임에도 동학의 전파가 상대적으로 부실했다는 것을 반증한다.[32] 보은 취회에서 퇴산할 당시 보은의 남 · 동면 요로의 방수자(防戍者)였던 장리(將吏)들이 파악한 경상도의 군현별 동학교도의 수는 〈표1〉과 같다.[33]

일시	접명	인원
3월 30일	상주강화일접	6
	김산인	2
	(상주)공성인	7
	성주 · 선산 · 김산 · 상주 등인	36
4월 2일	김산접	2
	성주접	30여
	선산접	30여
	상주접	90여
	상주공성접	50여
	김산 · 선산 등지	100여
	안동접	40여
4월 3일	상주접	200여
	선산접	600여
	김산접	18여
	인동접	40여
	하동접	50여
	진주접	60여

이 표를 보면 경상도에서 보은 집회에 참석한 교도수는 매우 적은 것으로 나타난다.[34] 그것은 이 표의 작성이 해산할 즈음에 했기에 경상도에서 동학 교도가 적게 참여했다기보다는 밤을 타고 샛길을 따라 퇴산한 교도들이 타 지역에 비해 많았기 때문이라 생각된다.[35] 여기서 주목되는 것이 선산접이다. 접주가 누구인지는 확인되지 않고 있지만 분명한 사실은 보은 취회 당시 선산 지역은 오히려 상주와 김산 지역보다도 더 많은 인원이 참여하고 있다는 사실이다. 이는 선산 지역의 접 조직은 이미 보은 취회 이전에 구성되어 있었고 그 세 역시 상당했다고 미루어 짐작할 수 있다. 또한 구미 선산의 인근 지역인 김산과 상주 등지의 접 조직이 함께 참여했다는 것은 이미 이전부터 상주 · 김산 · 선산 · 성주 · 인동 · 안동 등 경상도 서북부지역에는 접 조직이 상호 간에 밀접하게 연계를 가지고 활동하는 등 어느 정도의 조직과 세가 형성되어 있었다고 할 수 있다.

경상도 북부 지역의 포조직은 크게 다섯 개였다. 예천과 문경 일대는 관동포(關東包), 상주와 선산 그리고 김산 일대는 충경포(忠慶包), 상주와 예천 일대를 비롯한 지역은 상공포(尙功包), 선산과 김산 일대는 선산포(善山包), 김산과 개령 일대는 영동포(永同包)였다. 동학의 조직은 지역 조직이 아니라 인맥으로 연결되었기 때문에 한 군현에 몇 개의 포 조직이 동시에 세력을 가지고 활동하였다. 1894년에는 동학에 입도해 오는 신입도인이 크게 증가해서 여러 명의 대접주가 임명되었고, 포 조직도 더 늘어났다. 하지만 이 시기에 늘어난 포 조직을 모두 확인하는 것은 매우 어려운 형편이다. 동학농민군의 재봉기 이래 일본군과 민보군의 반격을 받아서 동학 조직이 급격히 무너졌는데 동학 조직에서 작성된 자료들은 이때 몰수되어 인멸되었다. 그 결과 일부 남은 동학 교단의 기록과 진압 기록에서 추정해서 포 조직을 파악할 수밖에 없게 되었다.[36]

관동포·충경포·상공포의 조직은 동학 교세가 확대되던 초기에 성립된 것으로 보이는데 대접주는 종래의 동학 조직을 추인하는 형태로 임명된 것이다. 선산포와 영동포는 교단 기록에는 나오지 않지만 김산의 유생이 기록한 자료에 명기되어 있다.[37] 뒤늦게 교도들을 증대시켜서 대접주 조직이 된 것으로 추정된다.

관동포의 대접주는 이원팔(李元八)[38]이었다. 이원팔은 최시형이 강원도의 산골 마을에 은신하면서 은밀히 포교를 하던 기간에 입도한 초기 교도였다. 강원도 일대에서 시작된 이원팔의 조직은 도의 경계를 넘어서서 충청도 북동부와 경상도 북부까지 확대되었다. 관동포가 경상도 북부 지역에 조직을 확대한 것은 예천 소야에 근거를 둔 수접주 최맹순(崔孟淳)의 노력 때문이었다.[39]

충경포의 대접주는 임규호(任奎鎬)[40]였다. 임규호는 본래 청주목의 옥산 사람으로 동학에 들어가서 보은을 중심으로 활동을 했다. 충경포는 말 그대로 충청도와 경상도에 걸쳐서 포교하여 그 세력이 강대하였다. 충청도의 서부 지역에도 퍼져 있어서[41] 결성에서 기포한 조직이면서 경상도 북부지역에서는 상주와 김산 그리고 선산 등지에도 세력이 퍼져 있었고, 서남부의 진주에도 조직이 연결되어 있었다. 충경포의 수접주는 편보언으로 그는 최시형의 절대적 신임을 받는 자로 선산 읍성 공격에 선봉에 섰다.

상공포의 대접주는 이관영(李觀永)[42]이었다. 이관영도 교주 최시형의 측근으로 알려졌지만 구체적인 활동상을 소개하는 자료는 거의 존재하지 않는다. 상공은 상주의 공동(功東)과 공서면(功西面)을 중심으로 세력을 펼친 포라는 것을 보여준다. 상공포의 위력은 경상도 북부 지역에서 대단하였다. 예천 읍내의 민보군이 동학 가담자를 징치하자 통문을 보내서 "상공포 소속인 줄 모르고 해를 끼쳤느냐."고 엄포를 한 번 놓자 즉시 풀어 주는 정도였다.[43] 이때 통문을 보낸 접은 상주 동접의 접주였다. 상주 경내에도 지역에 따라 상공포 소속의 접 조직이 활동하면서 여러 이름을 사용하고 있었는데 동접에서 예천의 예하 교도가 해를 입고 있는 것을 경계한 조치였다. 그렇지만 상공포의 조직이 그 이외에 어느 군현까지 확대되었는지는 알 수가 없다. 인접 군현인 함창과 의성 등지에도 퍼졌겠지만 기록을 확인할 수 없다.

선산포의 대접주는 교단 기록에 나오지 않는다. 선산의 동학 두령으로 관아에서 그 활동을 주목했던 신두문(申斗文)[44]이 대접주의 지위에 있었던 인물로 보인다. 선산 부사 윤우식(尹雨植)과 상주 소모사 정의묵(鄭宜黙)은 경내에서 동학농민군이 벌인 활동에 책임을 지우는 것은 물론 "무리를 모아서 선산 읍성을 함락"시킨 것까지 책임을 묻고 있었다. 신두문의 활동 지역과 그의 동학농민혁명 당시의 처형지 등이 선산인 것으로 미루어 선산포의 지도자였을 것이다. 그러나 선산포와 관련된 기록은 다른 자료에서 보이지 않아 구체적인 활동상은 알 수가 없다.

부산의 일본 총영사가 6월 탐문한 바에 의하면 경상도 지역의 동학 근거지로 상주와 함께 선산이 주목되고 있었다.[45] 이런 정보는 일본군이 선산의 해평에 병참부를 설치하기 이전에 수집한 것이기 때문에 내륙에 정탐인을 보내서 들었거나 경상도의 지방관아를 통해서 들은 정보였을 것이다. 이는 경상도 북부 지역에서 선산의 포가 얼마나 강했는가를 입증하는 자료라고 할 수 있지만 애석하게도 지금까지 발견된 내부 기록은 전무하다.

4. 구미 선산 지역의 동학농민혁명

1894년 7월에 경상도 북서부 지역 동학군들도 항일전을 위한 준비에 나섰다. 구미 선산 지역 역시 동학도들로 가득 차 있을 정도로 동학의 세가 상당했었다. 동학도가 1894년에 특별히 확대된 이유는 전라도 농민군이 진주성을 함락하고 6월 11일 전주화약 이후 전개된 집강소의 역할에 고무되었기 때문이었다. 불과 한두 달만에 상주 · 예천 · 선산 · 김산 · 성주 · 하동 · 진주 등지를 지배하는 강대한 세력으로 성장했다. 이들 지역 외에도 의성 · 풍기 · 안동 · 봉화 · 사천 · 고성 등지에서도 동학 세력은 급속히 세를 확대하고 있었다.[46]

특히 신입 동학도들은 봉건적 모순을 일거에 해결해 줄 것을 기대하고 입도한 이들이 많았다. 이들에게는 전라도 지방에서의 성공적인 혁명의 결과가 자신들에게도 이어지기를 기대했던 것이다. 그러나 동학 지도부는 여전히 거사를 허락지 않고 있었기에 이들은 주로 개인적인 차원에서의 폭력을 동원한 징치의 방법을 사용하였다. 즉, 그동안 지나친 과세와 횡포에 대한 불만이 폭발해 양반과 향리 읍속 그리고 토호들을 공격하여 재물을 빼앗거나 불을 지르고 반상의 무덤을 파헤치는 등의 행위가 거듭됐다. 결국 이런 행위들은 보수적인 경상도 양반층을 자극하여 어느 지역보다도 강한 민보군이 형성되었고 그들에 의한 엄청난 탄압으로 동학군들은 재기가 힘들 정도로 큰 피해를 보게 되는 원인이 되기도 하였다.[47]

전술한 대로 구미 선산 지역은 충경포와 선산포의 예하에 속해 있었다. 충경포는 대접주인 임규호가 1894년 5월 선산군 두산리에서 병으로 숨을 거두자 후임 대접주를 임명하지는 않았지만 편보언(片甫彦) 수접주의 지휘하에 있었다. 선산포는 대접주 신두문의 지휘에 따랐다. 특히 큰 포는 충경포로 예하에 광범한 지역에 걸친 연원 조직을 가지고 있었다. 그들은 보은을 비롯하여 유구 · 청주 · 진산 · 금산 · 고산 · 김산 · 성주 · 선산까지 뻗쳐 있었다. 『청암 권병덕의 일생』에는 권병덕이 충경포 수접주로서 1896년 2월에 해월 선생의 명을 받고 신택우와 같이 진주 · 남해 지역까지 순회했다고 기록하였다. 멀리 진주와 남해까지 관할하였음을 알 수 있다.[48]

김산의 동학농민군 수접주로 도집강을 차린 편보언은 50여 마지기를 하는 중농의 아들이었다. 그는 어릴 때부터 글을 잘해 집안의 기대가 컸다. 그러다 열병처럼 번지던 동학에 입교, 후일 50여 마지기의 논을 포교에 다 털어 넣을 정도로 열심히 했다고 한다. 교단에서 어느 정도 신임을 받던 그는 1894년 3월부터 활동에 들어가 8월 초 김천장터에 전라도와 같은 형태의 집강소를 차리고 더욱 완벽한 조직을 꾸리게 된다. 편보언은 이를 도집강이라 칭하고 입도자를 늘리며 개혁을 추진하는 데 힘썼다. 이 시기는 비록 짧은 기간이었지만 농민군의 주체적 역량이 발휘되어 개혁이 수행된 시기였다.

9월 25일 교주 최시형의 기군령을 받은 김산의 도집강 편보언은 각처 접주들에게 기군령을 알렸다. 그 아래 있던 접주들은 죽정의 강주연(康桂然), 기동의 김정문(金定文), 강평의 강기선(姜基善), 봉계의 조순재(曹舜在), 공자

동의 장기원(張箕遠), 신하의 배재연(裵宰演), 장암의 권봉제(權鳳濟) 등이었다.[49] 이 중 강기선과 조순재 · 장기원 · 배재연 · 권봉제 등은 지역에서도 알아주는 양반층이었다.[50] 이들의 합류 이유는 전술한 대로 동학의 이념에 동의했기 때문이었을 것이다.

김산의 동학군들은 최시형의 총기포령에 따라서 9월 18일 이후에 본격적으로 무장을 하고 혁명의 대열에 합류하였다. 특히 편보언은 최시형의 명령에 철저히 따른 인물로 동학군들을 감천의 모래밭에 집결시키고 곧이어 김산을 장악했다. 김산을 장악한 농민군의 다음 공격 목표는 선산 관아와 해평의 일본군 병참부였다. 이들은 상주 · 선산 · 예천 일대의 농민군과 합세하여 선산 관아를 먼저 공격했다. 김천 일대 여러 농민군이 연합하여 편보언과 남연훈(南廷薰)이 지휘했다. 9월 22일 김천 시장에 집결하여 선산으로 향했다. 여러 장대에 깃발을 달아 앞세운 대열은 장터에서 들판 끝까지 늘어서 볼만했다고 한다.[51]

선산 공격은 기동 접주인 김정문이 앞장섰는데 별 저항 없이 손쉽게 점령했다. 이어서 일본군 병참본부가 있는 해평을 공격하기로 정하고 준비를 하는 과정에 선산의 향리가 미리 해평의 일본군에게 지원 요청을 하였다. 이에 일본군들은 낙동강을 건너 기습을 강행했다.[52] 선산에서 해평으로 진격하러 가지 전 새벽에 일본군의 기습에 당황한 동학농민군은 성문 밖으로 빠져나오는 과정에서 수백 명의 전사자를 내고 흩어지고 말았다. 김정문 접소에서도 15명이나 죽었다. 일본의 앞선 화력에 동학군들은 속수무책으로 당할 수밖에 없었다. 상주와 선산 읍성이 점령되자 해평과 낙동의 일본군 병참부가 위협 받을 것을 염려한 일본군의 선공이었던 것이다.

곧이어 10월 5일에는 대구 감영에 있던 남영군이 구미 선산 지역의 동학군을 치러 나섰다. 동학군의 활동은 더욱 움츠러들 수밖에 없었다. 지도자

들은 곧 체포되어 처벌되었다. 수접주인 편보언은 체포된 그 자리에서 맞아
죽었다. 많은 접주들도 체포되어 죽임을 당하거나 심한 매질을 당해야 했
다.[53] 살아남은 사람들도 일제의 앞잡이 김석중 등에게 붙잡혀 처형되어 동
학농민군은 역사 속으로 사라지고 이들이 추구했던 평등한 세상의 이상은
하릴없이 사라지고 말았다.[54]

그러나 비록 짧은 동안이었지만 김산이나 구미 선산 지역이 동학군에 장
악되어 있던 시간은 동학이 꿈꾸던 이상 사회가 실현되었던 기간이었다.

경상도 지역의 동학농민혁명에 기록되어야 할 인물이 박정희 전 대통령
의 부친인 박성빈(朴成彬, 1871-1938)이다. 박성빈은 성주의 접주였다고 한
다.[55] 박성빈은 22살이던 1892년 동학에 입도하여 활동했는데 특히 동학농
민혁명에 참여하였다는 사실은 그의 비문과 1960년대 나온 선산군지 등에
기록으로 남아 있다.

> … 甲午東學之優 長子司果公亦與其謀而 事敗 孺人奉夫契子拔宅而深藏
> 于木石之鄕卒能超然得免古今賢媛爲子還居…云云[56]

> … 連坐東學避難地于善山 …[57]

박정희도 「나의 소년시절」이란 글에 이 사실을 남겼다. "선친께서는 소
시에 무과에 합격하여 효력부위 벼슬까지 받았으나 당시 부패 정치에 환멸
을 느끼고 반항도 하여 20대에는 동학혁명에 가담하였다가 체포되어 처형
직전에 천운으로 사면되었다고 한다. 선친께서는 가사에도 관심이 적고 호
주로 소일하면서 가산을 탕진하였다. 하는 수 없이 외가의 양해를 얻어 외

가의 선산인 상모동의 약 1,600평짜리 위토를 소작하기로 하여 상모동으로 이사를 했다. 내가 태어나기 일 년 전의 일이다".[58]

성주에서 일어난 동학농민혁명은 성주읍이 9월 초순에 점령됨으로써 확대되었다. 주변 지역의 동학군들과 함께 성주 관아를 친 동학군들은 악질 토호의 집에 불을 질렀는데 마침 불어오던 바람에 의하여 읍 전체가 잿더미로 변했다. 관과 민보군의 대대적인 탄압이 이어지자 패퇴한 동학농민군들은 뿔뿔이 흩어질 수밖에 없었는데 박성빈은 당시 두메산골인 선산의 상모동[59]으로 피신해 정착해 오늘에 이르고 있다.[60]

5. 결론

구미 선산 지역은 토지가 비옥하고 낙동강과 섬진강의 수로를 이용할 수 있어서 예부터 상업적 농업이 크게 발전한 지역이었다. 그러나 상업적 농업의 발달은 그대로 조선 사회의 근본 모순인 신분제의 폐와 양반 토호 세력의 횡포 등으로 어느 지역 못지않게 민중들의 삶은 피폐해 있었다. 그러나 이 지역은 다른 지역보다도 높은 도덕성과 사회적 공익성이 앞선 지식인들이 많았다. 이중환의 『택리지』에도 "조선의 인재 중 반은 영남에 있으며, 영남 인물의 반은 선산에 있다." 라고 하였다. 그만큼 구미 선산 지역에는 예부터 뛰어난 인물들이 많이 나왔다는 말이다.[61]

고려 말의 소위 삼은(三隱, 포은 정몽주, 목은 이색, 야은 길재) 중 한 명인 야은 길재 선생을 시작으로 세종 때 사육신 중 한 명인 하위지 그리고 한말의 의병장인 왕산 허위 선생의 고향이기도 하다. 야은이나 하위지나 모두 높은 도덕성과 사회적 정의에 앞장선 인물들이었다. 조선 사회를 주도한 사림의 기원도 그런 의미에서 구미 선산 지역이라고 할 만하다. 서대문 형무소에서 일제에 의해 최초로 처형된 왕산 허위 역시 개인의 영달을 버리고 국가의 위기에 분연히 떨쳐 일어난 인물이다. 그만큼 구미 선산 지역은 체제에 안주하기보다는 사회 개혁을 이끄는 진보적 지식인들이 다수 배출된 곳이다.

동학이 포덕되었을 때 초기에는 주로 농민층을 중심으로 그 세가 확대되었지만 차츰 시간이 흐르면서 동학의 구체적 내용이 알려지고 이를 이해한 지식인들이 동조하기 시작했다. 그것은 동학이 가지고 있는 퇴계학의 계보성과 서학에 대한 공통된 인식 때문일 것이다. 경상도 유림들은 사회변혁에 인식을 함께하고 있던 동학을 멀리할 이유가 없었을 것이다. 그것이 바로 경상도 지역 동학농민혁명의 특성이다. 즉, 다수의 양반 계층이 참여하고 있다는 점이다.

이와 같은 진보적 지식인의 다수가 발견되는 지역이 바로 구미 선산 지역이다. 선산 읍성을 점령한 동학농민군들은 바로 이어서 해평의 일본군 병참부를 습격하려고 한 점은 이들의 의거가 결코 봉건적 폐해에 대한 시정의 요구를 넘어서 이미 압박해 들어오는 일본군에 대한 대항의 성격이 강했음을 반증한다. 이른바 동학이 가지고 있는 보국안민과 척왜양창의의 정신이 가장 잘 살아나고 있는 지역이라는 것이다. 비록 120여 년 전 동학군은 일본의 앞선 무기와 잘 훈련된 정규군, 그리고 보복을 앞세우고 모집된 민보군 등 도저히 감당할 수 없는 상대로 인하여 패퇴할 수밖에 없었다. 그러나 이들이 외친 함성은 여전히 남아서 살아남은 자들에게 의무감을 주고 있다. 오늘 우리가 선조들을 선양하는 이유도 그들의 정신이 계승되어 현재를 살아가는 우리에게 미래를 여는 정신적 자산이 되어야 하기 때문이다.

1894년 경상도 구미·선산 동학농민혁명의 문학적 형상화

- 채길순 『웃방데기』와 김용락 「하늘이 내려다보고 있다」를 중심으로

우 수 영_ 경북대학교 국어국문학과 강사

1. 서론

본 글의 목적은 1894년 경상도 구미·선산 지역 동학농민군의 역사적 상황을 살피고, 그들의 현실인식이 최근 한국문학에서 어떻게 형상화되고 있는지를 밝히는 데 있다. 이러한 고찰은 1894년 구미·선산 지역 동학농민혁명이 한국 사회에서 어떻게 받아들여지고 있으며, 한국 문화의 흐름에서 어떤 위상을 차지하고 있는지를 파악하는 기초 작업이 될 것이다.

1894년 동학농민혁명은 분명히 전국적 규모의 거대 사건이었다. 동학의 남접 계통인 호남 지역 농민군이 1894년 초부터 조직적으로 봉기하면서 주력부대를 형성한다. 더불어 경기·충청도, 황해도 지역의 중부권, 그리고 경상도 각 지역에서도 서로 다른 성격의 치열한 항쟁이 발생하여 진행 확대되고 있었다.

경상도 지역의 동학농민혁명은 호남 지역에서의 전개 과정과는 다른 양상을 보이고 있으나, 본질적으로는 동일한 사회경제적 조건 속에서 존재하던 농민들의 반봉건 혁명적 행위란 측면에서는 다를 바가 없다. 즉 호남지역에서 1차 봉기가 발생했을 때 영남 지역 농민군은 이에 함께하지는 못했으나, 이후 호남 지역 농민군의 개혁 활동에 다분히 영향을 받으면서 영남 지역에서도 동학농민군이 결집되어 크게 세력을 형성해 나갔다. 그들은 자체 무장력도 갖추어 그것을 바탕으로 실질적인 폐정 개혁을 추진해 나갔던 것이다. 그러나 전국적으로 2차 농민봉기가 일어나기 이전에 이미 경상도 지역에서도 읍내를 공격하는 양태로 보수 지배층과 공방전은 전개되고 있는 실정이기는 했다.[1]

신영우는 선산 · 상주 · 김산 · 예천 등을 중심으로 한 경상도 북부 지역의 동학농민혁명 전개과정을 1894년 경북 각 군현의 동학 조직 활동 시기를 4시기로 구분[2]하고 있다. 1894년 동학농민군의 봉기 상황은 공통되지만 경북 북부의 각 지역에 따라 구체적 전개 과정은 다르다. 즉 각 군현마다 동학군 조직의 세력 강약과 군현 기관 소속 향리들의 결속 여부 그리고 군현 민보군의 중심에 섰던 유교 지식인의 대응은 다르게 진행될 수밖에 없었을 것이다.

본 글에서는 경상도 북부 동학농민군의 근거지로 주목[3]되었고 일본군 병참부가 설치되었던 구미 · 선산 지역의 동학농민군과 그 주변 인물들이 1894년 동학농민혁명 과정 중 보여준 현실인식을 살피고자 한다. 그 구체적 진행 과정은 구미 선산 지역 동학농민혁명을 문학적으로 형상화한 문학작품을 중심으로 이루어질 것이다.

2. 1894년 경상도 구미 · 선산 동학농민혁명의 전개 상황

1894년 초 호남 지역에서 봉기한 동학농민군의 활동 상황은 수시로 영남 지역으로 전파되었고, 영남의 각 지역에서도 농민들의 개혁 의지는 높아 갔다. 이러한 동학농민군의 활동 강화와 더불어 보수지배층의 세력도 그 대응 조직을 강화해 나갔다.

1894년 6월 21일 일본군에 의한 경복궁 불법 점거는 조정 대신들에게는 물론이고 유학적 세계관으로 세상을 바라보는 유교 지식인, 유생들과 일반 백성들에게 커다란 충격이었다. 전라도 일대를 순회하며 농민군의 폐정 개혁 활동과 집강소 통치를 살피던 전봉준 역시 7월 초 남원에서 일본군 경복궁 불법 점령 소식을 접하게[4] 된다. 9월 초순부터 12일경까지 전라도 삼례를 거점으로 농민군을 재조직한 전봉준은 9월 말 무렵에야 충청도 공주를 향해 북상[5]하기 시작했다.

전봉준이 삼례를 중심으로 농민군을 결집시키고 있을 동안, 서울에서는 농민군 진압을 위한 정예부대인 장위영(壯衛營) · 경리청(經理廳) · 통위영(統衛營) 등 경군을 비롯하여 농민군 진압을 전담하기 위해 일제가 특파한 후비보병(後備步兵) 제19대대가 세 길로 나뉘어 남하를 시작하고 있었다. 이에 앞서 봉기하지 않았던 충청도 · 강원도 · 경기도 · 경상도 북부 지방에서도 수많은 농민군이 항일 대열에 동참하기 위해 봉기하게 된다. 당시 동학 교단 해월의 9월18일 기포령에 호응하여 충청도 · 경상도 각지에서 기포한 농민군들은 북상하는 농민군 주력부대와 합세하기 위해 공주로 진격하게 된것이다.

재야 유생들은 경복궁 점령 사건을 망국의 사태로 인식하였으며, 제천의 유인석 · 안동의 서상철 · 회덕의 문석봉 · 김산의 허위(許蔿) 등은 반일 의병을 적극적으로 주도하였다. 전봉준의 반일 연합 전선 구축을 위한 노력은 삼례에서 봉기한 이후에도 계속되었다. 당시 일부 전 · 현직 관리들과 유생들이 농민군 대열에 합류하였다. 그 까닭은 경복궁 사건 이후 노골적으로 드러난 일제의 침략에 맞선 그들의 항일 구국 의지가 농민군 측의 그것과 서로 일치했기 때문이다. 일제의 반침략 항쟁 대열에 비록 소수이긴 하나 전 · 현직 관리 및 보수 유생들도 공감을 보이고 참여함으로써 경복궁 불법 점령 사건 이후 농민군과 관군, 농민군과 유생들 사이에 반일 연합 전선 형성 가능성[6]이 존재하고 있었음을 알 수 있다.

선산도 김산과 더불어 충청도·전라도 양측과 비교적 가까운 북서부 지역으로 일찍부터 농민군 활동이 왕성하였다. 7, 8월경이 되면서 예천·상주·김천·성주 등의 지역과 함께 선산 지역에서도 동학농민군은 무장력을 바탕으로 읍내외 행정을 장악[7]하였다. 이에 농민군에 적대적인 양반지주 등의 기득권층은 동학농민군의 활동을 피하여 숨을 수밖에 없었다. 또한 선산 지역을 중심으로 활약하던 농민군은 근방 해평에 주둔한 일본 병참대의 주목을 받고 있었다.

선산 지역 농민군은 주로 김산·상주·영동 등지의 농민군과 연합하여 활동하고 조직적인 전투를 전개하였다. 9월 초순 영동포·상공포·충경포의 농민군과 함께 김산읍 공격에 참가하였으며, 9월22일에는 김산 및 선산의 동학농민군이 선산 읍내를 점거하였다.[8]

박진태의 논의[9]를 참고하면 경상도 구미 선산 지역의 동학농민군 활동은 다음과 같이 마무리 정리된다. 해월의 기포령에 따라 9월 25일 김산 지역에서 가장 먼저 군사를 일으킨 김정문접 동학농민군은 곧바로 선산으로 진출하여 선산 동학농민군과 함께 일본군과 격전을 벌였다. 동학농민군은 이 전투에서 실패하고 읍에서 물러났다. 한편 9월 28일 상주전투에서 패한 농민군이 선산에 재집결하여 현지 농민군과 함께 수천 명의 동학농민군이 일본군 낙동병참부를 공격하였으나 오히려 9월 30일 병참부 수비대 2개 분대의 선제공격을 받고 전투에서 패하고 만다.

3. 1894년 경상도 구미·선산 동학농민혁명의 문학적 형상화

2014년은 동학농민혁명이 일어난 지 120주년이 되는 해로 그 의미를 한층 더 돌아보는 시기였다. 이 시기를 전후하여 문학계에서는 동학농민혁명의 의미를 되짚어 보고자 했으며, 이에 동학농민혁명의 의미를 부각시키는 다수의 문학작품이 생산되었다. 그중 1894년 경상도 구미 · 선산 동학농민혁명을 내용의 주축으로 삼고 있는 시와 소설을 대상으로 당시 인물들의 현실인식을 탐색하는 것은 과거를 살펴 현재의 의미를 가시화하는 작업이라 할 수 있다.

1) 김용락 「하늘이 내려다보고 있다」를 중심으로

김용락(1959-)은 대표적 경북 향토 시인 중 한 사람이다. 그는 1984년 〈창작과비평사〉를 통해 문단에 정식 등단했다. 시인 권정생은 김용락의 시에는 '농민들의 따뜻한 눈물이 진솔하게 나타나 있다.'[10]고 했다. 그런 작가의 시에는 '우리 농촌 어머니와 아버지의 회한과 분노' 역시 담겨 있는 것은 당연할 것이다. 작가 김용락은 초기 작품에서부터 우리 지역과 문화, 역사에 대해 꾸준하게 주목해 왔다. 특히 동학농민혁명에 대한 작가의 남다른 관심은 「들불」,[11] 「보은집회」[12] 같은 작품에 이어, 2013년과 2014년에는 구미 · 선산 지역의 동학을 주제로 하여 두 작품을 탄생시킨다. 그것이 바로 「눈보라치는 선산 해평 들판」(2013), 「하늘이 내려다보고 있다」(2014) 이다.

원래 구미 지역은 역사적으로 낙동강을 사이에 두고 서쪽과 동쪽에 위치한 선산(善山)과 인동(仁同)이 중요한 행정구역[13]이었다. 선산의 산줄기는 대체로 서북쪽으로부터 동남쪽을 향하여 경사를 이루고 있으며, 선산의 물줄기는 낙동강이 김천 대덕산에서 발원하여 해평(海平) 앞 넓은 들판을 적셔주며 흘러온 감천(甘川)을 받아 안아 구미시의 중앙을 북쪽에서 남쪽으로 관통하며 흐르고 있다.

해평 지역은 낙동강 동쪽의 분지로 경상도의 중앙에 위치하여 남해에서 서울로 연결되는 육로, 남해에서 안동까지 연결되는 수로, 경상도 감영인 대구와 중요한 요충지인 경주·상주·안동·성주·김천을 연결하는 교통의 요지에 위치하고 있다. 해평은 육상 교통로의 중요한 거점이었다. 또한 해평은 낙동강 유역의 해상 교통로였으므로 일찍부터 창(倉)이 설치되어 물자 수송의 요충지가 되었을 뿐만 아니라, 지명처럼 넓고 비옥한 평야 지대를 이루고 있어 선산 지역 물자 공급의 중심지 역할을 담당하였다.

눈보라치는 선산 해평 들판[14]

갑오년 음력11월
매서운 낙동강 바람에 경상도 선산군 해평 들판에 자욱하게 눈이 나부낀다
해평 습지엔 올해 따라 두루미도 날아들지 않고
멀리 금오산 자락이 어둠 속에서 더욱 을씨년스럽다
30년 전, 사람이 곧 하늘이라 외치던
시대의 신 새벽 수운 선생이
인내천을 주장하다 경상감영에서 목이 잘렸다
세상과 민심이 다시 어두워지고 있다
그 어둠을 등에 지고 흰 두루미같은 한 떼의 흰 옷 입은 무리들이
이제는 일본 침략군의 병참기지가 된
최 부자네 고택을 향해 횃불을 높이 들고 돌진한다
경상도 동학농민군
우두머리는 선산 출신 한문출 한정교 부자 농민군이다
일찍이 무관의 집안에서 뼈를 굵힌
애족과 애민의 사람들

척양척왜, 보국안민을 외치는
이들의 목소리에 얼어붙은 낙동강물이 화답하듯
쨍쨍 얼음 갈라지는 소리를 내고 있다
멀리 호남 땅에서는 동학농민군이 대패했다는 쓰디쓴 풍문이 들려오고 있다
이 땅의 민초는 저 낙동강변의 모래알이었다
밟히고 채여도 말 못하는 잡풀들이었다
이제 이들이 일어섰다
마지막까지 꺼지지 않은 횃불이
눈보라치는 겨울 선산 해평들을 펄럭이며 비추고 있다
대지의 꿈틀거리는 생명력이
가늘게 눈뜨고 그 불꽃을 응시하고 있다

위 작품 「눈보라치는 선산 해평 들판」은 사실적 표현과 서사적 구조를 가지고 있다. 작품은 세 부분의 흐름으로 구성되어 있다. 1부는 갑오년 음력 11월 선산 해평 들판을 이야기하고 있다. 이 시기는 사실 갑오년 동학농민혁명이 종결[15]되어 가는 시기라 할 수 있다. 그러한 시간적 배경을 서두로 하여 2부에서는 고색창연한 최부자네 집이 일본군 병참부로 전환된 사실을 이야기한다. 감히 고개 들어 쳐다보기 힘든 공간이었던 양반집으로 쳐들어간 선산 동학군들의 장면을 그리고 있다.

1894년 동학농민군의 2차 봉기 때 농민군들은 지주와 부농에게 군량과 돈을 강제로 징수하였다. 그리고 이 과정에서 양반과 향리를 폭행하고 선대의 무덤을 파헤치면서 재물을 빼앗기도 했다. 이에 양반과 향리는 민보군을 조직하여 농민군에 대응하였는데, 이런 혼란 속에서 해평 최씨 가문은 농민군을 피해 여러 해 동안 경남 합천으로 피난을 떠나 있었다. 이 무렵 해평

최씨 쌍암고택은 일본군이 해평에 설치한 병참기지로 사용되었다. 당시 일본군은 청나라와의 전쟁을 위해 동래에 군대를 상륙시켜서 북상하도록 하였다. 일본군은 행군로를 만듦과 동시에 50리마다 병참부를 설치하였다. 이 병참부는 기간 병참기지로서 동래·밀양·청도·대구·독명원(동명)·해평·낙동·태봉·문경으로 이어졌다.[16]

마지막 3부에서는 직접 보지 못했지만 동학농민군이 대패했다는 풍문이 들려온다. 선산 동학농민군은 믿을 수 없었기에 믿기지 않았기에 '풍문'이라 했고, 나아가 그 풍문은 귀에 '쓴 풍문'이 되고 있다. 꺼질듯 하지만 결국 꺼지지 않는 마지막 횃불은 필럭이며 매서운 겨울 바람 속에서 선산 해평 들판을 비추고 있다. 더불어 선산 해평들 너른 대지의 생명력은 눈을 가늘게 뜨고 그 불꽃을 조용히 지켜보고 있다. 횃불의 그 불꽃은 혼자 있을 수 없는 것이다. 예전 동학농민군은 싸움터로 진격할 때 이 횃불을 들고 나갔다. 펄럭이는 횃불의 불꽃을 통해 어둠을 밝히며 성을 점령하던 동학농민군의 존재를 느낄 수 있는 것이다.

즉 그 의미와 구조를 다음과 같이 정리할 수 있다.

김용락, 눈보라치는 서산 해평 들판		
구성	시간·공간적 배경	서사 내용
1부	갑오년 음력11월 해평 들판	어둠 속 을씨년스러운 날씨 아래 놓인 선산 해평 들판
2부	세상과 민심이 다시 어두운 때 일본군 병참기지	일본군 병참기지가 된 양반 최부자댁으로 돌진
3부	쨍쨍 얼음 갈라지는 추운 겨울 해평 들판	마지막까지 꺼지지 않는 선산 해평 들판의 불꽃

이어 선산 동학농민혁명을 노래한 김용락의 두 번째 시「하늘이 내려다

보고 있다」는 앞의 시보다 시간과 공간, 의미가 확장된 느낌을 부여하고 있다.

하늘이 내려다보고 있다[17]

갑오년 음력11월 한밤중

드넓은 선산들판이 숨을 죽이고 있다

향교 뒤 비봉산 부엉이도

충신이 돌아가시자 붉은 강물이 흘러내렸다는 단계천도

숨죽인 칠흑같은 어둠뿐

이따금 거친 사내들의 가쁜 숨소리만

낙남루 앞 앙상한 느티나무 잔가지를 매섭게 긁고 지나갔다

북방의 기러기조차 말없이 남으로 날아가고 있었다

선산 읍성 갑오농민군

일찍부터 선산은 절조의 고장

더 이상 낫 놓고 기역자 모르던 무지랭이가 아니다

반외세, 보국안민을 외치던

보름 전 있었던 우금치 전투의 처참한 패배를

여기서 더 이상 좌시할 수 없다

이 땅의 오랜 주인

민중의 아버지와 아들들

선산, 무을, 옥성, 낙동, 도개, 해평, 산동, 고아, 구미의

갑오농민군 5백을 규합해

우두머리는 선산출신 한문출 지휘로

일본 침략군의 주둔지가 된 선산 읍성 점령에 나섰다

헐벗은 처자식의 애원과 눈물이

11월의 마른풀들이

질긴 철사줄처럼 농민군의 발을 묶어도

이제 여기서 주저앉을 수 없다

인간의 바른길을 걸어가야 한다

인간의 바른길을 가는 사람들

하늘이 내려다보고 있다

하늘이 내려다보고 있다

위의 시「하늘이 내려다보고 있다」역시 3부분으로 구성을 파악할 수 있다. 시의 전개를 통해 이야기의 내용이 시간적 흐름을 타고 전환되고 있음을 알 수 있다.

처음 1부는 갑오년 음력 11월이라는 시간과 숨죽인 선산 들판의 공간을 제시하고 있다. 그 들판에서 이따금 들려오는 거친 사내들의 가쁜 숨소리는 어딘가에 존재하고 있는 듯한 동학농민군의 숨결을 느끼게 한다. 이어 2부에서, 선산 동학농민군들은 반외세를 내세우며 주체적 자치를 할 수 있는 능력을 가진 존재라는 것이 부각되고 있다. 그러기에 그들은 더 이상 공주 우금치의 처참한 패배를 좌시할 수 없는 것이다. 그들은 이제 선산 농민군에서 나아가 규합된 5백의 갑오 농민군이 된 것이다.

마지막 3부는 풀이 마르고 잎이 지는 음력 11월의 시간에서 벗어나고 있음을 알 수 있다. 그 시기 들판의 마른 질긴 풀들이 동학군의 걸음을 더디게하고, 헐벗은 처자식의 눈물과 애원이 동학군의 발을 묶는 듯해도 그들은 결국 떨치고 나가고 있다. 이제는 가쁜 숨을 몰아쉬던 그들이 선산 동학농민군, 갑오 동학농민군, 나아가 평등한 하나의 인간으로 나아가야 할 때이다. 그들이 나아가고 있다. 이제 그들은 내려 보고 있는 하늘 아래 인간이면 가야하는 바른길을 가고 있는 사람다운 사람, 참사람이 된 것이다.

즉 그 의미와 구조를 정리하면 다음과 같다.

김용락, 하늘이 내려다보고 있다		
구성	시간 · 공간적 배경	서사 내용
1부	갑오년 음력 11월 숨죽인 선산 들판	드넓은 선산 들판에 이따금 들려오는 거친 사내들의 가쁜 숨소리
2부	공주 우금치 전투가 패배한 때 절조의 고장 선산	우금치 전투의 패배를 받아들인 선산농민군에서 규합된 5백의 갑오농민군으로 전환
3부	11월 바른길	내려다보는 하늘아래 인간의 바른 길을 가는 참사람

2013년에 시작한 김용락의 구미 · 선산 동학 노래(詩)는 2014년에 오면서 그 의미가 완성되고 있다.

2013년 앞의 시에서 동학농민군은 자신들이 패배했다는 소리를 듣고 싶지도 않았고 믿고 싶지도 않았다. 그러나 2014년 뒤의 시에 오면서 무지렁이가 아닌 선산 동학농민군은 공주 우금치 전투의 처참한 패배를 딛고 다시 일어서고 있다. 선산 동학농민군은 힘을 모아 더 강력한 갑오 동학농민군으로 한걸음 더 나아가게 된다. 결국 뒤의 시 마지막 부분에 오면 선산 동학농민군은 더 한층 고양되는 모습을 보인다. 즉 내려다보는 하늘 아래 인간이면 가야하는 바른길을 가고 있는 참사람의 모습이 바로 그들이다.

선산의 동학농민군은 멀리 호남에서 농민군이 대패했다는 쓴 풍문을 듣고 더 이상 좌시할 수 없어 마른 질긴 잡풀의 들판을 지나 참사람의 길로 나서고 있다. 이 지점에서 선산 동학농민군의 현실인식을 엿볼 수 있다. 선산 동학농민군은 어두웠던 민심과 세상을 향하여 해평 들판을 비추던 꺼지지 않는 횃불을 높이 들고 참사람의 길을 가고 있는 것이다. 이것이 바로 선산 동학농민군 그들의 현실이며 그들이 가야 하는 길이며 가고 있는 그들의 모습이다.

2) 채길순 『웃방데기』를 중심으로

채길순(1955-)은 1983년 충청일보 신춘문에 단편 「꽃마차」를 통해 등단한 이래, 연구와 작품 생산을 병행해 왔다. 동학농민혁명 120주년의 해 2014년에 발간된 그의 장편소설 『웃방데기』는 '역사적 사료를 바탕에 둔 치밀한 서사 전개'를 펼치고 있다.

채길순의 『웃방데기』[18]는 전라도 남원 고을 김감사 댁 종 '갑이'와 경상도 김산 봉계마을 조승지 댁 계집종 '아랑'의 이야기이다. 여기서 '웃방데기'란 이리저리 굴러먹는[19] 천한 계집이라는 의미로 아랑을 가리킨다. 그 서사 전개는 다음과 같다. 김개남이 치룬 몸값으로 갑이네 식구들은 면천된다. 아랑이는 팔려 가는 중에 화적을 만나 도망친다. 이후 갑이와 아랑이 인연을 맺어 살게 된다. 갑이는 아내 아랑(나비)을 이대감에게 빼앗긴 후 동학에 본격적으로 발을 들여 놓게 된다. 이처럼 『웃방데기』에서는 동학농민혁명 당시 '무기'를 생산하는 재주를 가지고 있으며, 동학농민군 지역 연락 임무를 맡은 '김갑'이라는 인물을 통해 동학농민혁명의 전개 과정이 펼쳐진다.

아래 『웃방데기』 서사는 공주 우금치에서 패한 동학농민군이 후퇴를 거듭했고, 관군과 일본군이 합력하여 동학농민군을 추격하는 과정이다.

지난 9월 동학 교단이 재봉기를 선언하자 경상 북부 지역 동학농민군이 한꺼번에 무장봉기에 나섰다. 예천의 동학농민군이 일본군 병참부 공격을 준비하자, 태봉병참부의 일본군 다케우지 대위가 정탐을 나왔다가 용궁 장터에 동학농민군들에게 피살당한 사건이 일어났다. 이로 인해 예천의 동학농민군은 가장 먼저 일본군과 전투를 벌이게 되었다. 성주에서는 이보다 이른 9월 초에 여성탁 장여진 박성빈 등이 동학농민군을 이끌고 기포하여 성을 점령하였고, 성 안이 모조리 불탔다.

9월 22일 선산에서는 대접주 한교리가 한정교 박성빈 정인백을 내세워 선산 옥성 낙동 상주 도개 해평 산동 고야 구미 등지의 동학농민군을 규합하여 선산 읍성을 함락했다. 하지만 나흘 뒤인 22일[20], 일본군 병참부 주둔군이 출동하여 선산 읍성을 탈환했다. 일본군의 기습을 받은 동학농민군은 읍성을 빠져 나올 때 많은 희생자를 내고 흩어졌다.[21]

이 부분에서 특히 경북 선산 지역 동학농민군의 상황이 잘 드러나 있다. 선산의 동학농민군 접주들이 선산 읍성을 공격하여 함락 시키지만, 곧이어 부근의 일본군 병참부에 주둔하고 있던 일본군이 출동하여 선산 동학군을 공격 후 다시 읍성을 탈환하는 상황이 서술되고 있다. 채길순의 작품에서 이런 부분들이 역사적 사실[22]을 바탕에 둔 서사가 전개되고 있음을 알 수 있게 해준다.

집사 법수가 이대감에게 '동학농민군이 전열을 가다듬어 영동 황간 관아를 점령했다' 전한다. 서사는 마을사람들에게 행패를 심하게 부렸던 이대감이 동학농민군들을 피해 다시 상주로 피난 가야만 하는 상황을 보여준다.

소모영장 김석중이 일본군진 미다쿠 대위로부터 전라도 무주 쪽에서 동학농민군 대군이 밀려오고 있다는 전황과 함께 출동해달라는 '출전요청서

出戰要請書'를 받았다. 일본군이 상주 관아나 유림을 통하지 않고 직접 김석중에게 연락을 했으니 김석중은 마치 천하를 얻은 듯 들떴다. 일본군으로부터 전공을 인정 받았다는 뜻이다. 이번에 받은 이 '출전요청서'는 전날 조선 임금으로부터 받은 소모영장 임명장보다 더 지엄한 것이었다. 김석중이 미다쿠 대위 이름과 제 이름으로 관아와 양반 토호들에게 급히 '초모령招募令'을 내려 전날 흩어 보냈던 소모영군을 다시 모으고 군마와 군량미, 군비까지 거둬들이기 시작했다. 관아치들이나 양반 토호들이 일제히 김석중을 찾아와 사람과 재물을 한꺼번에 내놓아서 금방 든든한 군대가 된 것이다.

김석중이 군사를 너른 들에 퍼서 조련을 시키도록 하고, 팔짱을 끼고 서서 이를 굽어보고 있었다.

이때 김석중의 먼눈에 이용강[23] 대감댁의 가마 행렬이 보였다. 김석중이 전날 버선발로 달려가 맞이했던 것과 달리 부관을 가까이 불러 귀에 대고 뭔가를 은밀히 지시했다.

(중략)

"아이구구! 이놈이 사람 잡네."

이번에는 주저앉아 입을 놀리는 이대감의 면상을 걷어지르니 그제야 입이 저절로 다물어졌다. 벌써 이대감은 온 낯짝이 피범벅이 되어 '끙' 신음만 흘리고 있었다. 지엄하고도 지엄한 이대감의 생애에 언제 이런 수모를 당한 날이 있었겠는가. 이대감은 마치 사나운 꿈을 꾸고 있는 것 같았다. 약아빠진 법수는 벌써 일이 돌아가는 형편을 알아차리고 입을 다물고 있었다. 그제야 김석중이 싸움을 말리는 시누이같이 슬그머니 나섰다.

"무슨 일이고?"

"동학쟁이와 내통한 놈들입니다."

이대감이 피 묻은 입으로 거의 울 듯이 하소연하고 나섰다.

"이보게. 김소모장! 대체 무슨 말인가? 우리가 동학쟁이들과 내통을 하다니!"

"풀어 드려라. 대감! 아들이 모르고 한 일이니 노여움을 푸시이소."

김석중이 슬쩍 웃음을 지으며 허리를 건성으로, 아주 조금만 까딱 접었다. 허리를 납신납신 접던 전날의 김석중이 이미 아니었다.

"싸게 가마를 대령하지 못할까?"

피칠갑이 된 이대감이 다시 기가 살아서 고함을 지르니 드디어 김석중이 제 색깔을 드러내어 점잖게 일렀다.

"지금 동학군이 물밀 듯이 올라오고 있다 안 캅니꺼. 대감의 재물은 동학쟁이를 토벌할 때 쓰는 군비로 징발해야겠심더. 일본군이 함께 싸우게 되야서 군비가 수월찮이 들어갈 낍니더."

그제야 이대감도 무슨 뜻인 줄 알아서 얼굴이 하얗게 질렸고, 입을 합 다물었다. 하늘이 무너지면서 온몸에서 힘이 빠져나갔다. 이제 김석중이 일본군에 찰싹 붙어버렸으니 하루아침에 호랑이가 되어버린 것이다.[24]

『웃방데기』 서사는 일본의 비호 아래 민보군을 결성한 지방관들이 같은 조선사람을 토벌하는 모습을 사실적으로 드러내고 있다. 그들의 권력욕구와 인정욕구는 예전의 정분이나 관계 그리고 같은 조선사람이라는 의식을 누르고도 남을 만큼 충분히 강했다. 그리고 그들 밑에서 일을 보던 향리들은 민보군에게 필요한 물자를 징벌하는 데 최선을 다했다. 민보군을 결성한 지방관리는 향촌의 부자들을 협박하여 전쟁 물자를 징벌하는 데 앞장 섰다. 그들은 임금의 명을 받고 있는 조선의 관리이지만, 일본의 명을 받들 수밖에 없는 자신의 처지에 오히려 자부심을 느꼈다. 그리고 그들은 그 상황에서 자신의 능력을 최대한 발휘하고자 했다. 이러한 갑오년 당시 지방관리들의 입장과 현실인식이 『웃방데기』를 통해 드러나고 있는 것이다.

더불어 서사에서 주목할 부분은 조선의 사대부 인물 이대감(이용직)이다. 그는 유교 세계관을 가진 당대의 조선지배층이다. 인물 이대감은 왕족이고 당대 세도가였지만 산골로 귀양 온 처지였다. 한때 상류 지배층이었던 몰락한 인물은 여전히 세계가 자신을 중심으로 움직이고 자신이 세계의 중심인 듯 행동하였다. 그들은 귀양 온 처지이지만 귀양지에서 권력의 중심에 위치했으며 세도를 부렸다. 그러나 이들도 동학농민군과 일본이라는 새로운 힘을 등에 업은 지방관리에 의해 결국 양쪽에서 모두 내처지고 있는 것이다.

반면 『웃방데기』 서사는 일본인의 명령을 명예롭게 수용한 지방관들과는 다른 행보로 해석할 수 있는 지방관의 면모를 제시하기도 한다. 인물 김병돈은 홍주 군관이다. 그는 전장에서 달아나는 군사를 다스리다 오히려 부하의 칼에 맞아 죽은 군관이다. 갑이가 우연히 그의 장례를 돕게 된다.

"여인네의 좁은 소견에도 제 백성을 토벌하자고 나서는 지아비의 싸움이 애초부터 옳지 않다고 여겼어요. 그렇지만 이것이 오늘 조선의 실정입니다. 그렇다 하더라도 하늘을 우러러 부끄럼 없이 싸우다가 적의 창칼에 장렬하게 삶을 마쳤어야 할 내 낭군이 이렇게 돌아가셨으니, 어쩌겠어요? 선산에 부끄러운 유산을 함께 묻을 수는 없습니다. 동학농민군이 새세상을 위해 일어섰다니 비록 적은 재물이지만 부디 좋은 세상 만드는 데 쓰시오소서."

갑이는 아까부터 뭔가에 홀린 듯 했지만, 조금 전 돈 꿰미를 받고 종의 속박에서 풀려났을 때의 사내들처럼 잠시 어리둥절하여 서 있었다. 여인이 다시 갑이를 일깨우듯이 말했다.

"누가 뭐래도 이 재물의 임자는 우리가 아닙니다."

그제야 갑이는 무슨 뜻인 줄 알아서 묵직한 염낭을 받아 얼른 품에 넣고

그 자리를 떠났다.[25]

서사는 군관 김병돈의 아내가 시체에 달린 패물이 든 전대를 갑이에게 주는 모습을 제시한다. 군관의 아내는 자신의 남편이 나간 전쟁의 싸움이 떳떳하지 못했음을 해명하고 있다. 그 이유는 조선의 상황이다. 그녀의 해명에 의하면, 일본이라는 분명한 적을 두고 같은 백성을 토벌한 남편의 부끄러운 행위는 선산에도 묻히지 못할 '부끄러움'으로 판단해 선산에조차 묻지 못하고 화장을 한다는 것이다. 더불어 그녀는 남편이 비상용으로 차고 있던 패물이 들어있는 전대를 새로운 세상을 위해 일어선 동학군에게 주었다. 그녀는 그 패물을 동학군에게 '주는 것이 아니라 돌려준다.'는 의미를 분명히 밝히고 있다. 남편과 마음을 나누며 평생 함께 살았던 아내는, 관군의 입장에서 저희 백성을 향해 총부리를 겨누다 죽음을 맞이한 남편의 마음을 잘 알고 있었을 것이다. 그러기에 남편 사후의 일을 이렇게 처리하는 현명함을 보이고 있다. 아내의 현명한 행위를 통해 관군 남편의 마음이 간접적으로 드러나고 있는 장면이다.

나아가 『웃방데기』의 서사에서 우리가 놓칠 수 없는 하나는 해월의 형상화이다. 1894년 동학농민혁명 과정에 경상도 동학농민군이 본격적으로 진입하게 되는 계기 중 하나가 바로 해월의 기포령이다. 그러기에 해월의 움직임이 바로 1894년 경상도 동학농민혁명 과정에서 주요한 위치를 차지함은 분명하다.

갑이가 밤새 걸어 보은 장내리에 당도했을 때는 아침 안개가 걷힐 무렵이었는데, 옥녀봉 아래 삼가천변이 온통 흰빛 차일에 덮여 있었다. 마치 꿈에서나 봤을 법한 밝은 세상이었다. 도소 아래 천변으로 반 장 높이의 돌담을 쌓았고, 동서남북 중앙에 오색 깃발이 휘날렸다. 한가운데엔 '보국안민(輔國安民)' '척양척왜(斥洋斥倭)'의 깃발을 나란히 달았다. 각 포는 자신들의 고을 이름을 쓴 깃발을 달아 만장처럼 장하게 펄럭이고 있었다. 포마다 접주가 질서정연하게 교도를 통솔하여 단정하게 앉아 동학 주문을 묵송하고 있었다. 장안은 지금까지 보지 못했던 새 세상처럼 보였다.

　갑이가 옥녀봉 아래 대도소로 들어서면서 먼저 눈에 들어온 것은 최시형의 형형한 눈빛이었다. 눈부시게 흰 도포 바람에, 부러졌던 다리가 이제는 다 아물었는지 도소 마루에 우뚝 서 있었다. 그 곁에는 손병희 박광호 서장옥 손천민 서우순 황하일 정필수 등 든든한 동학 지도자들이 호위하듯 서 있었다. 갑이의 말을 전해들은 최시형의 낯빛이 잠깐 긴장되었으나 곧 화색이 돌았다.[26]

『웃방데기』 서사는 보은에 모인 동학도들의 높은 의기와 굳건한 행동을 서술함으로써 새 세상에 대한 가능성을 드러내고 있다. 그것은 최시형의 위엄과 권위로 연결되고 있다. 이러한 분위기는 갑이의 심적 변화를 통해서도 묘사되고 있다. 갑이는 자신이 보지 못했던 새로운 세상에 와서 자신의 눈에 가장 먼저 들어온 것은 최시형의 눈빛이었다. 동학농민군 갑이는 새로운 세상을 찾아 동학농민군에 들어왔고, 그 가능성을 '해월의 형형한 눈빛'에서 본 것이다. 이처럼 해월의 눈빛으로 인해 동학농민군은 새세상에 대한 확신을 가지고 되었고 해월의 기포령을 통하여 새세상을 향해 가는 길목으로 들어서고 있는 것이다. 이와 관련하여 채길순 『웃방데기』와 같은 시기 2014년에 발간된 조중의 장편소설 『망국』의 서사를 비교해 짚어 볼 필요가 있다.

　조중의(1960-)는 충북 영동 출신 작가이다. 그는 1990년 매일신문을 통해 등단했다. 그의 해월에 대한 꾸준한 관심이 동학농민혁명 120주년 시기에 결실로 나타난 것이 바로『망국』이다.『망국』의 서사는 동학농민혁명의 맹아라 할 수 있는 영해봉기(1871)라는 역사적 사건을 중심에 놓고 있다. 서사의 진행은 임금의 밀사 조민구와 동학 2대교조 해월의 관계를 통해 이루어진다.

『망국』은 예문관 응교[27] 조민구라는 인물이 임금의 밀명을 받아 해월의 정체를 탐색하는 서사이다. 그 서사는 다음과 같다. 인물 조민구는 뜻하지 않게 영해 동학군들의 영해성 공격에 책사 임무를 띠고 참여하게 된다. 그는 간밤 거사를 겪으면서, 치밀한 후속계략도 없는 동학당 지도부를 오합지졸로 인식한다.[28] 그는 해월의 정체를 탐색하기 위해 해월의 도주길에도 함께 따라 나선다. 관군의 추격으로 해월 일행은 위기를 맞는다. 이에 조민구는 관군 앞에 나서 자신의 밀사 신분을 밝혀, 해월이 무사하게 도주하도록 한다. 세월이 흘러 두 사람은 해후하지만, 서로 인식의 차이를 극복하지 못해 타협은 이루어지지 않는다.

『망국』의 서사는 해월을 신중한 인물로 그리고 있다.

'……비참했던 영해성의 기억과 교훈이 아니었더라면 망국의 길로 들어선 조선을 살려내야 한다는 용기도 생겨나지 않았을 테지. 마지막으로 선택할 수 있는 길은 혁명뿐이라는 현실 상황에 기꺼이 결단을 내릴 용기도 내지 못했을 것이고……. 그러나 동학의 이름으로 일어섰던 영해성의 실패한 혁명이 이제는 성공한 혁명의 길을 열어주는 시금석이 되겠지. 그리고 보면 꿈에 본 영해성은 길몽이었군.'[29]

『망국』의 서사를 통해, 지난 20년 세월 동안 영해성에 대한 기억은 사라지지 않고 늘 해월을 따라 다녔음을 알 수 있다. 20여 년 전 영해성 기억을 교훈 삼아 반성하고 다시 내린 해월의 결론은 '선택은 혁명뿐'이라는 것이다. 그러면서 해월은 그 결과를 좋게 예상하려는 듯이 길몽을 꾸었다고 생각한다. 이러한 해월의 생각은 실패로 이끄는 길을 두 번 반복하는 인물, 그것도 실패할 앞날을 길몽으로 해석하는 현명하지 못한 지도자임을 드러내고 있을 뿐이다.

> 조민구는 달리던 말을 멈추고 뒤돌아보았다. 장내리 들판의 동학군 진영에서 거대한 함성과 나팔소리가 들려왔다. 해월이 전쟁을 선포한 것이다. 드디어 올 것이 오고야 말았다. 그는 망국으로 인도하는 피비린내 나는 혁명이 시작된 것을 알았다……
>
> 조민구는 망국의 길이 불 보듯 자명하다는 것을 알았다. 조선의 관료라는 것이 부끄럽고 한편으로는 운수를 잘못 타고난 신세가 한탄스러웠다. 주상전하의 나라 조선이 전쟁으로 도륙되고 끝내 일본에 의해 망할 것이라는 예측이 그를 슬프게 했다.
>
> 해월은 이번에야말로 담판을 내야한다고 벼렀다. 승리하는 전쟁을 치러야 했다. 일본군을 몰아내고 왕실을 앞세워 개혁을 이뤄내고야 말 것이라는 각오였다. 평등한 나라, 신분차별이 없는 나라, 외세로부터 흔들리지 않는 나라로 만들어야 했다. 혁명만이 모두가 살 길이었다. 심장이 두근두근 뛰기 시작했다. 가슴이 이렇게 뛰기는 신미년(1871) 봄날 이후 처음이었다.[30]

위의 인용은 『망국』의 마지막 장면이다. 여기서 해월은 20여 년 동안 후회하고 반성했던 지난 일을 되풀이하려 하고 있다. 해월은 자신의 머릿속에 두 번째 혁명을 낙관적으로 그리면서 가슴 설레고 있다. 해월은 젊은 날 20

년 내내 후회 했던 일을 반복하려는 시발점에 있으며 그러한 잘못된 판단을 하면서, 가슴까지 설레는 현명하지 못한 십만 대군의 지도자로 형상화 되고 있다.

여기서 해월은 망국으로 인도하는 혁명을 선포한 어리석은 인물로 묘사 되고 있는 것이다. 20여 년이 지나도 해월의 그 신중함은 악몽을 길몽으로 해석하는 어리석음을 벗어나지 못하고 있음을 조정의 관리 '조민구'는 파악하고 있다.

궁지에 몰린 해월에게 도주의 길을 터 주었던 인물 조민구는, 20여 년이 지난 뒤 임금의 특사로 다시 해월 앞에 나타난다. 조민구는 '전쟁을 시작함은 망국의 길'이라는 것을 알려주어도 타협하지 않는 현명하지 못한 인물 해월과 대조되고 있다.

이상으로 해월의 인식을 그려 낸 두 작품 『웃방데기』와 『망국』을 상호 비교해 보았다. 채길순의 작품 『웃방데기』에서는 역사적 사료에 근거해 실제 인물과 사건을 현실감있게 재현하고자 고민한 저자의 의도가 엿보인다. 반면 조중의의 작품에서는 사적 전개를 따라가고 있지만 가상 인물이 사건의 흐름을 이해하고 파악하는 과정에 주목한다. 결국 채길순은 역사적 사건의 흐름에 방점을 두었다면 조중의는 역사적 사건 속에 위치한 인물의 내면 심리에 방점을 두고 있음을 알 수 있다.

이러한 두 작품의 서사를 통해, '해월'은 전자에서는 '새로운 세상의 가능성을 농민군들에게 부여하는 인물'로 후자에서는 '조선을 망국의 길로 이끄는 인물'로 형상화되고 있다. 해월의 형상화 중 전자는 동학농민군의 현실 인식을 통해서, 후자는 조선 관리의 현실인식을 통해 이루어지고 있다.

『웃방데기』 '갑'이라는 인물로 대표되는 동학농민군이 해월의 눈빛을 통해 감지한 '새로운 세상의 가능성'은 조선 동학농민군의 인식으로 대변될 수 있다. 그것은 경상도 동학농민군, 구미·선산 동학농민군의 현실인식이 고양되어가는 데 기여한다고 할 수 있다. 실제 해월 기포령 이후 많은 경상도 동학농민군이 '새로운 세상의 가능성'에 대한 확신을 현실인식의 밑바탕에 깔고 '참사람의 길'로 들어서고 있음을 앞의 작품들을 통해 파악할 수 있다.

정리하면, 본 장에서는 김용락의 두 편의 시를 통해 선산 동학농민군의 현실인식이 고양되어 가는 과정을 살폈고, 채길순과 조중의의 장편소설을 통해 1894년 동학농민혁명에 참여한 동학농민군이 새로운 세상의 가능성을 발견하는 서사[31]를 살폈다.

4. 결론

본 글의 목적은 1894년 경상도 구미·선산 지역 동학농민혁명의 역사적 상황을 살피고, 동학농민군을 중심으로 한 각 계층 인물들의 현실인식이 최근 한국문학에서 어떻게 형상화되고 있는지를 밝히는 데 두었다.

경상도 지역의 동학농민혁명은 호남 지역에서의 전개과정과는 다른 양상을 보였다. 즉 호남 지역에서 1차 봉기가 발생했을 때 영남 지역 농민군은 이에 함께 하지는 못했으나, 이후 호남 지역 농민군의 개혁 활동에 영향을 받으면서 영남 지역에서도 동학농민군이 결집되어 크게 세력을 형성해 나갔다. 동학 교단 해월의 9월 18일 기포령에 호응하여 충청도·경상도 각지에서 기포한 농민군들은 북상하는 농민군 주력부대와 합세하기 위해 봉기했다. 구미·선산 지역 동학농민군은 주로 김산·상주·영동 등지의 농민군과 연합하여 조직적 전투를 전개했다. 그들은 선산읍을 점거하기도 했고, 일본군 낙동병참부를 공격하기도 하였다.

이러한 1894년 경상도 구미·선산 지역 동학농민혁명 과정은 동학농민혁명 120주년 2014년을 맞아 다수의 동학농민혁명을 소재로 한 문학작품으로 재탄생되었다. 본 글에서는 그중 1894년 경상도 구미·선산 지역 동학농민혁명에 관계한 김용락과 채길순의 작품을 중심으로 작품 속 인물들의 현실인식을 분석하였다. 이 과정은 1894년 경상도 구미·선산 지역 동학농민혁명 과정에 대한 보다 깊은 이해와 가치를 더 높이는 작업이라 할 수 있다

그 작업은 구체적으로 다음과 같은 결과를 도출하였다.

김용락의 시 2편에서는, 구미·선산 지역 해평 평야에 등장하는 선산 동학농민군의 현실인식이 고양되고 있으며 그것은 시간과 공간의 확장과도 관계하고 있음을 알 수 있었다. 즉 내려다보는 하늘 아래 인간이면 가야 하는 바른길을 가고 있는 참사람의 모습이 바로 그들 구미·선산 동학농민군인 것이다. 채길순『웃방데기』와 조중의『망국』에서는 1894년 동학농민혁명에 참여한 각 계층의 현실인식을 살펴보았다. 인물 이대감, 조민구를 통해 유교 세계관을 지닌 조선 상층 인물들의 고정된 현실인식을, 관군 김석중, 김병돈을 통해 조선 관리들의 변동적인 현실인식을, '갑이'를 통해 동학농민군의 새 세상을 향한 현실인식을 도출하였다.

문학적 형상화를 통해 드러나듯이, 1894년 경상도 구미·선산 지역 동학농민혁명 과정은 동학농민군의 주력 활동을 통해 전개된다. 그것은 양반지주 및 부호에게 빼앗긴 재물을 되찾기 위한 경제투쟁, 신분제도에 대한 항거, 지방관 및 향리들의 수탈에 대한 대항 활동을 중심으로 이루어지고 있었다.

이러한 본 고찰은 1894년 구미·선산 지역 동학농민혁명이 현 한국 사회에서 어떻게 수용되고 있으며, 한국 문화의 흐름에서 어떤 위상을 차지하고 있는지를 파악하는 기초 작업이 될 것이다.

경상도 선산(구미) 동학농민혁명의 사상적 의미

김 영 철_ 동국대 경주캠퍼스 교수

1. 들어가는 글

어느덧 수운 최제우가 1860년에 동학을 창도한 지 156년, 2016년이 되었다. 그로부터 34년 후 1894년에 동학농민혁명이 일어났으니 이 또한 벌써 122년이나 지났다. 하지만 아직도 그 위대한 발자취가 대한민국 곳곳에 남아서 사람들로 하여금 그때의 고귀한 혁명 정신을 되새기도록 한다.

동학은 농민혁명이라는 대사건을 통해 농민을 위시한 조선 백성들을 각성시켜 평등 의식에 기반을 둔 근대적 자유주의와 사회주의로 나아가는 발판을 마련하였다. 또한 동학농민혁명을 통해 각성한 개인은 자신의 정체성과 주체성을 찾고자 하였고, 그것으로 인해 근대라는 역사적인 계몽의 문이 열리게 되었다. 아마도 당시의 동학농민혁명군은 자신들이 얼마나 역사적으로 위대한 혁명에 참여하고 있었는지를 알 수 없었겠지만, 오늘날 역사는 그들을 조선의 백성을 무지몽매함에서 탈출시킨 계몽의 주체로 평가한다. 계몽은 잘 알려져 있듯이 어두운 곳에서 밝게 비추는 빛을 의미한다. 동학농민혁명이 일어나기 전까지 조선은 유학의 정치 질서에 의거한 봉건적인 사회였다. 이는 소수의 지배 계층에게는 밝은 세상이었는지 모르지만, 다수의 조선 백성들, 특히 하층 농민들에게는 아무런 빛도 없는 어둠이었을 것이다. 어두운 곳에서 사는 농민들에게는 단지 한 줄기의 빛만이 필요하였을 것이다. 하지만 조선의 왕과 위정자들은 그들에게 빛이 되지도 않았고, 빛을 주지도 않았다. 조선을 밝히는 계몽으로서의 빛은 어디에 있으며, 누가 그것을 가지고 있었겠는가?

19세기에 들어오면서 조선은 정치·외교적으로나 사회적으로 매우 어려운 상황에 처해 있었다. 대외적으로는 서양 제국주의의 물결에 맞서서 주권을 수호해야 하였고, 대내적으로는 개화파와 보수파 간의 정치적 갈등이 심화되고 있었다. 사회·경제적으로도 관료 지배 계층에 의한 피지배 계층 수탈이 극에 달하고 있었다. 이러한 조선의 암울한 상황은 기존의 봉건적 지배 논리나 외세의 도움에 의존하여 극복될 수는 없었다. 이러한 조선이 안고 있는 사회구조적인 모순은 조선 스스로에 의해서만 해결 가능한 것이라는 자각이 필요하였다. 이는 또한 하층 계급인 농민들에게도 그대로 적용되는 논리였다. 농민들이 지니고 있는 문제는 스스로의 자각에 의해 해결되어야만 했다. 계몽의 빛은 사실상 외부에서 비치는 것이 아니라 내부, 즉 자신으로부터 비치는 것이기 때문이다. 이러한 계몽의 빛, 즉 자신을 자각하여 자신에 내재된 빛을 찾도록 하는 계기를 제공한 것이 바로 수운이 창도한 동학이었다. 동학은 자신을 자각하여 자신 안에 내재된 빛을 찾도록 가르친다. 이는 곧 수운의 시천주(侍天主) 사상이며, 오심즉여심(吾心卽汝心)의 신비 체험이다.

이 발표문은 동학이라는 계몽의 빛이 동학농민혁명이라는 대사건으로 전개되는 과정을 경북 지역과 선산(구미) 지역을 중심으로 하여 살피면서, 그 전개 과정 속에서 드러나는 사상적 의의를 탐색한다. 실상 선산(구미) 지역과 동학농민운동의 연관 관계를 정확하게 보여주는 자료는 거의 없는 듯하다. 이로 인해 이 연구 논의의 내용이 상당 부분 피상적인 수준에 그치고 있음을 밝힌다. 하지만 이 논의가 선산(구미) 지역 동학농민혁명의 연구에 희미한 빛이라도 되기를 기대해 보면서 이 논의를 시작한다.

2. 동학 창도와 동학의 근대성

1) 동학 창도의 시대적 필연성

동학이 창도되는 1800년도 중반기는 대내외적으로 매우 혼란한 시기였다. 우선 대내적으로는 고종이 어린 나이에 즉위함으로 인해 약화되어 오던 왕권이 더욱 약화되었다. 그뿐만 아니라 어린 고종의 즉위는 새로운 권력의 중심으로 부각한 외척 세력과 그 이전부터 정치적으로 확고한 입지를 구축하고 있던 안동 김씨 세력 간의 정치적 주도권 싸움으로 진행되었다. 이러한 정치적 전쟁에서 주도권을 잡은 외척 세력은 자신의 입지를 더욱 강화하기 위해 많은 재정적 자원이 필요하였다. 외척 세력은 재정적 자원을 확보하기 위한 수단으로 과거제도를 파행으로 운영하였고, 매관매직을 행하는 등 법도와 기강을 문란케 하여 정치적 혼란을 초래하였다. 이는 백성을 봉건적 탄압과 관료들의 탄압과 수탈에 시달리게 만들었다.

또한 19세기 개항 이후 전반적인 물가가 급등하였고, 이로 인해 일반 백성들의 경제적 부담이 늘어나게 되어 생활 기반 등이 붕괴되었다. 이는 비단 일반 백성들에게만 어려움을 준 것이 아니다. 부유한 백성들, 즉 부농이나 상인들도 경제적인 어려움에 봉착하게 되었다. 이러한 나쁜 경제적 상황은 관료와 백성을 적대적인 관계로 만들었다. 이뿐만 아니라 지주와 소작농, 부농과 빈농 간의 갈등을 야기하였다. 게다가 이 시기의 조선에는 기근과 역병 등이 창궐하여, 백성들의 삶은 도탄에 빠지고, 상당수의 백성들은 유민이 되어 거리로 내몰리게 되었다. 이러한 상황에 처한 대다수 백성들은 사회적 불안과 경제적 궁핍 속에서 오직 새로운 세상에 대한 희망만을 꿈꿀 수밖에 없었다.[1]

대외적인 환경적 요인도 동학 창도를 요청하였다고 볼 수 있다. 19세기 조선은 서양 패권주의에 대한 인식이 전무하였다. 이는 중국에 대한 사대주의적 경향에서 벗어나지 못한 데서 기인하는 문제였다. 하지만 당시의 정치적 상황은 더 이상 중국 중심, 즉 중화(中華)가 아니었다. 1840년 아편전쟁에서 중국의 패배는 더 이상 중국이 세계의 중심이 아니라는 것을 조선이 알게끔 하였다. 이는 중화사상에 의존하여 정치를 한 조선의 위정자들뿐만 아니라 백성들에게도 충격적인 사건이었다. 조선은 중국보다 더 강력한 힘을 가진 서양 세력의 등장으로 인한 정치적 불안 심리에 새롭게 처하게 되었다.[2] 또한 19세기에 들어서 서양의 선박들이 조선의 연해에 들어와서 무역 등을 요구하였다. 이러한 일련의 사건들은 조선의 위정자와 백성들에게 공포와 위기감을 조성하였다.[3]

중국을 대신한 서양의 출현은 조선 백성들에게 새로운 문화를 인식하게 하였다. 이는 더 나아가 조선의 정치 사회적 질서를 대체할 수 있는 대안으로 떠올랐다. 예컨대 조선의 여성이나 다수의 하층 백성들은 서양의 그리스도교 문화를 동양 유교 문화의 대안으로 생각하기도 하였다. 이뿐만 아니라 서양의 근대 자연과학의 발전이 잘 드러나는 새로운 문물의 유입은 조선 백성에게 새로운 문명 세계에 대한 갈망을 갖도록 하였다. 그리고 이러한 선진화된 서양 문물을 자유롭게 거래하는 자유무역주의 등도 조선의 백성들을 더 이상 기존의 중세 봉건적 질서에 종속되어 살게 하지 않았다. 이는 곧 개인의 자유주의 논리와 연계되며, 백성의 정치적 자각, 즉 백성은 왕이나 위정자들에게 종속되어 있는 존재가 아니라 나라의 근간이자 주체임을 자각하게 하였다.

이러한 시대 상황에서 수운은 1860년에 '인간이 세상의 주체이자 존엄한 존재임을 천명한 시천주(侍天主) 사상'으로 대변되는 동학을 창도하였다. 동학은 서양이라는 새로운 힘의 질서에 따라 조선 중세의 봉건적 정치 사회 질서에 대항하는 새로운 정치 사회적 이데올로기로 등장했다. 또한 동학은 서세동점(西勢東漸), 즉 서양 등 외세의 침략에 대항하는 조선 백성의 주체적 정신, 즉 '보국안민(輔國安民)'의 정신이기도 하였다.[4] 하지만 무엇보다도 동학은 백성이 가장 존엄한 존재이며, 그 점을 백성 스스로 깨닫게 하는 인간 중심의 사상이다. 즉 밑으로부터 세상을 밝히는 근대적 정치 · 사회 이념인 것이다.[5]

2) 시대적 변혁의 주체로서의 동학의 근대성

수운의 동학에는 인간 주체(존중) 사상과 함께 반봉건 질서와 반외세 사상이 내포되어 있다. 동학은 당시 백성들, 즉 민중들에게 급속히 확산되어 지배 계층의 부패에 맞서면서 외세의 침략에도 저항하는 구국적 존재로서의 위상을 지니게 되었다. 이러한 위상은 현재 백성들이 처한 현실적 문제의 근본적인 원인을 스스로 깨우치게 하였고, 그것으로 인해 아래로부터의 혁명을 가능하게 하였다. 수운은 당시의 정치 사회적 혼란의 근본 원인을 무지로 인한 자신의 존재를 자각하지 못함에 두었다. 하여 수운은 인간 스스로는 한울님과 같은 존엄한 존재임을 자각하여 깨닫는 것이 중요함을 말했다.[6] 이는 사상적으로 동학의 반봉건 사상과 반외세 사상에는 모든 인간 존중, 즉 백성은 존엄한 존재라는 사실에 대한 자각이 놓여 있음을 의미한다. 이러한 자각이 곧 반봉건 사상과 반외세 사상과 연계된다. 물론 이러한 사상적 경향은 동학농민혁명을 통해 구체적인 모습으로 나타난다.

1894년에 일어난 동학농민혁명은 무지한 백성들이 자각을 통해 고취된 평등 의식을 실현코자 하는 혁명적 시도였다. 이러한 시도는 유교적 전통에 기반을 둔 봉건적 지배 세력의 부정부패를 철폐하고 백성들이 모두 평등하고 자유롭게 사는 이상적 사회를 위한 새로운 질서를 만들고자 한 개혁 운동이었다. 하지만 새로운 정치 사회적 질서가 곧 그들의 기득권을 빼앗아 간다는 위기의식으로 인해 당시 조선의 지배 계층은 외세를 끌어들여 자신들의 기득권을 유지하고자 하였다. 이는 결과적으로 동학농민혁명이 단지 반봉건적인 투쟁의 성격만을 지니는 것이 아니라 외세에 대항하는 민족주의적 성격을 갖게끔 만들었다.

실상 우리 역사에는 근대적 의미의 백성, 즉 민중은 없었다. 즉 기존의 백성은 단지 국가에 충성을 강요받는 의미에서의 백성이었다. 이는 '애민주의(愛民主義)'에 기초한 백성이지 근대적 의미의 민중이 아니었다. 근대적 의미의 민중은 동학농민혁명을 통해서 등장하였다. 동학농민혁명의 주체인 백성은 국가의 주체로서의 권리를 스스로 요구하는 민중이었다. 이들은 봉건적 정치 사회적 질서를 타파하고 만민이 평등한 근대적 의미의 민중이 되고자 하였으며, 외세에 저항하여 민족의 고유성을 지키고, 민족이라는 정체성을 확립하여 근대를 열고자 한 것이다.[7]

근대성은 서양에서 확립한 서구적 개념이며, 여기에는 도구주의라는 관점이 내재되어 있다. 즉 민족이 도구로써 활용되어 근대적 의미의 국가가 형성된다는 뜻이다. 이는 동학농민혁명에도 그대로 적용하여 논의할 수 있다. 왜냐하면 동학농민혁명은 처음에는 반봉건적인 질서를 외치고 있었지만, 외세의 침입으로 인해 민족의 자주성을 지키고자 하였기 때문이다. 즉 민족이 한 국가를 구성하며, 민족의 자주성은 곧 국가의 자주성과 정체성을 뜻하는 민족 공동체로서의 국가라는 의미가 적용되었기 때문이다. 아울러 동학농민혁명은 민중이 주체적으로 의식하고 결정하는 것을 통해 정신적인 성장을 가능케 하였다. 이러한 정신적 성장은 우리 역사가 나아갈 개혁

적이고 민족주의적 방향을 제시하는 근대화의 밑거름이 되었다. 그러므로 동학농민혁명은 민중으로부터 시작된 근대적 운동, 즉 민족주의 운동이다. 이러한 운동, 즉 혁명으로부터 축적된 역량은 근대화와 후에 민족적 자주독립운동의 사상적 근간이 되었다.[8] 따라서 동학농민혁명은 수운의 시천주 사상에 의해 스스로를 깨우친 백성, 즉 민중이 민족의식을 자각하여 그것을 근대의 정신으로 표면화 한 것으로 볼 수 있다.

3. 동학농민혁명 전개의 사상적 의미와 그 특성

1) 동학농민혁명 전개의 사상적 의미

1894년에 일어난 동학농민혁명은 수운의 동학사상을 농민으로 대표하는 조선의 민중들이 구현한 근대적 사건이다. 말하자면 백성들이 수운의 동학 사상을 구현함으로써 근대적인 의미의 민중으로 재탄생했다고 하는 것이 더 올바른 표현일 것이다. 이는 수운의 사상에는 잘못된 중세의 봉건적 지배 전통을 부정하고 백성들에게 주체적이고 능동적인 삶에 대한 이정표와 함께 스스로가 가장 고귀한 존재임을 자각케 하는 의식을 일깨워 주는 어떤 것이 존재하기 때문일 것이다.

우선, 동학은 모든 사람을 한울님처럼 존중받는 존재로 여긴다. 이러한 인간 존중 사상은 봉건사회의 질서에 의해 관료들에게 천대 받던 농민들에게는 희망 그 이상이었을 것이고, 자신들이 이 세상의 중심이며 주체적인 존재임을 각성토록 하여 자존감을 높이는 역할을 했다. 이로 인해 대다수의 백성들은 동학 정신에 함몰될 수밖에 없었을 것이다. 두 번째로 동학은 평등한 정치 사회적 질서를 주장한다. 물론 이는 앞서 말한 '사람이 곧 하늘'이라는 인즉천(人即天) 사상에 기인한다.[9] 평등사상을 기치로 내건 동학은 무엇보다도 신분 질서에 종속되어 살아온 하층 농민이나 소작농에게 새로운 희망을 주었다고 볼 수 있다.[10] 세 번째는 동학의 후천개벽사상(後天開闢思想)이다. 이는 지금껏 조선이라는 중세 봉건체제의 울타리에서 벗어날 수 없었던 농민들에게 새로운 시대의 이상 사회의 도래를 예고하여, 미래의 행복한 삶에 대한 열망과 가능성을 제공해 주었다. 이제 조선의 하층민이자 억압 받는 계층인 농민들에게도 삶의 희망이 주어진 것이며, 이는 농민들을 동학에 빠지도록 하는 강력한 메시지가 되었을 것이다. 마지막으로 수운의 동학사상은 동양적 전통을 그대로 수용하면서도 시대적 요청을 종교적 신념으로 재구성한 것이다. 예컨대 제도종교에 편입하지는 못했지만 백성들이 실생활에 영향을 끼치고 있었던 우주론적 운세관과 한울님 개념 그리고 접신 경험 같은 전통적인 종교 요소들을 동학의 종교적 요소로 편입하여 종교적 신념으로 만들었다.[11] 말하자면 수운은 전통적인 공유 가치관으로서 그 사회의 기본적인 종교적 신념 공감대를 이루고 있었던 요소를 동학사상으로 발전시켰다. 이는 백성들이 쉽게 동학사상을 받아들이게 하는 종교적 기제가 되었고, 이러한 공통의 종교적 신념으로 인해 동학농민군은 자발적으로 혁명에 참여하게 되었다.

이러한 동학의 정신은 하위 계층인 농민들이 봉건사회의 질서 논리에 저항하게 하는 강력한 정신적 지주가 되었다. 이러한 정신적 지주는 농민들 스스로에게도 국민으로서의 진정한 권리가 있음을 조선이라는 봉건적 사회에 요구하는 것이다. 또한 신분과 관계없이 누구나 한울님처럼 존엄한 존재이자 평등한 존재임을 드러내는 것이며, 외세에 대항하여서는 조선의 백성 모두가 똑같은 민족임을 보여주고자 한 근대적인 의미의 민족 혁명이었던 것이다.

2) 동학농민혁명의 전개 과정과 그 특성

동학농민혁명의 전개 과정은 크게 1차 농민혁명과 2차 농민혁명으로 구분할 수 있다.[12] 1차 동학농민혁명은 1894년 3월 20일에 고부농민혁명을 주도한 전봉준 등이 무장봉기하여 고부를 다시 점령하고, 백산 지역에 각지에서 참가한 동학교 농민을 군대 체제로 개편하여 진영을 구축하였다.[13] 또한 격문을 붙여 일반 농민들도 혁명에 참여하여 봉기하기를 촉구하였다. 그리고 4월 7일에는 황토재에서 전라 감영군과 싸워 이겼고, 그 여세로 전라도 서남 해안에 있는 흥덕·고창 등을 점령하였다. 계속하여 4월 27일에는 전주성을 점령하였고, 그 후 관군과 전주화약을 체결하였다. 이 전주화약 이후 동학농민군들은 각자의 고향으로 돌아가 개혁의 주체로서 활동하였다.

1차 동학농민혁명의 주된 특성은 다음과 같이 볼 수 있다. 첫째, 1차 동학농민혁명은 중세 조선의 봉건적 사회질서를 타파하여 온 백성들이 평등한 사회에서 인간다운 삶을 영위하기 위한 근대적 의미의 개혁 운동이었다.[14] 둘째, 외세에 침략에 맞서 조선의 자존심과 독립성을 유지하려는 구국 멸사의 혁명운동이었다.[15] 이는 동학농민혁명이 단순히 혁명을 주도한 몇몇의 사적인 이익, 즉 사리사욕을 위해 봉기한 것이 아니라 보다 근원적인 문제, 즉 조선의 국왕이나 왕족을 위해서가 아니라 백성들 자신의 삶의 터전이자 고향인 조국, 즉 국가의 자존을 위한 구국의 정신이 표출된 근대적인 의미의 혁명임을 의미한다. 이러한 이유로 많은 동학농민군이 짧은 시간에 집결하여 혁명에 참여한 것으로 볼 수 있다. 셋째, 1차 동학농민혁명의 주체는 동학농민들이었다. 무장 혁명 때 참여한 최초의 농민군, 즉 4000여 명의 동학농민혁명군 모두가 동학교도들이었고, 백산에서의 동학농민혁명군으로 추가로 참여한 4000여 명의 농민혁명군도 모두 동학교도들이었다. 그러므로 1차 동학농민혁명은 순수하게 동학농민들에 의해 구성되었고, 그들이 주체적이며 능동적으로 참여한 혁명이며, 반봉건과 반외세에 맞서 인간 모두가 존중받고 평등하게 사는 사회, 즉 동학의 이상적 사상인 '사인여천(事人如天)'[16]의 정신이 잘 표현된 근대적 혁명으로 볼 수 있다.

2차 동학농민혁명은 무능력한 조선 중앙정부가 일본의 힘을 빌려 동학농민군을 진압하고자 한 시기와 연결된다. 말하자면 전봉준이 일본 군대를 조선에서 몰아내기 위해 삼례 지역에 동학농민혁명군을 재집결토록 한 1894년 9월부터 12월 체포되기까지이다. 동학농민혁명군은 10월에 한양으로 올라가기 시작했는데, 이때 동학농민혁명군을 진압하기 위해 내려오던 관군과 일본군의 연합 군대에 대항하기 위해 전국 각지에서 동학농민혁명군이 만들어졌다. 특히 2차 동학농민혁명기에는 1차 때와는 달리 경기도·충청도·강원도·경상도 북부지방에서도 동학농민혁명군이 결성되어 침략 일본군과 싸웠다. 전국 각지의 동학농민혁명군은 동학의 정신적 이념으로 무장하여 10월 중순경에 논산의 전봉준과 합류하였다. 이들 동학농민혁명군은 여세를 몰아 한양으로 진격하고자 하였는데, 이때, 즉 10월 말부터 11월 초순까지 공주 우금치 일대에서 한양에서 내려온 관군과 일본군으로 구성된 진압군과 두 차례에 걸쳐 대접전이 벌어졌다. 이 두 번의 대접전에서 동학농민혁명군은 선진화된 군사적 무기와 전술적으로 잘 조직된 일본군이 중심이 된 정부연합군을 이길 수 없었다. 우금치에서 패배한 동학농민혁명군들은 대부분 뿔뿔이 흩어졌다. 하지만 남은 동학농민혁명군은 전열을 정비하여 11월 하순까지 일본군에 대항하여 투쟁을 계속하였지만 결국에는 대부분 정부연합군에게 체포되고 동학농민혁명은 외향적으로 실패한 채 끝이 났다.

2차 동학농민혁명의 주된 특성은 실상 1차 동학농민혁명의 성격과 거의 유사하다. 예를 들어 두 번의 걸쳐 일어난 동학농민혁명은 봉건주의 질서에 대한 저항 정신의 상징이며, 외세의 침략으로부터 조국, 즉 국가의 정체성과 독립성을 지키고자 한 근대적 성격의 혁명운동이다. 하지만 2차 동학농민혁명은 1차 동학농민혁명과는 달리 전국적인 규모의 혁명이었다는 점에서 그 성격이 다르다. 예컨대 2차 동학농민혁명에는 남접이 먼저 참여했지만, 북접도 곧바로 혁명에 참여하였다. 이로 인해 남·북접의 동학농민이 모두 참여한 전국적인 규모의 대혁명이었다. 이는 동학농민혁명군의 규모가 1차 혁명 때에는 약 8000명에 불과했지만, 2차 혁명 때에는 전국적으로 참여한 인원이 무려 60여만 명이나 되었다는 사실에서도 알 수 있다. 그리고 이러한 참여 인원은 단지 규모 면에서 차이를 갖는 것으로만 생각해서는 안 된다. 이는 2차 동학농민혁명에는 동학교도뿐만 아니라 조선 백성의 새로운 세상에 대한 간절한 바람과 조선의 백성, 즉 국민으로서의 자긍심이 내면에 깔려 있었기 때문에 가능한 거국적이면서 민족적 그리고 근대적 성격의 혁명으로 발전한 것이다.[17] 이런 이유로 2차 동학농민혁명은 전국 각지에 있는 백성들의 자발적이고 능동적인 참여가 가능할 수 있었던 것이다. 그리고 2차 동학농민혁명은 비록 전쟁이라는 측면에서는 패배하였지만, 그로 인해 조선의 봉건적 사회질서의 문제점이 적나라하게 드러나게 하였다. 물론 이는 조선을 더 이상 유교적 정치·사회적 의식이 지배하는 체제의 나라로 머물도록 두지 않았다. 예컨대 동학농민혁명이 진행되던 시기에 선포한 갑오개혁으로, 법령이 공포되었고, 더불어 여러 가지 제도 개혁도 선포되었다.[18] 그리고 이는 동학농민혁명이 전국적으로 많은 백성이 참여하여 진행된 혁명운동이었기에 가능한 것이었다. 왜냐하면 엄청난 규모의 동학농민혁명이 구정치적 세력을 약화시켰고, 새롭게 집권한 개화파 정부에게도 갑오경장의 대개혁을 단행하도록 하는 사회적 압력을 준 결과이기 때문이다. 또한 2차 동학농민혁명이 조선 백성들에게 반일 감정과 일본에 대항하는 반일 역량을 크게 강화시켰다. 이는 이후 일본의 식민지로 전락한 상황에서도 독립 의식과 운동을 하게끔 하는 튼튼한 토대와 기폭제가 되었을 것이라는 점이다. 실제로 2차 동학농민혁명의 결과 전국의 동학교도와 더불어 농민들에게는 일본에 대한 적대감, 즉 반일 감정이 팽배해지고 있었다. 그것이 이후에 항일 독립운동, 즉 항일 투쟁 활동으로 발전하였다.[19]

4. 경북 지역 동학농민혁명의 전개와 그 사상적 의미

1) 경북 지역 동학농민혁명의 전개

경북 지역 동학농민혁명은 전개 과정에서 전라도와는 분명 다른 양상을 보였다. 경북 지역의 동학 조직은 전라도의 남접에 속하는 동학농민혁명군이 1차 동학농민혁명을 전개할 때에는 전혀 참여하지 않았다. 1894년 6월 이후 경상도 북부 지역에는 포(包) 조직을 중심으로 동학의 포교 활동에 전념하고 있었다.[20] 이러한 동학의 체계적인 조직 구성, 즉 접(接)과 포(包)를 활용한 동학교도들은 전라도에서 전개되던 농민혁명에 대한 소식을 들은 이후에 본격적으로 동학농민혁명을 준비하였다. 그리고 1894년 7월 말 일본군의 경복궁 침범 소식과 경상도를 거쳐 일본군 5사단 병력이 북상하고, 경상도 주요 지역에 병참부를 설치하는 등 조선 침략에 야욕을 드러내기 시작하자 동학교도들도 본격적으로 무장을 시작하였다.[21] 이들은 일본군을 공격하였는데, 예를 들어 일본의 병참부와 가까이 있었던 예천 · 문경 · 상주 · 김천(김산) · 성주 등에서 일본군을 공격하여 무기 등을 빼앗고 병참기지가 있는 지역에 불을 지르기도 하였다. 이뿐만 아니라 몰래 전신주를 쓰

러뜨리거나 군용 전선을 절단하는 등 일본이 군수물자 조달 등에 어려움을 갖도록 하였다.[22]

경북 지역에서 1894년에 동학농민혁명이 준비 또는 전개되는 과정은 동학 조직이 활동하는 모습에 따라 크게 세 가지로 나누어 볼 수 있다. 첫 번째 활동은 동학교도들이 동학농민혁명을 준비하는 과정으로 볼 수 있다. 이때에는 동학교도들이 조직과 교세를 본격적으로 확장하였다. 동학교도들은 더 이상 숨어 있지 않고 세상에 나와 수운의 동학 정신을 피력하기 시작하였다. 이때 경북 지역의 많은 농민들이 동학교에 입교하여 수운의 창도 정신을 이어받기를 주저하지 않았다.[23] 두 번째 활동은 6월과 8월 사이에 전개되는데, 이때는 일본 군대에 의해 경복궁이 침범 당했다는 소식을 듣고 외세에 대한 저항 정신과 함께 일본군에 맞서 싸우기 위해 경북 지역 동학의 지도자들이 조직을 재정비하고 동학교도들을 무장하는 과정이었다. 이때 일본은 경상도 일대에 병참부를 설치하고, 청일전쟁을 준비하면서 조선 지배 야욕을 노골적으로 드러내고 있었다. 세 번째는 동학농민혁명군이 일본군대와 전투를 하는 과정이었다. 이때 동학농민혁명군은 2대 교주 해월 최시형이 내린 기포령에 따라 경북 지역의 읍성을 점거하고, 관아에서 무기를 탈취하는 등 일본 군대를 몰아내기 위해 전력을 다하였다. 예를 들어 선산 읍성과 해평의 일본군 병참부 등을 공격하여 동학농민혁명군이 점령하였고, 관아의 무기도 수중에 넣었다. 경북 지역은 동학농민혁명군이 처음으로 일본군과 전투를 하였고, 민보군과의 전투 또한 다른 지역보다 더 많이 발발하였다. 하지만 결국에는 양반 계층의 이익을 위해 만들어진 용병부대인 민보군과 선진화된 무기로 무장한 일본군이 연합한 군대와 선산·상주·예천·김산(김천)·성주 등에서 싸워 패배하였다. 이때 물러난 동학농민혁명군은 깊은 산골 지역이나 경북 지역을 벗어나 충청도 등으로 피난하

여 숨어 있었다.[24]

2) 경북 지역 동학농민혁명의 사상적 의미

동학은 만인의 평등이라는 인간의 근본적 소망을 표방하여 양반 지배 계층의 수탈 등에 시달리고 있던 조선의 일반 백성인 농민들에게 삶의 궁극적 목적의식을 심어 주었다. 이러한 목적의식은 그들의 삶을 변화시키는 원동력이 되었다. 과거 자신의 삶을 되돌아보고, 그 속에 주어져 있었던 존엄한 존재로서의 자신을 찾는 계기가 되었다. 이는 수운이 자기 성찰을 통해 자신에 내재하는 천주를 깨닫게 되는 것, 즉 '내 마음이 곧 네 마음'이라는 오심즉여심(吾心卽汝心)[25]의 신비를 깨달은 것과 다르지 않다. 동학의 가르침으로 인해 깨어난 농민들은 과거의 봉건적 질서에 근거한 정치·사회적 체제에 강한 비판 의식을 갖게 되었다. 이는 곧 사회 전반의 개혁운동으로 나아가는 동학의 내재적 시발점이 되었다.

특히 경북 지역은 수운 최제우가 동학을 창도한 지역이다. 수운은 경주의 용담정에서 득도하고, 시천주(侍天主) 사상을 토대로 한 동학 정신을 우선 주변 경북 지역으로 전파하였다. 이는 곧 경북 지역이 동학농민혁명의 모체로서의 시발지였음을 뜻한다. 또한 경북의 영해와 문경 지역도 동학교도가 최초로 봉건적인 정부의 폐정에 대항하여 봉기한 곳이며, 이는 곧 발생할 동학농민혁명의 서곡이 되었다.[26] 동학농민혁명은 정치적·사회적인 측면에서 보면 분명 반봉건 운동이자 반외세 운동이다. 하지만 사상적인 측면에서 보면 수운의 동학 정신인 시천주 사상이 경북 지역을 시발점으로 하여 만천하에 공표하는 일이었다. 이는 동학이라는 새로운 세계관으로 봉건적인 사고 체계에 따라 사는 조선의 모든 백성을 계몽하고, 더 나아가 격변하는 동아시아의 정세에서 조선이라는 민족국가를 지키는 외세에 저항하는 운동이었다.

수운의 동학 정신은 개인의 자각을 통해 자신이 고귀하고 존엄한 존재임을 깨우치고자 한다. 또한 개인은 이러한 자각을 통해 자신이 누구에게 귀속된 존재가 아니라 진정으로 자유로운 존재이며, 모든 사람이 공히 귀하고 존중받아야 하는 존재라는 평등주의적 사고가 가능하게 되었다. 하지만 경북 지역은 조선 시대 유학의 중심지였다. 유학은 조선의 봉건적인 사회질서를 지탱하는 사상적 토대였다. 조선의 유학, 즉 성리학은 백성을 근본으로 한다는 정치사회적 이념 아래 사상적 지배력을 유지해 왔지만, 실상은 양반 중심의 정치사회적 이념이었다. 그리하여 유학은 백성, 즉 농민의 삶보다는 지배 계층의 삶의 논리로 전락해 있었다. 이러한 이유로 조선의 일반 백성인 농민들의 삶은 유학의 이상과는 거리가 있었다. 특히 다른 지역보다 유학적 전통이 강했던 경북 지역의 백성들 삶은 정신적으로나 경제적으로 더 궁핍하였다. 이러한 상황에 놓여 있었던 경북 지역에서 수운은 동학농민혁명을 통해 새로운 미래에 대한 희망을 심어 주고자 하였다. 말하자면 유학에 기초한 유교를 대신하여 동학이라는 새로운 삶의 동력으로서의 정신적 이념을 백성들, 즉 농민들에게 제시하였다.

동학이라는 새로운 삶의 동력으로서의 이념은 봉건적인 사회질서를 강조하여 농민들에게는 주권을 인정하지 않은 유학적 전통과는 달리, 조선 사회의 대다수인 농민이 더 이상 애민주의(愛民主義)와 봉건체제에 종속되어 충성만을 강요받는 그런 의미의 백성이 아니라, 스스로 주권, 즉 근대적 민권을 갖는 백성으로서 국가의 주인공으로 등장하게 하였다. 동학농민혁명을 통해 민중 중심의 세계관이 제시됨에 따라 조선은 더 이상 과거의 봉건적인 질서와 고답적인 사회 체제를 고집할 수 없게 되었다. 이는 곧 갑오경장의 개혁 내용에서 분명하게 나타났다. 예컨대 새로운 법과 기존의 제도를 새롭게 개혁하는 내용이 무려 200개 이상이나 선포되었다.[27]

5. 선산(구미) 지역 동학농민혁명과 그 사상적 의미

1) 선산(구미) 지역의 동학농민혁명 전개

선산(善山, 구미) 지역은 유학을 대표하는 경북 지역 중에서도 가장 대표적인 유학(儒學)의 고장이다. 선산(구미) 지역은 조선 유학, 특히 사림파의 성립과 전개에 있어 매우 중요한 위치를 점한다. 이는 선산 지역 해평(海平) 출신인 야은(冶隱) 길재(吉再, 1353-1419)와 연관된다.[28] 유학의 거두인 길재는 조선이라는 새 왕조가 건립되자 고향인 선산으로 내려가서 후학을 양성하였다. 이후 선산 지역은 절의정신(節義精神)과 도덕적 수양을 중시하는 사림파(士林派)의 중심이 되었다. 수많은 인재들이 이 지역에서 쏟아져 나옴으로써 "조선 인재의 반은 영남에 있고, 영남 인재의 반은 선산에 있다."[29]라는 평가까지 나왔다. 예를 들어 길재 이후 선산(구미) 지역의 대표적인 유학자는 강호 김숙자(1389-1456)와 그의 아들 점필재 김종직(1431-1492) 그리고 경은 이맹전(1392-1480), 단계 하위지(1412-1456), 신당 정붕(1467-1512) 등이 있다. 조선 중기부터 선산 지역의 유학은 다른 지역에 비해 상대적으로 쇠퇴하였다. 영남 지역에서 퇴계(退溪) 이황(李滉, 1501-1570)과 남명(南冥) 조식(曺植, 1501-1572)이라는 두 거물이 거대한 학맥을 형성함으로써 선산 지역은 상대적으로 위축되어 갔으나, 여헌(旅軒) 장현광(張顯光, 1554-1637)이라는 걸출한 유학자가 나와 선산 지역 유학을 새롭게 부흥시키기도 하였다.[30]

하지만 선산(구미) 지역이 단지 유학의 고장이라는 의미만을 지니지 않는다. 전통적으로 선산(구미) 지역은 불교문화와 관련해서도 많은 의미를 갖는다. 특히 선산의 도리사와 더불어 금오산은 불교문화의 유적이 도처에 있어서 그 문화적 가치가 매우 높다. 선산(구미) 지역에는 유학과 불교에 비해 동학혁명(운동)과 관련된 문헌이나 문화적 흔적은 많지 않다.[31] 하지만 경북 지역이라는 큰 범주에서, 즉 경북 지역 동학농민혁명 전개 과정에서 선산(구미) 지역은 나름의 중요한 의미를 지닌다고 볼 수 있다.

경북 지역은 수운이 동학을 창도한 곳이라는 이유로 조선 정부로부터 심한 탄압을 받고 있었던 관계로 지역 동학교도들은 비밀리에 조직을 형성하여 활동을 하였다. 이는 선산 지역도 마찬가지였다. 경북 지역 동학교들은 근거지 각처에 교단의 기본조직인 접(接)과 포(包)를 만들어서 활동을 하였다. 이때 선산 지역에도 포(包), 즉 선산포(善山包)가 만들어지고, 이를 주축으로 동학운동을 전개하였다. 특히 일본군이 경복궁을 무단으로 점거하고 청과의 전쟁을 위해 경상도 주요 지역에 병참부를 설치하기 시작한 6월 말경부터 선산 지역의 동학농민혁명군은 동학의 정신을 주변 농민들에게 전파하면서 교세를 확장해 나갔다. 이와 동시에 선산 지역의 동학지도자들, 즉 대접주와 접주들은 외세, 즉 일본에 나라의 주권을 넘겨주지 않으려 동학농민들을 무장토록 하여 일본에 저항하는 동학농민혁명을 활발하게 전개하기 시작하였다. 이는 곧 선산 지역 동학농민혁명군의 주권 의식과 민족정신의 발로였다. 즉 나라와 민족이 위기에 직면하게 되자 동학농민혁명군은 자신의 나라에서 외세를 몰아내야 한다고 생각한 것이다. 이러한 저항정신은 조선의 국왕이나 귀족인 양반을 위한 저항이 아니라 자신과 가족의 터전으로서의 국가를 수호하기 위한 근대적 의미에서의 전쟁이었다.

선산(구미) 지역은 동학농민혁명군의 주요 근거지 중 하나였다. 1894년 5월 상황에 대한 주한일본공사관 기록에 따르면, 부산에 있는 일본 총영사가

"충청도와 전라도에 접경한 지방에 동학농민군이 많고 특히 선산과 상주 그리고 유곡은 동학농민혁명군의 소굴이다."라고 말했다고 한다. 이는 일본이 선산 지역을 경상도의 주요 동학 근거지로 보고 있었음을 알게 하는 대목이다. 실제로 선산 지역의 동학농민혁명군은 9월 18일 동학 교주인 해월 최시형의 기포령(起包令)[32]에 따라 해평(海平)에 설치된 일본군 병참부[33]를 공격하려고 하였다. 하지만 무기가 부족하여 먼저 선산 읍성을 공격하여 무기를 빼앗기로 결정하고, 인근 지역인 개령과 김산(김천)의 동학농민혁명군과 연합하여 1894년 9월 22일에 선산 읍성에 있는 관아를 공격하여 점령하였다. 하지만 해평에 설치된 일본군 병참부에 대한 공격은 실패하였고, 동학농민혁명군은 선산 읍성에서 많은 사상자를 내고 철수하여 흩어지게 되었다. 동학농민혁명군의 해평 일본군 병참부 공격 실패의 원인은 선산 관아의 몇몇 향리가 해평의 일본군 병참부를 찾아가 지원 요청을 하였는데, 이때 다음 공격 목표가 자신들의 병참부 공격이라는 사실을 감지한 일본 병참부 주둔군이 먼저 기습을 감행하였기 때문이다.

2) 선산(구미) 지역 동학농민혁명의 사상적 의미

선산(구미) 지역은 앞서 소략했듯이 조선 유학의 본거지였다. 유학은 조선의 봉건적 정치·사회적 질서를 지탱하는 근간이었다. 이러한 유학은 동학의 기본 정신과는 상반된 특성을 지닌다. 그럼에도 불구하고 선산 지역은 동학농민혁명에서 중요한 위치를 점하고 있다. 유학과 동학은 일견 동일한 궁극적 목적을 지닌다고도 볼 수 있다. 왜냐하면 두 사상 모두 '인간이 곧 하늘이다.'라는 인내천(人乃天) 사상을 근간으로 한다고 볼 수 있기 때문이다. 예컨대 유교적 사유 체계에서도 '민심은 곧 천심'임을 강조하고 있으며, 『서경』(書經)의「태서」(泰書)에 나오는 "하늘이 백성에 내려와 임금과 스승을 세웠다."라는 말에서도 하늘과 사람이 똑같은 존재임을 강조하고 있는 것을 알 수 있다. 이는 유학의 근본 사상인 인(仁)의 의미에서도 잘 드러난다. 인(仁)이라는 한자는 인(人)과 이(二), 곧 이인(二人)을 뜻하는 글자이다. 이인(二人)은 두 사람을 의미하고, 이 두 사람은 '너'와 '나'를 말한다. 말하자면 너와 나는 서로 사랑으로 이루어진 관계로서 서로 다르지 않고 똑같은 존재임을 의미하는 것이다. 즉 모든 인간은 신분의 높고 낮음이 없이 다같이 평등한 존재임을 뜻하는 것이다. 하지만 조선의 유학, 즉 성리학은 봉건 · 보수주의적 지배 계층의 지배 논리로 전락되어 그들의 이익에 부합하는 이론으로 정립되었다.

  선산 지역에서의 동학의 등장은 유림을 비롯한 지배 계층에게는 커다란 위협으로 인식되었고, 무엇보다도 자신들이 숭상하는 성리학(주자학)에 대한 도전으로 인식되었을 것이다.[34] 선산(구미) 지역의 유림들의 근본 사상인 성리학은 동학과는 반대되는 이론을 지니고 있다. 우선, 유학에 뿌리를 둔 성리학은 지배자 계층과 피지배 계층을 분리하여 생각하면서, 지배 계층에 의한 피지배 계층의 계도를 정당화한다. 예컨대『맹자』편에서도 사(士)는 농 · 공 · 상과 같은 피지배 계층을 계도하여 지배 계층의 통치 이념에 따를 것을 교육해야 하는 의무를 갖는다고 말한다.[35] 둘째로, 유림은 농민, 즉 평민의 정치적 윤리적 주체성을 부정한다. 유학에서는 모든 인간은 선천적으로 도덕적 보편성을 타고난다고 본다. 하지만 실질적으로는 정치적 윤리적 가치를 실현할 수 있는 능력은 단지 사(士) 이상의 통치 계급에만 한정시키는 모순을 범한다.[36] 말하자면 평민은 감각에 쉽게 영향을 받기 때문에 훌륭한 임금의 통치를 받음으로써만 선을 행하거나 윤리적 행위 규범을 실천할 수 있다는 것이다.[37] 이는 평민을 본래적으로 주체적으로 사물이나 윤리적인 행위 규범을 판단하지 못하는 존재로 보며, 인간 사회의 여러 관계 속에서 주체적이고 반성적으로 판단하고 행동할 수 있는 능력은 단지 사(士) 이상의 지배 계층에게만 부여되어 있다고 생각하는 것이다. 즉 평민은 물질적 생산 이외의 주체적인 가치의 실현 능력이 부여되어 있지 못한 존재로 생각한다. 셋째, 유림은 지배 계급 중심의 사회적 질서관을 지니고 있다. 이는 유학이 군주에게 무조건 복종하는 것이 아니라 때로는 군주를 축출할 수도 있다는 일종의 저항권 비슷한 개념을 담고 있다고 하겠다. 그러나 이러한 저항권도 사대부 계층에게 주어져 있을 뿐 농민, 즉 평민에게는 없다. 넷째, 유림은 민족의 주체성보다 국가를 더 우선하여 생각한다. 말하자면 국가가 있고 나서 임금이 있고 임금이 있고 나서 백성이 있다는 생각이다. 유림의 이러한 생각은 곧 의병을 모집하여 외세에 저항하는 모습으로 나타나지만, 백성의 생각은 국가가 백성들을 위해 존재하는 것이지 백성이 국가를 위해 존재하는 것으로 생각지 않았다. 이는 곧 일제에 대항하는 의병에 참여하는 백성들이 많지 않음으로 증명되었다고 볼 수 있다.

하지만 선산(구미) 지역의 유학적 전통과 달리 동학사상은 지배 계층과 피지배 계층의 구분이 없고, 모든 백성은 다 같이 한울님을 모시고 있는 존엄한 존재로 본다. 이러한 계급의 타파가 의미하는 것은 농민을 포함한 모든 백성을 다 같이 개인의 권리와 국가의 주권을 지닌 존재, 즉 근대적인 의미의 존재이며, 동시에 윤리적 행위 규범임을 스스로 판단하여 행위를 하는 자유롭고 주체적인 존재임을 천명하는 것이다. 또한 동학사상에서는 국가가 백성을 위해 존재하는 것임을 분명히 하여 많은 백성들이 동학농민혁명에 참여하도록 하였다.

6. 나가는 글

경상도 선산(구미) 지역에서 전개된 동학농민혁명에 대한 논의는 역사적으로 고증 가능한 자료가 거의 없는 실정이다. 하지만 경상도, 특히 경북지역은 동학농민혁명의 발원지이자 수운 최제우가 득도하여 동학을 창도한 지역이다. 하여 선산(구미) 지역을 포함한 경북 지역은 동학운동이 가장 활발하게 진행된 곳이다. 동학운동이 가장 활발하게 진행된 이유는 외적인 면, 즉 일본군이 한양으로 나아가는 길목에 위치하고 있다는 지리적인 측면도 있다. 하지만 그것보다 더 큰 요인은 동학의 인간 존중 사상, 즉 만인은 신과 같이 존엄한 존재이며, 자신 안에 천주인 한울님을 모시고 있는 존재라는 것을 자각토록 하는 수운 최제우의 동학 정신을 가장 먼저 그리고 가까이 경험할 수 있었기 때문이다. 이는 결국 선산(구미) 지역을 포함한 경북 지역에서 가장 동학운동이 활발하게 진행한 이유가 바로 외적인 요인보다 내재적인 요인에 있음을 의미하는 것이다.

동학은 만인의 평등이라는 인간의 근본적 소망을 표방하였다. 이는 곧 농민들에게 삶의 궁극적 목적의식을 심어 주었고, 이러한 목적의식은 그들의 삶을 변화시키는 원동력이 되었다. 삶을 되돌아보고, 자신의 진정한 모습을 찾게끔 하였다. 이는 곧 자기 성찰을 통해 자신에 내재하는 천주를 깨닫게 되는 것, 즉 '내 마음이 곧 네 마음'이라는 오심즉여심(吾心卽汝心)의 신비를 깨닫는 것이다. 이러한 동학의 가르침으로 인해 깨어난 농민들은 과거의 봉건적 질서에 근거한 정치·사회적 체제에 대한 강한 비판 의식을 갖게 되었다. 이는 곧 사회 전반에 대한 개혁운동으로 나아가는 계기가 되었다. 이 뿐만 아니라 동학은 모든 백성이 곧 국가의 주권을 가진 주인임을 자각토록 하여, 자발적으로 외세로부터 국가를 보호하는 운동을 가능케 하였다. 예를 들어 선산(구미) 지역의 동학농민혁명도 백성들이 내 나라 조선을 지켜 자신의 주권을 보호하기 위해 일본군에 대항하여 싸운 사건이다. 결과는 일본군과의 전쟁에서 패배하고 덧없이 끝난 듯 보이지만 외세, 즉 일본 제국주의 침략에 저항하여 국왕과 귀족권문(貴族權門)이 아니라 자신과 가족의 터전을 위해 싸운 동학농민혁명군의 위대한 발자취가 아직도 남아 있다. 그것도 선산 지역 곳곳에 그대로 남아 있다. 이들은 진정 주권을 가진 국가의 주인으로서의 의식[38]을 토대로 하여 일본군과 싸웠고, 그것은 오늘날에도 선산(구미) 지역민의 가슴에 자랑스러운 역사로 새겨져 전해 오고 있다.

동학·천도교의 개벽 사상에 대한 철학적 의미 고찰

- '다시 개벽'을 서양적 유토피아의 구조로 이해하는 관점을 넘어서

전 석 환_ (사)아시아교정포럼 인문교정연구소 소장

본서에 들어 있는 논문은 『동학학보』 제33호(2014. 12), 325-356쪽에 수록되었음.

1. 들어가는 말

인간에게 생각한다는 것은 무엇일까?

새삼스럽지만 '생각에 대한 생각'을 해 본다면, 일단 데카르트의 명제를 선뜻 수용하기가 어렵다. '나는 생각한다. 고로 나는 존재한다.'

영국의 현대 철학자 에이어(Ayer, 1910-1989)는 인간이 생각한 이후 '존재한다'는 판단이 도출될 수 없다고 단언한다. 데카르트 식으로 '생각한다' 직후에 도출되는 판단은 '존재한다'가 아니라 '또 생각한다'이며, 이러한 '생각한다'라는 판단으로부터 '존재한다'는 주장이 나온다는 것은 논리적 비약이라고 주장한다.[1] 생각을 담는 의식 속을 물리적 현상을 통해 관찰하기는 힘들지만, 상식적으로 생각해 본다면 에이어의 주장은 매우 설득력이 있는 데카르트에 대한 반박으로 이해할 수 있다. 에이어의 주장은 일단 사고와 언어의 연관을 유비적 관계로 보고 그러한 주장을 했던 것으로 사료된다. 기실 실제의 언어 구조는 사고의 연상적 구조에 상응하는 측면으로 파악될 수 있는 부분이 분명히 있다.

'바나나는 길어, 길으면 기차, 기차는 빨라, 빠르면 비행기, 비행기는 높아, 높으면 백두산…'. 어린이들이 말을 배우는 과정 중 유치원에서 부르곤 했던 이러한 노래는 끝나는 말에 유사한 말을 잇게 함으로써 단어를 빨리익히게 하기 위한 언어교육적 전략이 숨어 있다. 말하자면 이러한 노래의 구조는 사고의 연상적 특징과의 유비 관계를 반영하고 있는 것이다. 한 특정한 기억의 회상은 또 다른 기억 형태의 관념을 회상시키고, 또 다른 기억은 또 다른 관념들을 연속적으로 회상시킨다. 내가 어떤 의지 작용을 가하지 않더라도 내 머릿속은 자유롭게 꼬리에 꼬리를 물고 무엇들이 계속해서 연상된다는 점으로 미루어 볼 때 불교에서 말하는 번뇌는 바로 이러한 사고의 모습과 외형적으로 매우 유사하다고 할 수 있을 것이다.

이러한 측면을 철학 역시 인간 사유에서 나타나는 하나의 특징으로 정형화하고 있다. 바로 인간의 '선천적 사변' 능력이다. 칸트는 이것을 형이상학으로 간주하고 과학적 탐구, 즉 관찰과 실험을 통해 탐구될 수 없는 영역이라고 규정하였던 것이다. 그러나 언급했듯이 '선천적'이라는 것은 결코 인간의 삶 안에서 배제되거나 박탈할 수 없는 성질의 무엇이다. 말하자면 타고 난 습관과 같은 고유의 '무엇'이 인간에게 운명처럼 주어졌다는 것이다. 이런 점에서 볼 때 일찍이 아리스토텔레스가 분류한 학문의 유형 중 '순수 이론적인 것'으로서의 자연학과 수학 이외 '제1철학', 즉 형이상학은 필연적으로 다루어져야 할 탐구 대상임에는 틀림이 없다. 칸트 역시 비록 이 영역을 인간 이성 능력의 한계로 제시하면서 비판의 대상으로 삼았지만, 결코 그 작업은 '인식 대상'으로의 비판이었지 '이해 대상'으로의 비판은 아니었음을 우리는 칸트의 『순수이성비판』 이후 속계된 도덕과 종교에 대한 그의 비판적 담론을 통해 알 수 있다.

유토피아적 사유는 이러한 선천적 사변의 결과라고 말할 수 있다. 즉 자연과학적 탐구가 규정할 수 없는 자연적이고도 자유로운 상상력이 만들어내는 사유의 결실을 우리는 유토피아적 세계라고 지칭할 수 있고 종교 안에서 그 구체적 모습을 관찰할 수 있다.

다시 말해 종교의 성격은 이러한 유토피아적 사유 및 그 담론의 논의 체계와 직접적 연관 관계에 놓여 있다는 사실을 부정할 수 없다. 왜냐하면 지상의 종교 모두 경험적 세계를 부정하는 것에서 그 교의(敎義)를 드러낸다는 점에서 유토피아적 사유의 범주를 한 치도 벗어나지 않고 있기 때문이다.

그러나 유토피아적 사유 전체를 종교에 대해 논하는 대표적 담론으로 간주하고 그것을 형이상학적 범주 안에서만 논의할 수 있을까? 문제의 쟁점은 유토피아적 사유가 형이상학의 대상이고 그 형이상학은 바로 종교와 연결된다는 관점은 전형적인 서구 철학의 관점에서 그렇다는 것이다. 이러한 관점의 전제에서 동학·천도교의 개벽 사상을 살펴본다면 '종교 - 형이상학'이라는 구도 안에서의 논의는 좀 더 다르게 설명되어야 하고 차별성 있게 해명되어야 할 필요성이 있다. 왜냐하면 동학·천도교의 '다시 개벽'은 전형적인 탈서구적 문맥으로부터 역사적으로, 철학적으로, 종교적으로 '다시정위(定位)'되어야 하기 때문이다.

이러한 전제에 터 하여 본 연구는 다음과 같은 과정을 통해 논의된다.

첫째는 본 연구 전개의 틀이 되는 유토피아 개념의 이해를 시도한다. 여기서는 유토피아 개념이 형이상학적 구조를 지니고 있으며, 그 결과 필연적으로 유신론(theism)의 세계관 및 서구의 신학적 이론 기반이 될 수밖에 없다는 점을 밝힌다(Ⅱ).

둘째는 유토피아 개념을 염두에 두고 동학·천도교의 개벽 사상에 대한 개념적 이해를 시도하면서, 그 개념이 서양적 종교 전개 과정의 맥락과 상이한 점을 제시한다. 본 연구는 특히 이러한 제시를 동양과 서양 철학에 기반한 개념과 개념사적 비교 작업을 통해 시도한다(Ⅲ).

셋째는 앞서 시도된 천도교 개벽 사상의 이해를 바탕으로, 개벽의 개념이 서구의 형이상학적 구조를 전제하고는 있지만, 존재론적 구조와 더불어 인간학적(anthropologisch) 구조를 함께 지니고 있다는 점을 해명한다. 이러한 시도는 개벽 개념의 구조와 통상으로 보는 서구적 종교 개념 틀과의 차별성을 해명하는 것에 그 목적을 둔다(IV).

본 연구는 이러한 과정을 통해 천도교의 '다시 개벽'의 개념이 일반적인 이해의 수용 구조, 즉 '유토피아 - 형이상학 - 종교'의 연결고리를 넘어서 새로운 개념적 이해를 시도하는 시론적 성격을 지니면서 전개된다.

2. '유토피아' 용어의 개념적 이해

'유토피아(utopia)' 용어의 개념적 이해는 그 어원(語源)을 살펴보면 벌써 그 의미가 확연히 드러난다. 즉 utopia란 그리스어 u=ou(없다)+eu(좋다)라는 뜻을 지니면서 장소를 뜻하는 topia라는 말과 연결되어 있다. 말하자면 유토피아는 이 세상에서 '없는 곳(outopia)'이라는 뜻과 '좋은 곳(eutopia)'이라는 뜻을 함께 지니고 있다.[2]

이러한 용어를 개념으로 굳히게 된 계기는 영국 출신의 토마스 모어(1478-1535)가 1516년에 저술하여 발표한 『유토피아(Utopia)』라는 책에서 기인한다. 이 책에서 모어는 유토피아라고 명명하고 존재하지는 않지만(nowhere), 그곳은 좋은 곳(eutopia)이라고 언급하였다. 물론 이러한 개념적 의미를 담는 유사한 용어들을 우리는 많이 관찰할 수 있다.

향락 · 식도락 · 폭식 · 탐식의 쾌락의 뜻을 담는 코케인(Cockayne)[3]이라는 말이 있는가 하면, 아름다운 풍광과 순박한 인정을 지닌 목가적 이상향의 뜻을 지닌 아르카디아(Arcadia)[4]라는 용어도 있다. 전자가 물질적 차원의 유토피아라면 후자는 자연적 풍요의 개념과 도덕적 의미가 첨가된 사회를 지시한다고 할 수 있다. 물론 이러한 용어들의 원류는 지상낙원(Paradise)의 신화, 즉 '에덴동산'에서 그 원형을 찾아볼 수 있다. 기독교 성서의 「요한계

시록」에서 유래한 '천년왕국(Millennium)'에 대한 구구한 이론들 역시 그 표준 척은 에덴동산이라는 유토피아에서 구체적으로 그려질 수 있을 것이다.

이런 전제를 바탕으로 유토피아적 사유를 철학의 측면으로 그 관점을 돌려 본다면 마땅히 그 전형은 플라톤의 '이데아(Idea)' 개념에서 찾아질 수 있다는 사실에 모두 동의할 수 있을 것이다.

일단 플라톤의 이 이론 틀은 인식론상 '모든 지식은 관념 및 정신적인 것에서 유래한다.'는 주장에 기초한 관념론(觀念論, idealism)의 한 형태로 수용할 수 있다. 다시 말해 이데아 개념은 일단 정신(이성)이 세계 인식의 최종적 단위(unit)라고 상정하는 유심론(唯心論)으로 규정할 수 있다. 더불어 인생관(세계관) 측면에서는 현실을 넘어선 것을 추구한다는 점에서 이상주의(理想主義)라고 이해할 수 있을 것이다. 그러나 이데아라는 개념이 우리 일상의 사물들 같이 실재로 존재한다는 믿음을 전제하는 까닭에 플라톤의 이데아 개념은 실념론(實念論, realism)의 틀을 통해 보는 것이 합당할 것이다. 그리고 그 실념론은 실재의 사물들처럼 마음속에서 혹은 머리 안에서 객관적으로 존재한다는 전제를 바탕으로 객관적 관념론(objective idealism), 즉 관념론적 실재론(subjective realism)이라고 할 수 있다. 이러한 의미에서 본다면 플라톤의 이데아는 철학적 구조 안에서 유토피아 개념을 명확하게 해명하고 있다고 볼 수 있다. 그리고 그 모든 해명 – 플라톤의 이데아 개념을 통해 본 유토피아의 철학적 구조 – 은 결국 형이상학(形而上學, Metaphysic)이라는 관점에서 모아지게 된다. 말하자면 유토피아 개념에 대한 이해는 오직 형이상학이라는 구조 틀 안에서 이해 가능하다는 말이다. 그리고 플라톤과 아리스토텔레스 이후 전개되었던 서양의 종교, 즉 기독교 신학이 옹호하는 소위 유신론(theism)은 '유토피아 – 형이상학'이라는 연계 구조를 결코 배제할 수 없었던 것이다. 다시 말해 그러한 구조는 인격적인 채로 자의적으로 세계를 창조했을 뿐만 아니라 영원히 세계의 운행에 관여한다는 견해를 관통하는 유신론(theism)적 세계관을 반영하고 있다. 그리고 그런 세계관은 형이상학적 존재를 실재인 것으로 수용하는 객관적 관념론, 혹은 관념론적 실재론의 형태를 결코 벗어날 수가 없었던 것이다.

이러한 맥락에서 동양 사상의 맥락 역시 전술한 유토피아적 사유를 지니고 있고, 역사적 사실로도 그 흔적을 뚜렷하게 남기고 있는 세계관들이 분명히 존재하고 있다. 한국의 전통 사상 안에서 본 유토피아 개념은 대체로 이상향의 모습으로 구체화할 수 있다. 2005년에 출시된 영화 「웰컴 투 동막골」[5]은 전통적으로 중국을 필두로 한 동아시아적 사유에서 드러났던 유토피아적 모습을 드러내는 하나의 전형적인 예라고 할 수 있다. 그리고 그 오리지널한 발상은 무릉도원(武陵桃源)이라는 개념에서 출발하고 있다. 주지하다시피 이 개념은 「귀거래사(歸去來辭)」라는 작품으로도 유명한 도연명(365-427)의 『도화원기』에서 비롯되었다고 한다. 이 작품은 도화의 장소, 즉 복숭아꽃이 핀 공간을 이상향의 상징으로 사용하고 있는데, 유가적 사유보다는 도가적 의미 안에서 본 이상향을 그리고 있다고 할 수 있다. 즉 무릉도원(武陵桃源)은 노자의 『도덕경』에서 나타났듯이 무위이치(無爲而治, 인위적 행위 없이 다스리기)와 소국과민(小國寡民, 작은 나라에 적은 백성)의 주제를 구체화하면서 자연의 풍요로움을 누리며, 그것과의 조화를 추구한다는 점을 그 특징으로 한다. 이러한 주제가 보여주는 점은 천부적으로 주어진 것이 아니라 인간이 적극적으로 추구한다는 점에서 또 다른 특징이 있다고 할 수 있다. 특별히 전란을 피해 외부와 단절된 소규모 촌락 형태로 그려지는 이 이상향의 모습은 조선 시대의 설화 및 잡록 등에 나타나는 유토피아의 구조 안에서 그 유사성이 있음을 파악할 수 있을 것이다.[6]

무릉도원 외에 한국의 전통사회에서 드러났던 유토피아적 발원은 옥야

(沃野)·승지(勝地)·복지(福地)·동천(洞天)·낙토(樂土)·부산(富山)·선경(仙境)·별세계(別世界)·극락(極樂)·대동(大同) 등의 용어 안에서 추체험할 수 있다.[7]

도가적 의미의 이상향을 종교적 측면으로 더 구체화한, 즉 도교적 유토피아의 생각은 삼신산(三神山)의 유형을 들 수 있을 것이다. 삼신산은 인간이 었다가 불사의 경지에 도달한 신선들이 사는 곳을 뜻하는 데 봉래산·방장산·영주산 등의 명칭으로 열거될 수 있다. 진시황이 서불에 명하여 동남동녀 삼천 명을 불로초를 구하기 위해 파견했다는 일화도 삼신산의 고사에서 비롯되었다고 할 수 있다. 삼신산은 불사(不死)의 나라이며 옥황상제가 다스리는 신선이 아니면 갈 수 없고, 살 수도 없는, 즉 실체가 없는 이상 사회라고 할 수 있다.

유가적 측면의 이상향의 형태는 대동(大同)이라는 말에서 찾아질 수 있다. 『예기』의 '예운' 편에 들어 있는 대동 개념은 '대도가 행해지면 천하가 공평해진다.'라는 언급에서 함축되어 있다. 즉 '대도지행야(大道之行也), 천하위(天下爲公)', 즉 사회는 궁극적으로 요·순의 성군이 다스리는 사회를 모델로 택했다는 점에서 복고적인 측면이 없다고 부인할 수는 없다. 그러나 노인 봉양을 중심으로 한 부로(父老)제도를 대동사회 실현의 단초로 보고, 또한 그 개념이 정치사회 운동의 추진을 위해 사회 단결의 구심점이 되었다는점에서 본다면 진보적인 성격의 개념으로도 파악할 수 있을 것이다.

불교적 측면에서 본 유토피아적 발상은 서방정토(西方淨土) 개념을 들 수 있다. 여기서 미타정토(彌陀淨土)는 '불교적인 수행을 통해서 개인은 서방의 정토라는 이상 공간에 살 수 있다'라는 소극적 의미를 지닌 형태와 '우리가 사는 지상에 이상 사회가 도래할 수 있도록 현실 사회를 개혁'하려는 목표를 설정하는 미륵정토(彌勒淨土)의 형태의 두 가지 유형을 볼 수 있다. 이러한 도가적, 유가적, 불교에서 비롯된 이상향의 모습은 『산해경(山海經)』에 나타난 신화적 형태 안에서도 나타난다. 『산해경』은 모든 것이 천부적으로 충족된 신화적 이상 공간을 상정하고 신비한 생물의 노래, 잡아도 잡아도 물고기가 줄지 않는 환상적 연못, 불학, 붕새가 춤추는 불사의 사상을 유토피아의 모습으로 묘사하고 있다.

대체로 동양의 전통 사상 안에서 드러난 이상향의 모습 역시 '형이상학 - 유토피아', 혹은 '유토피아 - 종교'의 구조로 연계된 특징이 있다. 비록 그 구조가 서양 기독교에서처럼 유신론적 구조로 되어 있어 적극적 의미의 초월성을 내보이지는 않지만, 불교적 측면의 유토피아적 담론을 제외하고는 여전히 그 구조적 특징은 최소 '신, 혹은 신적인 것은 초월적으로 존재하지만, 세계의 운행 활동에 관여하지는 않는다.'는 이신론(理神論, deism)적 구조를 전제하는 것으로 보인다. 그리고 이러한 구조는 동양적 유토피아의 본질적 특징이 서구와는 다른 '통상의 형이상학적 구조만으로는 파악되지 않는다'는 주장에 부합되는 명시적인 단초라고 할 수 있을 것이다.

3. 유토피아로부터 개벽까지: 서구적 종교 이해와의 비교

동학·천도교 안에서 개벽(開闢)의 개념은 주지하다시피 천도교 이론의 중심축을 이룬다고 해도 과언이 아니다. 서양의 기독교가 신과 초월성, 그리고 구원의 문제에 초점이 맞추어져 있다면, 동학·천도교의 개벽 개념은 초월과 구원을 넘어 우주적 관점에서 인류의 역사를 관망한다. 그러한 개념은 역사의 시간을 선천(先天)과 후천(後天)으로 나누면서, 동학이 창도될 즈음을 바로 선천의 끝이라고 규정하고 말세의 징후로 그 당대의 시대상을 진단했던 것이다.

이렇게 큰 스케일의 시간을 배경으로 한 개벽의 개념은 수운의 『용담유사』의 「몽중노소문답가」에서 '다시 개벽'이라는 용어를 통해 명시적으로 등장한다.: "십이제국 괴질운수 다시개벽 아닐런가 태평성세 다시 정해 국태민안 할 것이니".

그런데 수운은 문제의 공간을 그 선천의 위기가 조선의 문제가 아니라 인류의 전체 위기라고 상정하고, '상해(傷害)의 운수'를 진단했던 것이다. 말하자면 선천에서 후천개벽을 맞이할 운수의 조짐을 그 시점 세계 안의 총체적 위기 상황으로 해석했던 것이다. 그러한 변환의 계기를 수운은 특별히 '다시 개벽'이라는 용어로 규정했던 것이다.

후천개벽의 세계는 '동귀일체(同歸一體)'의 세계를 지시한다. 다시 말해 이기적인 개체만을 내세우는 '각자위심(各自爲心)'의 대극에 서서 한울님의 뜻을 자신의 뜻으로 삼아 한울님과 한마음으로 돌아가서 지상천국을 이룬다는 의미를 지닌다. 이러한 의미에서 천도교의 종교적 목적의 궁극적인 모습은 지공무사(至公無私)한 한울님 마음을 체득한 지상 신선들의 공동체인 평화의 세상를 만드는 것이다. 이러한 후천개벽이 지향하는 세상은 전혀 새로운 차원의 질서로 움직이는 새로운 차원의 삶을 이 지상에 이룩하고자 하는 전망을 지닌다.

이러한 구조의 유형은 전형적인 유토피아적 사유의 발상에서 나온 모습이라고 할 수 있다. 이러한 의미에서 개벽의 외연적 특징은 기독교의 '천년왕국 사상(millennialism)'과 유사하다고 볼 수 있다. 즉 개벽의 개념은 "현실을 부정하고 미래의 선경을 갈망하는 운동으로 보아도 무방"[8]할 것이다.

이러한 근거는 개벽 개념의 등장 배경이 위기에 대한 대처, 즉 응전적 반응의 결과로 자생적으로 형성되었다는 점으로 설명할 수 있다. 이러한 배경의 형성 과정을 류병덕은 다음과 같은 단계로 구체화한다: "이 세상은 극도로 혼란하고 어지럽게 된다." → "전체적으로 변혁이 필요하다." → "인간은 이 변혁을 행할 수가 없고, 초자연에 의해 달성된다." → "새로운 질서가 확립되는 가운데 신자들은 가장 우대를 받는다." → "이와 반대로 인류의 대다수인 불신자는 파멸한다." → "이러한 사실을 알아 다가올 변혁에 대한 준비를 해야 한다".[9]

수운은 바로 이러한 과정에 입각해서 각자위심(各自爲心)을 통하여 타락한 심성을 '한울님'의 마음으로 개벽할 것을 강조했던 것이다. 즉 시천주(侍天主)를 통해 각자위심(各自爲心)에 물들어 있는 세상 사람들의 마음과 기운을 모두 한울님의 마음과 기운으로 바꾸는 정신 개벽, 즉 내 몸에 모신 한울님을 깨달음으로 해서 한울님의 덕과 일치하는 경지를 만들어야만 한다는 것이다. 그리고 이와 같이 정신의 개벽을 한 사람을 '군자(君子)' 혹은 '지상신선(地上神仙)'이라고 명명했던 것이다.

이러한 유형의 발상은 전형적인 유토피아적 사유의 결과와 분명히 공유되는 부분이 있다. 그러나 동학 · 천도교에서 유토피아적 구상은 서양의 유신론적 구조와는 아주 상이한 측면이 또한 있다는 사실을 부정할 수 없다.

즉 일단 그 외재적 특징은 앞에서 언급했듯이 서구 유토피아적 구조인 천년왕국 사상에서 그 유사성을 발견할 수 있지만, 그 내재적 뿌리는 전통적인 한국 사상 속에서 찾아 볼 수 있다. 류병덕은 이러한 개벽 개념의 역사적 근원을 다음과 같이 설명하고 있다: "근세로 접어들면서 한국의 땅에서 조선조가 흔들리고 외세 침략의 손길이 이 땅에 뻗쳐져서 나라 운명이 풍전등화격이 되고 있었다. 민중 속에서 수운 최제우가 동학을 일으켰고, 그 뒤 수많은 종교들이 창립되어 한때는 그 수가 500여 개를 헤아렸고, 현재도 300여 개의 종교들이 활동을 계속하고 있다. 이들 종교의 대부분이 바로 천년왕국 사상을 담고 있으며, 거기에는 크게 두 가지의 맥락이 있음을 알 수 있다.

그 하나는 미륵신앙이고 다른 하나는 정감록 사상이다. 따라서 오늘의 한국에서 민간의 정신 풍토를 진단해 본다면, 거기에는 미륵불신앙으로 이어진 천년왕국 사상과 정감록의 천년왕국 사상이 직간접으로 작용하고 있음을 알 수 있다."[10]

이러한 발생사적 상이성은 개벽의 개념이 단지 한말의 '서구 충격'이나 '문화 충격'의 일시적인 반작용의 결과물이 아니라, 자생적인 사유의 방식 안에 이미 오래 전부터 자리 잡고 있었다는 점을 확인시켜 준다. 이러한 의미로 김경재는 동학·천도교의 개벽 사상을 '종말 사상' 혹은 '종말 신앙'에 연결시키면서 "한국인의 본래적인 삶의 근본 자세"에서는 그런 개념들이 "이질적이고 낯선 것"임에도 불구하고, "현세 긍정적인 민중의 적극적인 자기초월적 역사 비판의 발로"[11]로 본다. 왜냐하면 수운의 개벽 개념은 여타의 다른 "현세 부정적, 타계적, 환상적 종말 사상"에 대비하여 "부정을 통해 다시 현실 대긍정으로 복귀"[12]하는 모형 안에서 그 모습을 파악할 수 있기 때문이라는 것이다. 그리고 그 개념의 내면적 구조를 "역(易)에 기초한 시운(時運)"에서 시발해서 동귀일체(同歸一體)의 모습으로 묘사되는 "전일적 생명공동체"[13]로 규정한다.

이러한 규정은 개벽의 개념이 서양적 유토피아 개념과 유사한 발상을 지니고 있다 하더라도 그 발생의 때와 장소가 다를뿐더러 철학의 구조적 측면에서도 상이한 요소들이 있다는 점을 내포한다. 이러한 요소들은 "탁월하게도 서학(서구)의 신관의 일 면모를 보이고 있으며, 동양 종교의 면모도 당연히 보이고 있다."라는 말처럼, 양 측면의 "일견 양립불가능"한 신관을 중심으로 "동·서양의 다양한 종교 사상의 파노라마가 동학이라는 스펙트럼을 통하여 그 빛을 발산"하고 있다고 하겠다.[14] 그렇게 양립 불가능해 보이는 동학·천도교의 신관 이해는 "인격성과 비인격성의 공존/유일신과 범신론의 공존/초월신과 내재신의 공존/자력신과 타력신의 공존/무신론과 유신론의공존"[15] 등으로 제시할 수 있을 것이다.

본 연구에서는 그러한 주제들 중에서 특히 개벽 개념과 직간접적으로 관련지을 수 있는 문제들, 즉 '초월과 내재'라는 개념을 기준으로 한 신관(神觀)의 문제, 시간의 원초성 문제, 즉 '무시관(無始觀) 대 유시관(有始觀)'의 문제, 그리고 수행과 깨달음에 대비된 실천의 문제를 부각시켜 보기로 한다. 필자는 그러한 문제에 대한 조명을 다음 장에서 서양철학의 중요 개념인 '형이상학과 존재론 그리고 인간학'적 틀을 통해 분석하고 비교해 보기로 한다.

4. 동학·천도교의 '다시 개벽'
: 형이상학과 존재론, 그리고 인간학의 사이에서

유토피아적 사유 안에서 즉각적으로 파악되는 형이상학의 구도는 유일신적 유신론을 구축한다. 서양의 기독교, 혹은 이슬람교 등에서 나타나는 그 확연한 종교 구조의 패턴이 바로 그것이다. 그것은 플라톤과 아리스토텔레스적 사유의 특징을 연속적으로 계승한 모습으로 보인다는 것은 주지의 사실이다. 물론 형이상학적 신 존재 증명이 빈약하다는 것을 깨닫고 그 보충적 시도로써 존재론적 방법론의 도입은 16세기 후기 스콜라 철학, 즉 초기 계몽철학의 점진적 도전으로 말미암아 비롯되었다. 그러나 그러한 존재론의 방법은 '전통적 일반 형이상학(metaphisica generalis)' 외에 단지 신학과 우주론, 그리고 심리학을 파생시킨 '특수 형태의 형이상학(metaphisica specialis)'으로의 계열화에 불과했다고 할 수 있다.[16] 다시 말해 아리스토텔레스에 의해 '제1철학'이라고 불리어졌던 형이상학은 신학의 계기와 더불어 존재론적 영역을 이미 함축하고 있었던 것이다. 이러한 바탕에서의 신 실재 증명에 대한 칸트의 비판은 바로 변신론에 대한 비판이자, 형이상학에 의거한 초월성 논증에 대한 명시적인 거부의 몸짓이었던 것이다. 칸트의 『순수이성 비판』은 이성의 한계를 깨닫게 하는 것이 소위 '이성적 인간' 본연의 임무임을 제시하는 동시에 바로 그때까지의 신의 존재 증명이 오류판단이라는 것을 밝혀 보이려고 했던 것이다. '존재론적 증명', '우주론적 증명', '목적론적 증명'으로 명명된 칸트 이전의 신의 존재 증명은 유토피아적 사유의 결과가 형이상학으로만 귀착되고, 초월성으로 상정된 신은 이성의 한계 안에서 인식되는 것이 아니라 이해될 뿐이라는 결론에 이르게 된다. 칸트의 이러한 시도를 우리는 유토피아적 사유의 결과가 형이상학으로 빠지게 되고, 그것을 묵인하는 이성을 독단으로 파악하고 제어하려고 했던 업적으로 높게 평가할 수 있을 것이다. 그리고 이러한 칸트의 이성 한계의 설정 시도를 종교 비판의 한 형태로 수용할 수 있을 것이다.

칸트로부터 출발했지만, 칸트에 대한 매서운 비판을 가했던 쇼펜하우어에게서 종교비판의 의미는 '유토피아적 사유 - 형이상학 - 초월적 유일신 종교'의 연결 고리를 과감하게 벗어 버리는 시도의 전형을 보게 된다.[17] 쇼펜하우어의 종교 비판이 보여주는 바와 같이 천도교의 신관은 서양 기독교의 논리와 얼마나 다른가를 보여주는 좋은 실례가 될 것이다.

일단 앞장에서 전술한 바와 같이 모순처럼 보이는 양립 불가능성인 동학·천도교 신관은 '이원성',[18] 혹은 '중층적'[19]인 구조이다. 신의 호칭으로는 '상제(上帝)', '한울님', '천주(天主)'라는 표현이 있고, 이러한 특징은 수운이 최초로 생각했던 신의 관념으로 규정할 수 있다. 즉 각각의 호칭은 다르지만 문맥에 따른 공통된 의미를 표영삼은 다음과 같이 정리한다:

첫째는 "인격적인 분", 둘째는 "유일한 분", 셋째는 "되어져 가는 분", 넷째는 "몸에 모셔져 있는 분."[20] 첫째와 둘째 '인격적이고 유일하다.'라는 의미는 한울님의 초월적 성격을 가리키는 전형적인 특징이라고 할 수 있다. 이러한 특징은 수운의 「논학문」과 「교훈가」, 그리고 「도덕가」 등에서 나타난 '주(主)'라는 존칭을 부모, 귀신 등에 비유한 부분에서 명확하게 드러난다. 이러한 특징들은 동학의 신 존재를 "지고한 존재", "전능의 존재", "전지의 존재", "주재신의 모습"[21] 등의 절대적 존재이면서 동시에 지상의 존재들과는 다른 초극의 존재로 그려질 수 있고, 그것은 서양 기독교의 교의 안에서도 잘 이해될 수 있는 부분이다. 이러한 이해는 원초적으로 '유토피아적 사유'에서 출발하여 '형이상학적 형태'로의 구상, 그리고 '초월적 유일신' 관념의 구축의 모습으로 그 구체적 과정을 독해할 수 있다. 이런 측면으로 보자면 동학·천도교의 신관은 '초월적인 그 무엇'이라고 할 수 있다.

초월성에 '그 무엇'이라는 요소가 바로 동학 신관에서의 내재적 성격이다. 수운은 각(覺)체험 중 한울님의 "내 뜻이 곧 네 뜻이다(吾心卽汝心)"[22]라는 강화(降話)와 더불어 영부와 주문을 받는 체험은 바로 "나로 도시 믿지 말고, 한울님만 믿어서라. 네 몸에 모셨으니, 사근취원(捨近取遠)하단 말가"[23]라는 주장으로 이어진다. 수운의 이러한 말은 한울님의 모습이 각 개인의 몸 안에 있으니 멀리 찾지 말고 가까운 너 안에 거한 존재임을 깨닫기를 권면하고 있다. 말하자면 수운의 신은 '천상의 상제님이 옥경대(지극히 높은 초월적 장소)에 있는 존재가 아니라는 것'[24]을 보인다는 점에서 초월적인 존재가 아니라 마음속에 있는 내재적인 존재임을 드러낸다. 여기서 '내재하다'라는 의미는 초월에 대비되어 경험 안에는 있지만, 자기의식의 내부에 자리 잡고 있음을 뜻한다. 표영삼은 '내유신령(內有神靈)'이라는 이러한 한울님의 존재를 다음과 같이 설명하고 있다: "… '한울님을 네 몸에 모셨다'는 말은 바로 '선생님을 사랑방에 모셨다'는 말과 같은 뜻을 가지고 있다. 즉 선생님을 사

랑방이라는 장소에 있도록 했듯이 한울님(신령)을 내 몸 안이란 장소에 좌정하게 하였다는 뜻이다…".[25]

그런데 이러한 '내유신령(內有神靈)'에 의거한 시천주(侍天主)의 개념은 초월적 절대존재를 표상하는 그러한 신이 아니라 '노이무공(勞而無功)'을 스스로 고백하는 신이다. 「포덕문」에서 "내 역시 이룬 공이 없어 너를 세상에 내어 사람들에게 이 법을 가르치니…"라는 대목과 「용담가」 중 "한울님 하신 말씀, 개벽 후 5만 년에 네가 또한 첨이로다. 나도 개벽 후 노이무공(勞而無功)하다가서 너를 만나 성공하니…"라는 대목은 한울님이 시초로부터 종말에 이르는 일회성의 역사적 시간만을 관장하는 신이 아니라는 사실을 보여준다.

그러나 한울님과는 다르게 서양 기독교 사상의 신관은 헤브라이즘 역사관의 단일적 시간관을 수용했다는 점이 확실하다. 이러한 점은 '알파와 오메가'(시작과 끝 혹은 창조와 심판)로 상징되는 종말론 사상에서 명백하게 확인된다. 이러한 점을 데미안 톰슨(Damian Thomson)은 다음과 같이 설명하고 있다: "다른 문명국들과 마찬가지로 바빌로니아와 그리스 또한 순환 주기가 무한히 되풀이된다고 믿었다. 역사를 단 일회뿐이라고 생각하는 히브리인들만 예외라고 할 수 있다. 하지만 히브리인들 역시 역사는 예정된 탄생과 소멸 – 홍수는 역사의 시작을 향해, 불은 역사의 끝을 향해 나타난다 -- 에 따라 전개된다는 생각을 받아들였다. 왜 홍수와 불이 이런 순서로 일어나는지는 아직 수수께끼로 남아 있다."[26]

이에 반해서 한울님은 시작과 끝의 주재자가 아니라 공과를 스스로 실현해 나가는 '과정 안에 들어 있는' 존재이다. 표영삼을 그것을 "시간적"[27]이라고 표현하고 있다. 즉 그는 "시간적이라는 말은 되어져 가는 과정에 있음"[28]을 뜻한다고 해석한다. 따라서 한울님은 "영원히 되어져 가는 과정에 있을 뿐이요 완성이란 있을 수 없다."[29]라고 주장한다. 따라서 한울님은 "어느 시점에서 보아도 미완의 상태일 수밖에 없고 이것을 노이무공한 신"[30]이라고 할 수밖에 없음을 표영삼은 설명하고 있다. 그러므로 이러한 한울님의 '천지조판(天地肇判)'인 개벽은 결국 종말론에는 결코 부합되지 않는다. 왜냐하면 한울님의 시간관은 과정일 뿐만 아니라, 그 과정은 결코 시작과 끝을 상정하지 않는 무시(無始)를 전제하기 때문이다. 유병덕은 이러한 무시의 사고가 전형적인 동양적 사고에서 나오는 산물이며, 그러한 발상은 서구의 '유시(有始)'적 사고와 극명한 대비를 이룬다고 다음과 같이 주장한다. : "유시는 곧 유무를 낳고 유무는 곧 절대적 주재자를 낳았다. 이 관점에서는 시초(태초)의 존재 양태를 성(聖)과 속(俗)의 이분법적 구조로 파악하게 되었고, 그 양자 간의 교섭 관계를 교리로 풀고 있으며, 무시를 주장하는 동양인들은 우주법칙으로서의 상수와 현상 변화의 변수가 교묘하게 그리고 끊임없이 무시무종으로 회전한다는 사고 유형이다. 마침내 전자는 '창조자의 사다리식 전개의 세계구조설'이며, 후자는 '끊임없는 개벽 과정의 세계 전변설'이다.… 이 '무시'를 뒷받침하려는 '개벽'…은 크게 작게, 여기저기서, 그리고 그 어느 과거에도, 지금 여기에서도 끊임없이 일어나고 있다는 과정적 변화(motive process)라는 것이다. 그야말로 일원론이거나 이원론이라는 획일주의도 아니며 절대주의 원리는 더더욱 아니다. 일즉다, 다즉일의 전개 과정으로의 동태라는 것이다".[31]

　이러한 전제로 다음과 같은 입론들은 한울님의 존재를 규정하는 동학·천도교의 신관이 유토피아의 형태를 지닌 형이상학을 넘어선 계기로 음미할 수 있는 대목이다.

　가) 한울님은 만물화생(萬物化生)의 내재적 원인인 동시에 초월적 원인이

다.[32]

나) 즉 한울님은 개념화할 수 없는 것이며, 인간의 인식이나 관찰의 대상
도 아니고, 사람으로서 부모같이 모시고 섬겨야 할 거룩한 '님'이라는 것이
다.[33]

다) 따라서 한울님은 인간에게 외재하는 초월적 신이 아니다. 그는 인간
에게 외재(外在)하는 동시에 인간과 만물에게 내재(內在)하는 원인이다. 따
라서 최제우의 신관은 일신관(一神觀)이 아니다. 그렇다고 하여 범신관(汎神
觀)도 아니다. 그에게서의 신은 어떠한 신관으로도 이해될 수 없는 초자연
적인 존재이다.[34]

라) 천도교의 신관은 종래의, 신이 어느 초월적 공간에 존재한다고 믿어
왔던 초월적 유일신(唯一神)의 신관과 만물 속에 내재한다고 생각하고 있던
내재적 범신(汎神)의 신관을 동시에 극복한 것이라고 하겠다.[35]

이러한 상론의 대전제는 천도교의 이론 범주 안에서 대체로 '범재신관(汎
在神觀)'[36]의 관점에 합류된다. 그리고 이러한 개념은 형이상학과 존재론의
공유점와 차이점의 연관으로 설명될 수 있다. 주지하다시피 형이상학과 존
재론은 서양 철학사에 있어 각각의 시기와 그 탐구 대상이 상이할 때마다
그 연관의 관계는 다른 모습으로 드러났었다.[37] 그러나 그 두 개념을 구별하
는 방법, 즉 두 개념의 공유점과 차이점을 말할 수 있는 중요한 기준은 탐구
의 대상인 존재 본질이 '피안(彼岸)'에 있는가 혹은 차안(此岸)에 있는가'를 어
떻게 선택하는가에 달려 있었다. 그런데 범재신관은 이 두 가지의 전제를
모두 동시에 공유한다는 것이다. 이러한 역설적 구조는 천도교의 '한울님'
은 초월적이면서도 동시에 내재적이고, 인격적이면서도 모든 존재의 근원
이라는 "반대일치(反對一致)의 묘합(妙合)"[38]을 보이고 있다고 할 수 있다. 이

러한 접합 구조는 초월성과의 '간접적인 접속이 아니라, 인간 실존적 삶과 직접 접촉'된 모습이라고 할 수 있다. 즉 서양적 유신론에서는 형이상학의 결과인 초월성을 이론적 여과 없이 인간 실존 그 자체로 직접 연결시키지만, 수운은 「논학문」에서 다음과 같이 말하면서 통상의 형이상학을 넘어 인간학적 관점[39]을 여지없이 드러내고 있다. : "무릇 천도란 형상이 없는 것 같으나 자취가 있고 지리란 넓은 것 같으나 방위가 있는 것이니라. 그러므로 한울에는 구성이 있어 땅의 구주와 응하였고 땅에는 팔방이 있어 팔괘와 응하였으니 차고 비고 서로 갈아드는 수는 있고 동하고 정함이 변하고 바뀌는 이치는 없나니라. 음과 양이 서로 어울려 비록 백천 만물이 그 속에서 화해 나지마는 오직 사람이 가장 신령한 것이니라".[40]

그러한 전제로 한울님의 신관에서는 '사인여천(事人如天)'과 같은 '신과 인간의 관계'가 성립할 수 있는 것이다. 다시 말해 '한울님을 모신다'의 시천주(侍天主)로부터 출발한 신관은 '양천주(養天主)'를 거쳐 '사람이 곧 한울님'이라는 '인내천(人乃天)'으로 변화되는 것처럼 보이지만, 이것은 단순히 형이상학의 문제에 머물고 있지 않다. 그것은 형이상학이 인간학을 매개로 존재론의 차원으로 자연스럽게 연결되는 구조로 설명할 수 있다. 다시 말해 한울님의 형이상학적 초월성은 존재자의 진정한 존재를 찾는 존재론적 구도를 벗어나 무엇보다 먼저 실제의 인간을 찾는 것에 안착한다

수운의 도(道)에 대한 해석에서 가장 중요한 것은 '마음을 닦는다(心修)'는 것이다. 수운은 구체적이고 일상적 삶 속에서 도를 정의한 것이지, 추상적이고 보편적인 형이상학적 의미에서 도를 정의한 것은 아니다. 수운의 도에 대한 해석은 유가(儒家)에서 나타나는 인(仁)의 본래적 의미에 접근하였다고 볼 수 있다. 왜냐하면 논어의 인은 모두 일상생활에서 덕을 쌓는 것을 지시하기 때문이다. 이러한 점을 볼 때 수운의 마음(心) - 덕(德) - 도(道) 관계

에 대한 해석은 주자학의 계승적인 일면이 있다고 볼 수 있다. 그러나 수운에게 도란 유가에서처럼 도통(道通)의 의미가 있는 것이 아니라, '마음을 닦아, 덕이 빛난다면, 그것이 바로 도다'라는 측면에서 본다면 독창적인 일면으로 그것을 평가해야 한다. 수운의 마음(心) - 덕(德) - 도(道)에 대한 파악은 도심(道心)의 우위성과 극기가 곧 복례라는 주자의 사유 노선과는 아주 다르다. 수운 사상의 특징은 주자의 철학적 경향과는 다르고, 현실 정치학적 의미로 이해한 것과도 다르다. '마음을 닦아서 덕을 알고 그 덕이 빛이 나면 그것이 바로 도다'[41]라는 수운의 주장으로 미루어 볼 때 도란 모두 구체적 맥락에서 인간과 인간의 삶과의 연결로 이어지게 됨을 볼 수 있다. 즉 도란 단순히 '공부(이론)하는 것'에 있지 않고 '믿음에 있다(在信)', 그리고 '그저 맹목적으로 구한 것'에 있는 것이 아니라 '정성(精誠)' 등에 있다는 수운의 주장을 그의 인간에 대한 강력한 해석으로 볼 수 있고 더 나아가 인간의 실천성의 파악에 접근할 수 있는데, 바로 이것은 수운 사상의 인간학적 특징을 반영한 것이라고 볼 수 있다.

이러한 특징은 천도교의 수련법 안에서 명확하게 드러난다. 즉 유일신에 대한 맹목적인 믿음을 통해 성령이 나 자신에게 단지 육화(肉化)되기를 바라는 것이 아니라 천도교는 나와 한울님의 관계에서 출발해서 단계적으로 초월적인 존재와 내가 일치됨을 체득시킨다는 것이다. 즉 "나라는 유형과 '한울님'이라는 무형이 어떠한 관계를 이루고 있으며, 또 마음과 성품과 사물이 어떠한 관계를 이루고, 그러므로 해서 궁극적인 도의 상태에 어떻게 이르는가"[42] 하는 단계를 통해 깨달음에 이르게 만든다는 것이다. 윤석산은 의암의 '십삼관법(十三觀法)'을 이러한 깨달음을 위한 방법적 패러다임으로 든다. 물론 그 이전에 해월의 '십무천' 역시 생활 안에서 깨달음의 도를 체득하게 하는 수련의 시금석으로 수용할 수 있지만 의암의 수도법은 조금 더 심층적으로 조직화되고, 상세한 수련의 전범(典範)으로 평가될 수 있다고 설명한다.

이러한 개벽의 주재자인 한울님의 모습에서 보여주고 있는 '형이상학 - 존재론 - 인간학'을 관통시키는 직접적 연관관계는 유대적·기독교적인 신의 지배와 인간의 맹목적인 복종의 구조를 극복할 수 있는 가능성의 단초를 보여 준다고 하겠다. 이러한 가능성의 모습을 우리는 지금까지의 서양 형이상학, 혹은 서양의 총체적 철학의 구조가 지녔던 한계를 초극하는 "경계성을 넘기(Grenzüberschreitung)"[43]의 시도라 할 수 있고, 더 나아가 "주체성의 경계제거(Entgrenzung)"[44]의 한 모델이라고까지 부언할 수 있을 것이다.

정리해 보기로 하자. '다시 개벽'의 개념은 서양의 주체 중심의 기초주의(Fundamentalismus)에 세워져 있고, 그것에 상응해서 '초월적인 신의 소명', 그리고 '성육화된 실체' 개념과 어느 정도의 공유점을 지니고 있다. 그러나 '다시 개벽'의 개념은 그러한 맥락을 과감하게 벗어나서 "운도변역적 종교운동이 메시아 신앙과 결합"[45]되어 있다. 이러한 특징을 우리는 탈중심화된 세계 이해에 기초한 매우 "독특한 한국형 신종교운동의 유형"[46]이라고 규정할 수 있을 것이다.

5. 나가는 말

현대라는 시대사조의 얼굴은 두 가지의 측면이 있다. 그것은 과학과 기술의 발전으로 도래한 엄청난 물적 팽창에 기인한 안락함의 한 얼굴이고, 또한 그 지속성의 회의에서 오는 미래 전망의 '불투명성'[47]으로 묘사되는 또 다른 얼굴이다. 즉 전문화를 통한 혁신과 교환의 역동성에 찬동을 보내는 시장경제 체제를 옹호하는 '이성적 낙관주의자'[48]들의 견해에 일견 찬동할 수도 있다. 그렇지만 냉전 이후에도 가속되는 군비경쟁의 악순환, 핵무기의 확산, 후진국의 구조적 빈곤과 선진국의 증가하는 실업률 등에서 유발되는 불안감은 이론적 차원의 위기가 아니라 직접 체감되는 공포감이라는 사실 역시 부인할 수 없다. 이러한 분열된 특징은 현대인의 불행 의식과 직결되며 결국 그 궁극적 원인은 멀리 보아서는 서구 발상의 '로고스 중심주의'와, 가까이로는 서구 근대성에서 출발한 계몽 철학이 완결이 유보된, 즉 '미완의 프로젝트'[49]이기 때문에 발생한 현상이라고 할 수 있다.

이러한 분열된 현대의 세계상은 동·서 세계의 올바른 이해를 목적으로 한 여러 시도 안에서도 역시 부정적으로 진단된다. 이런 진단은 동양의 후발적 근대성이 바로 서양적 모델의 목표하에서 진행되고 있다는 점에서 동·서의 상호 이해 아닌 상호 오해가 있다는 점을 내포한다. 이러한 내포의 현실은 동양에 의한 맹목적인 서양 폄하와 서양에 의한 맹목적인 동양 폄하의 시각으로 드러나곤 한다. 이러한 현상은 동·서의 올바른 상호 이해가 아직 멀다는 것을 확인시킨다.

필자는 이러한 극복되지 못한 양극화된 시각을 극복하기 위한 시도 중 하나는 비교철학의 방법론 구축에 기초한 한국의 전통적 종교들을 탐구하는 데에 있다고 생각한다. 왜냐하면 전통 종교는 서구 문화에 의해 오염되지 않은 한국적 본질성을 아직 지니고 있기 때문이다. 더불어 이러한 작업은 총체적 한국학 탐구의 규범적 태도를 설정하는 기준으로까지 그 지평이 확대되어야 할 것으로 사료된다.[50] 이러한 지평 확대 속에 '다시 개벽' 개념을 포함한 동학·천도교 안에 내재한 여러 이론들 역시 이러한 작업의 여과를 통해 포함되어야 한다는 사실은 명약관화(明若觀火)한 일이 될 것이다.

『동학사』의
동학농민운동 이후
동학 교단의 동향과
분화에 대한 서술

조 규 태_ 한성대학교 역사문화학부 교수

이 글은 「『동학사』의 동학농민운동 이후 동학교단의 동향과 분화에 대한 서술」, 『동학학보』 37호, 2015에 수록되었음.

1. 머리말

『동학사』는 일제강점기에 오지영이 간행한 동학의 역사에 관한 대표적인 책이다. 오지영은 1868년 전북 고창군 무장면에서 출생하여 1891년 동학에 입교한 후 동학농민운동에 참가하였고, 3·1운동 직후에는 천도교의 혁신 운동을 주도하였다. 1922년 〈천도교연합회〉를 조직하여 분립한 후 인내천주의(人乃天主義)에 입각하여 무계급적·무지배적 사회를 건설하기 위해 노력하였고, 그 일환으로 만주로 이주하여 농장을 경영하기도 하였다. 이러한 경력을 가진 오지영이 1926년 이후 만주에서 동학과 천도교의 역사에 관한 원고를 작성하여 1935년 말 만주에서 돌아와 천도교연합회와 자신의 혁신 활동을 옹호하기 위하여 1940년 영창서관에서 간행한 것이 『동학사』이다.[1]

『동학사』는 최제우 시대 최제우의 출신과 동학 창시, 포교 활동과 이적 (異蹟)과 사망, 주문(呪文)과 시·잠·필(詩·箴·筆) 등에 대해 다루고 있다. 그리고 최시형 시대의 동학의 역사와 동학농민운동 당시의 항쟁과 폐정개혁 활동과 동학농민운동 이후의 그의 동향이 소개되어 있다. 또, 손병희의 교권 승계 과정과 민회 운동, 천도교 탄생과 일진회와 천도교의 분립, 천도교와 일진회의 분립 후 천도교의 상황과 내부 분열 및 정비 과정, 3·1운동과 천도교의 혁신 운동에 대해서 소개하고 있다.

특히, 이 책에는 동학농민운동 당시 '토지는 평균으로 분작케 할 사'라는 내용을 포함한 12개조의 폐정개혁안이 담겨 있고, 소위 남접의 활동이 비교적 상세하게 설명되어 있는 점이 주목된다. 또 동학농민운동 후 동학 교단의 운영과 도통 승계 문제, 분화의 배경과 과정에 대한 서술이 기존의 동학사서(東學史書)와 다른 점도 눈여겨볼 만하다. 더욱이, 다른 사서에서 거의 논급하지 않은 천도교의 근대화 운동과 혁신 운동을 비중 있게 소개하고 있는 점도 특별한 사실 중의 하나이다.

이런 사료적 가치 때문에, 학계에서는 『동학사』에 관심을 가졌고, 이에 대한 상당한 연구가 있었다.[2] 그리고 기존의 연구를 통해, 『동학사』의 저자인 오지영의 생애와 활동, 『동학사』 저술의 배경, 『동학사』의 체계와 내용, 폐정개혁안의 진위를 비롯한 동학농민운동 전개와 관련된 내용상의 오류와 과장과 부정확 등에 대해서 이해하게 되었다. 그렇지만 『동학사』를 분야별로 나누어 각각의 내용을 면밀하게 검토해 보려는 연구는 충분히 이루어지지 않았다. 특히 동학농민운동 이후 동학 교단의 동향과 분화에 대한 서술의 내용과 특징을 알아보려는 시도는 거의 없었다고 해도 과언이 아니다. 이 작업은 최시형 사후 동학의 도통 승계와 분화, 개화운동에 대한 동학 구성원의 태도와 동학 교단의 분화, 천도교의 혁신 운동과 천도교의 분화에 대한 문제를 해결하는 데 반드시 필요하다. 아울러 오지영이 『동학사』를 간행한 배경을 이해하는 데에도 큰 도움이 될 것으로 판단된다.

이런 까닭에 필자는 『동학사』의 '동학농민운동 이후 동학 교단의 동향과 분화에 대한 서술'과 관련된 제문제를 검토하려고 한다. 먼저, 초고본과 간행본을 비교·검토하는 방식으로, 『동학사』의 동학 교단의 동향과 분화에 대한 서술의 구성과 체계를 살펴보겠다. 그리고 다음으로 동학농민운동 이후 동학 교단의 동향과 분화에 대한 서술의 내용과 특징에 대해서 알아보겠다. 여기에서는 '최시형 사망 후 동학 교단의 교권 승계와 분화에 대한 서술', '동학 교단의 개화운동과 분화에 대한 서술', '천도 교단의 혁신 운동과 분화에 대한 서술'로 나누어 살펴보도록 하겠다.

2. 서술의 구성과 체계

『동학사』에서는 동학농민운동 이후 동학 교단의 동향과 분화를 어떠한 시각에서 서술하고 있을까? 이 문제와 관련하여, 먼저 『동학사』의 이 부분에 대한 서술의 구성 체계와 서술 개요를 살펴보는 것이 순서일 것 같다. 이와 관련하여 다음의 〈표 1〉이 도움이 된다.

〈표 1〉 『동학사』의 동학농민운동 이후 동학 교단의 동향과 분화에 대한 서술 구성과 체계

	『동학사』 초고본			『동학사』 간행본	
장	단원 제목	개요	장	단원 제목	개요
1	天道沿革大槪	동학창시와 발전(최제우, 최시형 시대) - 4면 개화운동 분화 - 4면 혁신 운동 전말 - 11면	序	東學史序	동학의 의미 동학의 중요 개념: 지기, 조화, 궁궁, 광제창생, 자재연원, 유불선삼도합, 인내천, 동학의 道
1	의사원후원회 조직	혁신 운동			
1	의암선생이 별세	혁신 운동			
2	序 개벽주창자 於出世 유불선과 오도 포덕과 조난 해월선생 이조조선의 말엽 이하 생략	서문 최제우 시대 최시형시대 (1893년 前)	1	생략	최제우 시대
3	동학당의 큰 지목 전주회집 이하 생략	최시형 시대 동학농민운동	2	생략	최시형 시대 (동학농민운동까지)
4	官吏의 網羅에서 튀여난 두령들	湖南 15명, 湖西 9명, 강원도 3명, 京畿道 5명, 黃海道의 7명, 慶尙道 2명	2	동학군수령탈망자	김봉득, 김봉년, 이종훈, 홍병기, 김연국, 박인호, 손천민, 이용구의 약력과 행적 소개

	투합된 청병의 하락			투합된 청병의 하락	
					승정원일기
	海月先生被捉	의암의 북접대도주 임명 / 최시형 체포 과정 / 최시형 사형 후 / 순사 문제	2	海月선생遭變	좌동
	해월선생시대의 談屑	佛道 徐璋玉 一海 / 儒道 徐炳鶴 尹成和		해월선생 조변	佛道 徐璋玉 一海 / 儒道 徐炳鶴 尹成和
	해월선생 조변후	문명개화노선과: 의암		해월선생 조변	문명개화노선과: 의암
	도인의 동정	반문명개화노선: 구·송암 / 호남도인: 최익현등과 창의			반문명개화노선: 구·송암
	일진회와 천도교 발생	진보회운동 / 진보회 일진회 합동	3	의암선생과 민회운동	좌동
				천도교 출생	민회 정치 간섭 / 천도교 道 일을 붙잡음
4	일진회와 천도교 분립	일진회의 폐해와 천도교의 분리		일진회와 천도교 분립	좌동
				교회분립후 교회 상태	의제 개혁
	천도교와 성미법	오지영 발의 성미제 시행		誠米法 실현	좌동
	苟合되엇든 김연국 일파가 또 다시 분열	김연국을 부정적으로 기술	4	龜義松 三菴의 顚末	3파의 不合은 연원제의 폐해
				구암 김연국이 대도주에 취임	연원제의 폐해
				춘암 박인호가 대도주 취임	박인호 4세 도주 취임
	共同傳授心法	1904년 직접 두목 74명에게 공동전수심법(이전 單傳密付)		共同傳授心法	좌동
	조선멸망과 독립운동	윌슨의 민족자결주의 / 거족적 민족운동		천도교와 기미사건	기미운동으로 1919-21년간 교무상황 정체
	삼십삼인의 씨명은 이와 갓다	민족대표 33인 이름 소개			
	독립선언서는 본건이 업서 故 未揭載				
	천도교혁신 운동	1921년 4월 5일 이후 혁신 운동 과정	5	천도교혁신 운동	좌동
	전일 의정원 창립되는 이약이	1908년 의사원 설립시 갈등		천도교의사원 초창설	좌동
	혁신하는 한편에 복구운동자 발생	혁신 운동 과정의 혁신파의 이탈		혁신과 복구운동 발생	좌동

4			5		
	의사원후원회조직	오지영, 김병렬 등 20명		의사원후원회조직	오지영, 김병열 21명 회장 오지영, 朴錫洪 추가
	의암선생사망시 상장의 시비	신파 통속적 완장 구파 黑領		의암선생사망시 상장의 시비	좌동
	천도교 개혁과 신문지	신문이 복구파 찬성 혁신파 비판		천도교 혁신과 신문지	좌동
	기만적 합동설이 又復流行	혁신파와 복구파의 합동과 분열		합동설이 又復流行	좌동
	公約章	인본도덕, 대중해방, 평등생활		公約章	좌동
	천도교 혁신파의 천도교리해석	천도교 혁신파 교리의 특징 서술 동학각파의 이름만 거론		附 東學各派一瞥	동학 각파의 개요 설명

위의 내용에 따르면『동학사』초고본은 총 4장으로 구성되어 있다. 그중에서 첫 장에서 다루고 있는 단원의 제목은 〈천도연혁대개〉, 〈의사원후원회 조직〉, 〈의암선생이 별세〉이다. 그런데 〈천도연혁대개〉에서는 최제우와 최시형 시대의 동학 창시와 발전에 대해서 4면, 개화운동에 대해서 4면, 혁신 운동에 대해서 11면으로 서술하고 있다. 그리고 〈의사원후원회 조직〉과 〈의암선생이 별세〉에서도 혁신 운동에 대해 다루고 있다. 그러니까,『동학사』의 초고본은 천도교의 탄생 배경과 3·1운동 후 천도교 내의 혁신 운동의 과정과 그 의미를 설명하는 데 초점이 맞추어져 있었다. 이런 점에서 초고본의 저술 목적이 천도교연합회의 회원들을 교육하여[3] 이들의 결속력을 다지는 데 두어져 있었음을 알 수 있다. 그리고 초고본에서는 오지영 등이 천도교연합회를 조직하고 분립한 직후였으므로 동학보다 천도교의 가치를 중시하였다. 장의 제목으로 볼 때,『동학사』초고본의 경우, 표제가『천도교사』혹은『천도교연합회사』라고 되었을 가능성도 전연 배제할 수 없다.

『동학사』간행본은 첫 장 동학사서(東學史序)에서 동학의 의미를 설명한 후 지기(至氣), 조화(造化), 궁궁(弓弓), 광제창생(廣濟蒼生), 자재연원(自在淵源), 유불선삼도합(儒佛仙三都合), 인내천(人乃天), 동학의 도(東學의 道) 등 동학의 중요 개념들을 간략히 설명하고 있다. 그리고 1장에서는 최제우 시대의 동학의 역사, 2장에서는 최시형 시대의 동학의 역사, 3장에서는 손병희의 도통 승계와 민회 운동과 천도교의 발생에 관한 역사, 4장에서는 천도교의 혁신 운동에 대하여 다루고 있다. 그러니까 간행본『동학사』에서는 천도교보다 동학을 중시하여 동학사서에 동학의 宗旨와 교리 등을 설명하였다. 그리고 시대순으로 장을 편성하여 동학 시기인 최제우와 최시형 시대를 먼저 서술하고, 천도교 내의 분열상이 드러나는 '혁신 운동' 부분을 가장 마지막 장에 배치하였다. 천도교(天道敎)보다 동학(東學)의 입장에서 체제를 구성하였던 것이다.

간행본은 초고본의 단원 제목 중 '일진회'와 같은 부정적인 인상을 주거나 관헌에 저촉될 만한 용어를 순화하였고, '민회운동'과 '혁신'의 의미를 더 강조하였다. 즉, '관리의 망라에서 튀여난 두령들'을 '동학군수령탈망자'로, '해월선생피착(海月先生被捉)'을 '해월선생조변(海月先生遭變)'으로, '일진회와 천도교 발생'을 '의암선생과 민회운동'으로, '조선멸망과 독립운동'을 '천도교와 기미사건'으로, '천도교 개혁(改革)과 신문지'를 '천도교 혁신(革新)과 신문지'로 변경하였다.

그리고 동학과 천도교 내 계파의 갈등을 보여주는 용어를 대폭 순화하여 사용하였다. '구합되엇든 김연국 일파가 다시 분열'을 '구의송 삼암의 전말'과 '구암 김연국이 대도주에 취임'과 '춘암 박인호가 대도주에 취임'으로, '기만적 합동설'을 '합동설'로 하였다. 이것으로 볼 때, 오지영은 자신이 주도하는 천도교연합회, 천도교의 주류인 신파, 박인호를 수반으로 하는 천도교 구파, 김연국을 존숭하는 하는 상제교가 동학의 이름하에서 다시 합하기를 희망하였음을 알 수 있다.

각 항목의 내용 중에서 서술상 차이가 많이 나는 것을 소개하면 다음과 같다. 첫째 초고본의 '관리의 망라에서 튀여난 두령들'은 호남(湖南)의 김봉년(金奉年)·오하영(吳河泳)·오지영(吳知泳) 등 15명, 호서(湖西)의 손병희·손천민·이용구·박희인·박인호 등 9명, 강원도의 김연국·이승우·이동구·등 3명, 경기도(京畿道)의 이종훈(李鍾勳)·홍병기 등 5명, 황해도(黃海道)의 최유현·원용일·정량 등 7명, 경상도(慶尙道)의 손은석(孫恩錫)·김희순(金熙淳)의 이름을 소개하고 있다. 이에 반하여 간행본 '동학군수령탈망자'에서는 김봉득·김봉년·이종훈·홍병기·김연국·박인호·손천민·이용구의 약력과 행적에 대해서 소개하고 있다.

둘째, 초고본의 '해월선생 조변 후 도인의 동정'에서는 문명개화노선의 의암, 반문명개화노선의 구암과 송암 외에 호남 도인들이 최익현·기우만·임병찬·정석조 등과 기맥을 통하여 거사한 일이 많았음을 소개하였다. 이에 반하여 간행본의 '해월선생조변'에서는 문명개화노선과 반문명개화노선만 서술하였다.

셋째, 초고본의 '구합(苟合)되엇든 김연국 일파가 또 다시 분열'에서는 김연국이 1908년 이용구가 이끄는 시천교에 간 행동에 대해서 매우 비판적으로 논급하였다. 예컨대 "김연국이 시천교로 돌아가 대례사(大禮師)라는 최고위에 정좌하야 금관황포(金冠黃袍)를 입고 마치 국가의 황제와 같은 홀륭히 서의(庶儀)를 갖추고 있었다. 평생(平生)에 도(道)를 부귀공명(富貴功名)으로 알고 많은 사람을 꼬여 가르치던 목적을 이루었다 하게 되었다."라고 비꼬았다. 이에 반해 간행본의 '구암 김연국이 대도주에 취임'에서는 김연국이 이용구의 시천교에 간 것을 연원제의 폐해라는 입장에서 객관적으로 기술하였고, '춘암 박인호가 대도주 취임' 항목을 추가로 넣어 약술하였다. 앞서 설명하였듯이, 이것은 오지영이 천도교연합회, 천도교 신파, 천도교 구파, 상제교 등의 통합을 희망한 때문이었다.

넷째, 초고본의 '조선멸망과 독립운동'에서는 3·1운동의 배경으로서 윌슨의 민족자결주의를 소개하였고, 3·1운동이 지역과 직업과 남녀와 신분을 망라한 거족적 민족운동이었다고 주장하였다. 또 '삼십삼인의 씨명은 이와 갓다'에서 민족대표 33명의 이름을 나열하였다. 이에 반하여 간행본의 '천도교와 기미사건'은 '기미운동'으로 1919년부터 1921년까지 천도교의 교세가 위축되었다고 서술하였다.

다섯째, 초고본의 '의사원후원회 조직'에서는 위원장 오지영과 김병렬 등 20명을 소개하였다. 이에 반해 간행본의 '의사원후원회 조직'에서는 위원장 오지영과 김병렬 등 20명에 박석홍(朴錫洪)을 더하여 21명을 소개하였다.

여섯째, 초고본은 책 말미의 '천도교 혁신파의 교리해석'에서 혁신파 교리의 특징을 설명하고, 동학의 각파에 대해서는 이름만 논급하였다. 이에 반해 간행본에서는 '부 동학각파 일별(附 東學各派一瞥)'에서 동학 29개 교파를 각각의 연원과 계통, 사상과 주의 등에 관해서 설명하였다.

이러한 초고본과 간행본의 구성과 체계, 그리고 단원 제목의 차이가 있지만, 『동학사』의 초고본과 간행본 모두 손병희 시대의 역사를 가장 비중있게 다루고 있다. 이 시대는 최시형 사후 도통의 승계, 진보회·일진회의 개화운동, 교회분립에 의한 천도교와 시천교의 분열, 3·1운동 후의 혁신 운동과 이로 인한 천도교연합회의 분열이 발생한 시기였다.

이 혼란과 분열의 시대를 다루면서, 오지영이 가장 염두에 두었던 것은 정통성의 확립 문제였다. 앞의 〈표 1〉의 개요를 통해서 알 수 있듯이, 오지영은 최시형 사후 손병희와 김연국 중 누가 교권을 승계하였는가 하는 문제, 천도교와 시천교의 정통성 문제, 그리고 천도교의 혁신 운동의 이면에 있는 교권 장악과 관련된 천도교 신·구 세력의 정통성 문제를 해결하는데,『동학사』서술의 초점을 맞추었던 것이다.[4]

그러면 다음 장에서는 오지영의『동학사』에서, 최시형 사망 후 동학 세력의 도통승계 문제, 진보회·일진회의 활동과 교·회(敎·會)분립 후의 천도교와 시천교 분열 문제, 혁신 운동의 전개와 이로 인한 천도교연합회의 분립 문제를 어떠한 시각에서 다루었는지 구체적으로 살펴보도록 하겠다.

3. 서술의 내용과 특징

1) 동학 교단의 교권 승계와 분화에 대한 서술

오지영은『동학사』에서 동학농민운동 이전의 동학 교단 내의 세력에 대해서 언급하였다.『동학사』초간본의 〈해월선생시대의 담설(談屑)〉이란 단원에는 다음과 같은 구절이 있다.

> 해월선생시대에 徐璋玉 호 一海라는 사람이 잇서 道中 儀制 등 모든 일을 만이 좌우하엿섯다. 그 사람은 본래가 佛道에 있어 삼십여년의 만한 수양이 잇든 仙客으로 일음이 매우 놉든 터이라 그의 사람됨이 신체는 비록 조고마하나 용모가 이상하야 사람으로 하여곰 敬畏之心을 일으키게 하였다. 그 사람을 가르처 道僧이라고도 하고 異人이라고도 하고 眞人이라고도 하고 窮賊이라고도 하야 世人의 批評과 迷惑이 한참동안 매우 眩亂하엿섯다. 그러자 甲午亂時를 당하여 남접이라고 지목을 밧는 全琫準과 서로 密通이 있다 하야 한참 동안은 '斯門之亂賊이요 國家之逆賊'이라는 성토를 받어온 일까지도 잇섯다. (중략)
> 해월선생시대에는 佛徒인 徐一海와 儒徒인 徐丙鶴, 尹成和 등이 선생 앞

에 있어 道에 庶事를 많이 의론하여 왔음으로 하여 그 시대의 의식과 제도는 정당한 동학 자체의 생산물이 아니오, 거지牛이나 佛道의 退物이나 儒道의 糟粕으로써 주어 대기로 骨董飯으로 하여 온 것이 속이지 못할 사실이었다. 해월선생은 自心에는 무한한 道法이 있는 것이지만 文字에 식견이 없고 또는 제도와 의식에 구구한 생각이 업고 다만 渾然天性만을 수양함에 專主를 하고 잇섯던 때임으로 하야 소위 제도와 의식갓흔 것은 별로 관심치 아니하고 남이 하자는 대로만 따라갈 뿐이엿섯다. 이 말도 옳고, 저 말도 조타하야 한참 동안은 춘풍새안님이라고 하는 비평을 들어온 일도 잇섯든 것이다.

그러나 해월선생의 정신 속에는 今不聞古不聞 今不比古不比의 法이 자연의 중에서 생겨 나옴으로 하야 이런 말삼을 한 일이 있었다. 내가 지금은 너의게 끌려 따라간다만은 이 담에는 너의가 도로 나를 따라오는 날도 잇스리라고 하였다.[5]

위에 따르면, 오지영은 동학농민운동 이전 동학 교단에는 최시형 외에 불교 · 선교(佛敎 · 仙敎) 계통(系統)의 서장옥, 유교 계통의 서병학 · 윤성화가 지도자로 활동하고 있었음을 밝히고 있다. 그런데, 이 인물들 중에서, 서장옥과 서병학 · 윤성화가 동학의 의식과 제도 중 다수를 만들었지만, 오지영은 이들을 헛된 제도와 권위에 사로잡힌 자들이고, '금불문고불문 금불비불비(今不聞古不聞 今不比古不比)'의 사상과 정신을 가진 최시형이 진정한 동학의 교인이라고 보고 있다. 오지영은 서장옥이 도승 · 이인 · 진인(道僧 · 異人 · 眞人)으로 불리기도 하였지만, 그가 동학농민운동 당시 전봉준과 밀통하여 봉기를 한 점에서 '사문지난적(斯門之亂賊)이요, 국가지역적(國家之逆賊)'이란 성토를 받기도 하였다고 기술하였다. 이를 통하여, 오지영은 서장옥과 그를 따르는 불교 · 선교 계통의 무력적 · 급진적 변혁세력을 비판하였던 것이다.

더 나아가, 오지영은 초간본 『동학사』의 〈해월선생 조변후 도인의 동정 (海月先生 遭變後 道人의 動靜)〉이란 글에서 다음과 같이 서술하였다.

> 또 호남일대의 도인들은 年復年倡義問題를 이르켜 유림 崔翊鉉 奇宇萬 林炳贊 鄭錫朝 등과 기맥을 통하야 거사한 일이 만앗섯슴으로 하야 南方의 東學之嫌은 不絶이 계속되엇섯다.
> 이 때 徐丙鶴 宋子和 金太中 등은 南道視察의 任으로 李敏植은 南道大道 長의 職으로 나려와 동학당 殺掠을 무수히 하엿섯다. 그 자들은 다 동학당 출신으로 시세를 쪼차 飜覆하야 제 동무를 죽인 惡漢들이다.[6]

즉 위의 글에서 오지영은 동학농민운동 직후 서병학·송조화·김태중·이민복 등의 유도계 동학도들이 '남도시찰', '남도대도장' 등의 직함을 띠고 관군의 향도로 호남에 내려와 무수한 동학도를 살략한 것을 비판하였다.[7]

요컨대 오지영은 『동학사』를 통하여, 서장옥을 중심으로 한 불교·도교 계통의 세력과 서병학과 윤성화를 중심으로 한 유교 계통의 세력을 비판하고, 최시형을 중심으로 한 동학 집단을 순수 동학 세력 보고 옹호하였던 것이다.

다음으로 오지영은 동학농민운동 직후 동학 교단에는 세 거두인 구암 김 연국, 의암 손병희, 송암 손천민이 있었음을 밝히고, 이 세 사람 중에서 주장 은 손병희임을 밝혔다. 『동학사』 초고본의 〈해월선생피착(海月先生被捉)〉이 란 항목에는 다음과 같이 기술되어 있다.

> 하루는 선생이 龜菴, 義菴, 松菴 세 사람을 불러 말삼하여 曰 自今으로 道

中庶事를 그대 등 3인의게 맛기노니 그대 등은 勉勵하라. 三人이 合心하면 천하가 다 흔드러도 엇지하지 못하리라 하고, 삼인의 중에도 主長하는 자가 업스면 아니 되나니 義菴으로써 北接大道主를 정하노라 하엿다.[8]

위의 내용과 같이, 오지영은 최시형이 구암 김연국, 의암 손병희, 송암 손천민 세 사람에게 동학 교단의 운영을 맡기되, 손병희를 주장(主長)으로 삼아 그를 북접대도주(北接大道主)로 선정하였다고 서술하였다.

『동학사』 내의 손병희의 북접대도주 임명에 대한 사실은, 천도교 신파의 교리서인 『천도교창건사』의 주장과도 일치한다. 이와 관련하여 다음의 기록이 참고가 된다.

제2편 해월신사/ 제9장 道統傳授와 諸法說/ 己 養天主說
신사, 이러한 법설을 마치시고 이해(1897년) 12월 24일에 三庵을 불러 앉힌 뒤에 일러 갈으되 "너의 3인 중에 또한 主長이 없지 못할지니 義庵으로써 주장을 삼노라"하시고 인하야 의암으로 北接大道主를 정하시엿다.[9]

제3편 聖師의 道力/ 제4장 道統傳授
이해(1897년) 12월 24일에 聖師, 神師에게 道統을 받으시다.[10]

위의 『동학사』와 『천도교창건사』의 기록은 모두 의암이 1897년경 구암(龜菴)·의암(義菴)·송암(松菴) 삼두체제의 주장(主長)으로 결정되고, 북접대도주(北接大道主)에 선정된 것을 인정하였다. 그렇지만 『천도교창건사』가 1897년 12월 24일 도통(道統)이 최시형으로부터 손병희로 전수(傳授)되었다고 명확히 기술한 데 비하여, 『동학사』에서는 도통 전수(道統 傳授) 사실을 전혀 언급하지 않았다.

    그러면 1897년 12월 27일 손병희의 북접대도주 임명과 도통 전수 문제에 대해, 구암 김연국 측의 교서인 『시천교종역사(侍天敎宗繹史)』와 송암 손천민에 대해서 우호적으로 서술한 『동학도종역사(東學道宗繹史)』에는 어떻게 쓰여 있는지 살펴보도록 하자.

> 庚子三月(음력: 필자) 義菴孫秉熙 於砥平之大旺垈 行說法式 自任爲大道主 金演局謂非先師之遺命 不應. 是歲 六月 義菴入居于豊基郡 再行說法式 龜菴 亦往參焉.[11]

> 제16장 義菴說法 大道主及大頭領 差定(明治 33년 庚子 4월 5일)
> 大道主 義菴孫秉熙
> 5便義長 申澤雨, 李萬植, 朴寅浩, 李鍾球, 洪秉箕 〈하략〉[12]

    위의 박형채가 쓴 『시천교종역사』와 강필도가 쓴 『동학도종역사』에서는, 1900년 4월 5일(음력 3월 6일)에 손병희가 설법식을 행하고 스스로 대도주(大道主)에 올라 대두령에 대한 임명권을 행사하였다고 쓰여 있다. 그러니까 손병희의 대도주 취임은 1897년 12월 24일이 아닌 1900년 4월 5일이고, 최시형에 의해 선임된 것이 아니라 스스로 획득한 것이라는 것이다. 그리고 1900년 4월 5일 손병희가 대도주로 취임하였을 때, 김연국은 처음에 이것을 인정하지 않았고, 1900년 음력 6월 다시 열린 설법식에 참가함으로써 손병희의 도통 전수를 인정하였다는 것이다.

    이처럼 동학 교단 내 김연국계와 손천민계 교인들이 1897년경 손병희의 대도주 취임을 인정하지 않았음에도 불구하고, 오지영의 『동학사』에서는 손병희가 1897년에 북접대도주에 임명되었음을 인정하였다. 『동학사』에서 오지영이 손병희를 '성사(聖師)'가 아닌 '선생(先生)'이라 표현한 점에서 그를 폄하한 것 같지만, 사실 오지영은 손병희의 교권 승계를 인정하는 입장이었던 것이다.

2) 동학 교단의 개화운동과 분화에 대한 서술

1898년 최시형이 관헌에 체포된 직후 동학 교단이 취한 노선에 대해서 오지영은 어떤 시각을 갖고 있었을까? 이와 관련하여 다음의 기록이 참고가 된다.

> 선생이 조변한 후 道中意見이 일치치 못하야 金演局, 孫天民 등은 선생의 뒤를 따라 殉死하자고 주장하고, 손병희는 호올로 두 사람과 주장을 반대하고 어디까지든지 사라가며 見機活動하야 復讎하는 것이 올은 일이라고 주장하였다. 양파의 주장이 서로 달녀섯슴으로 결국 분리된 원인이 여기에 있는 것이다. 그런데 김연국은 그 후 官兵의게 잡힌 바 되어 東學魁가 아니라는 辨明으로 사형을 면하고 종신징역에 처한 일이 잇섯고, 孫天民은 말과 갓치 東學巨魁임을 자백하고 死刑을 당하였슴으로 세상에서는 차를 殉節이라고 稱道하엿다.(초고본)[13]

> 선생이 조변한 후 道中意見이 一致치 못하여 김연국, 손천민 등은 선생의 뒤를 따라 殉死를 하자고 주장을 하고 손병희는 호올로 두 사람의 주장을 반대하고 어디까지든지 살아가며 見機活動하여 復讎하는 것이 可한 일이라고 하였다. 兩派 주장이 서로 달라졌음으로써 결국 분리된 원인이 여기에 있다. 김연국은 그 후로 관병의게 잡혀 종신징역에 처한 일이 있었고, 손천민

은 관병의게 잡혀서 사형을 당하였고, 손병희는 내지에 건너가 一進會를 創道하고 또 천도교를 創立하였다.(간행본)[14]

위의 기록 중 초고본에 따르면, 오지영은 최시형을 따라 순사(殉死)하자는 김연국·손천민의 노선과 살아남아 기회를 엿보며 활동하여 복수하자는 손병희의 노선을 객관적으로 서술하였다. 그러면서도 오지영은 동학의 우두머리가 아니라는 변명으로 종신징역을 받아 목숨을 건진 김연국보다 순사(殉死)하겠다고 한 자신의 주장과 같이 동학거괴임을 자백하고 사형을 당한 손천민의 죽음을 다른 사람의 말을 빌려 순절(殉節)이라고 높이 평가하였다.

그런데 간행본에서는 김연국과 손천민을 각기 종신징역과 사형에 처해졌다고 객관적으로 서술한 데 반하여, "손병희는 내지에 건너가 일진회를 창도하고 천도교를 창립하였다."라는 서술을 첨가함으로써 손병희의 노선이 옳았던 것처럼 표현하였다. 두 기록상에 차이가 나는 것은, 10년 정도 더 나이를 먹자 오지영의 김연국·손천민·손병희에 대한 생각이 바뀐 결과로 이해할 수도 있겠지만, 필자의 생각으로는 일반인에게 공간(公刊)하면서 일반 독자의 정서와 관헌의 감시 등을 고려한 때문으로 판단된다.

오지영은 1900년대 초에 동학 교단이 추진한 문명개화운동이 교단 내 제세력의 합심의 결과가 아니라고 보았다. 이와 관련하여 다음의 〈해월선생 조변〉이란 단원의 다음과 같은 글이 참고가 된다.

해월선생 생존시에 구암, 의암, 송암 등 삼인의게 合心同力하라는 부탁은 다만 일시적 언어나 문자에 끝이고 말았다. 先生遭變後 그날부터 三人은 고사하고 二人도 合心이 되지 못하고 말았다. 패망된 도를 부활하자는 의견이

서로 달너 그리되는 것이다. 의암은 시의를 따라 文明開化를 하여야 된다 하
였고 구암, 송암은 차를 반대하였다. 이후로부터 三人의 合心은 되지 못하고
말었다.[15]

오지영은 동학 교단에서 추진한 민회(民會)를 통한 개화운동을 어떻게 이
해하고 평가하고 있었을까? 현재 오지영이 민회(民會)의 개회에 참여한 기
록은 확인되지 않는다. 오지영은 1901년 함북 관찰부 주사에 임명되었다가
1주일 만에 의원면관하였고, 이후 익산 지방에 내려가 1902년 8월 전북 태
인(泰仁)의 무성서원(武城書院)에 참배하고 거기서 여러 인사들과 교류하였
다고 한다.[16] 1904년 음력 7월 오지영과 친밀한 관계를 맺고 있던 전용근(鄭
瑢根)이 이병춘·장남선·구창근·이상우·박재덕·김봉득·김봉변(李炳
春·張南善·具昌根·李祥宇·朴在德·金鳳得·金奉年) 등과 강경포에서 중립회
(中立會)를 개회하고,[17] 1904년 음력 9월 이후 전북 태인에서 진보회와 일진
회의 영수로 활동한 사실[18]은 확인되나 오지영의 이름은 확인되지 않는다.
그의 민회에 대한 생각과 입장을 짐작이라도 해 보기 위해 『동학사』 초
고본의 〈일진회와 천도교 발생〉이란 항목의 내용을 제시하면 다음과 같다.

庚子年으로부터 의암선생은 일본에 건너가서 一邊으로 書生을 養하며 一
邊으로 정국을 살피었다. 그러다가 ①日露戰役을 기회로 하야 國事犯 조희
연 권동진 등으로 더부러 의론하야 일본 유력한 軍團과 정을 통하야 내정의
개선을 꾀한 바 잇섯으나 중도에서 실패하고 마럿고 …. 또 다시 일책을 정
하야 각지 도인으로 하여금 民會를 설립하여 조선정부의 비정을 개선하기
로 목적을 삼고 民會에 드는 자는 모다 斷髮케 하야 開化의 의미를 표시하고
회명을 진보회라 하고 이용구로 하여곰 회사를 총관케 하여 경성중앙에 잇

서 회사에 갓치 노력한 자는 朴寅浩 李鍾勳 洪秉箕 嚴桂東 金明濬 全國煥 朴衡采 鞠吉賢 崔榮九 高靑龍 鄭景洙 羅龍煥 宋秉晙 尹始炳 尹吉炳 尹甲炳(삭제줄) 등 여러 사람이엇다.

회의 강령

일. 황실존중, 독립기초 공고

일. 정치개선

일. 생명재산 보호

일. 軍政財政 整理

本會는 경성에 置하고 지회는 13도 각군에 置하야 회무를 진행케 하엿다. 시는 甲辰 八月(광무 8년)이다. 동년 11월에 회명을 곳처 一進會라 칭하니라. 이 때는 尹始炳 尹吉炳 尹甲炳 洪肯燮 廉仲模 金奎昌 梁在翼 등과 세력을 합하엿다.[19]

위의 ①의 내용은 1893년 중반 손병희가 권동진·오세창·조희연과 의논하여 일본 육군 참모본부 차장인 田村怡與造와 비밀협의를 통해 일본군의 조선 상륙시 친러파 내각을 붕괴시키려다가 다무라(田村)와 손병흠(孫秉欽)의 급작스런 사망으로 실현하지 못한 것[20]에 관한 내용이다. 특이한 점은 '일본 유력한 군단'과 정을 통했다고 표현한 부분인데, 오지영이 주의를 기울이지 않았거나 잘 몰랐던 것 같다. 간행본에서는 '내지(內地) 유력한 정치가'라고 수정하였다.

위의 내용에서 또 다른 특이한 점은 진보회(進步會)의 설립 시 송병준·윤시병·윤길병·윤갑병(宋秉晙·尹始炳·尹吉炳·尹甲炳)도 진보회에 참여하였다고 썼다가 윤시병·윤길병·윤갑병은 가운데 줄을 긋고 지우고 송병준(宋秉晙)만 참여하였다고 기록한 것이다. 송병준이 진보회에 참여한 것은 다음의 『동학사』 간행본에도 쓰여 있다.

> 庚子年으로부터 의암선생은 內地에 건너가 一邊으로는 書生을 養하고 一
> 邊으로는 세계정국을 살피었다. ①그러다가 日露戰域을 기회로 하여 국사
> 범 趙義淵 權東鎭으로 더불어 연락하여 內地의 유력한 政治家등과 정을 통
> 하여 내정의 개혁을 꾀한 바 있었으나 중도에 실패하고 또 ②다시 일책을 정
> 하여 각지도인으로 하여금 民會를 설립하고 조선정부의 批正을 개선하기로
> 목적을 삼고 民會에 入한 자는 모다 斷髮하여 開化의 의미를 표시케 하고 회
> 명은 進步會라 칭하고 도인 이용구로 하여금 회사를 총관케 하며, 경성 중앙
> 에 있어 회사를 가치 노력한 자는 朴寅浩 李鍾勳 洪秉箕 嚴枓東 金明濬 全國
> 煥 朴衡采 鞠吉賢 崔榮九 高靑龍 鄭景洙 羅龍煥 宋秉晙 등이며 ③그 때 마침
> 尹始炳, 尹吉炳, 廉仲模, 洪肯燮 등의 발기한 一進會라는 단체가 있어 그 趣
> 旨가 서로 같음으로써 서로 의론하여 一進會로 합병하였다.
> 일진회의 강령
> 일. 황실존중
> 일. 정부개선
> 일. 생명재산 보호
> 일. 군정재정 정리
> 본회는 경성에 치하고 지회는 13도 각군에 치하니 회무를 진행하게 하였
> 다. 이때는 갑진 8월날이라. 일진회의 세력 전조선 천지에 확대함을 따라 우
> 로 정부로부터 아래로 각도각군에 폐정개선을 실행함에 있어 각 관청에서
> 는 차를 동학당의 소위라 하여 서로 저항이 많았었다.[21]

또, 위의 기록에는 진보회와 일진회가 합동하여 활동한 시점이 갑진 8월

(음력: 필자)이라고 쓰여 있다. 진보회의 이용구가 일진회에 합동을 요청한 것은 1904년 11월 25일이고 일진회가 이것을 받아들인 것은 1905년 12월 2일인데,[22] 오지영은 통합된 일진회의 출발 시점을 갑진 8월로 기재하였던 것이다.

오지영이 송병준, 혹은 더 나아가 송병준·윤시병·윤길병·윤갑병(宋秉畯·尹始炳·尹吉炳·尹甲炳)이 진보회(進步會) 설립에 참여하였고, 통합된 일진회의 출발이 1904년 8월(음력)이라고 쓴 것은 무지의 소치일까? 아니면 역사적 사실을 밝힌 것일까?

이 문제의 해결과 관련하여 다음의 『주한일본공사관기록』의 기록이 도움이 된다.

> 9월 하순에 경성에 있는 李容九의 이름으로 一進會와 대동소이한 주의로 한 모임을 조직하여 회명을 進步會로 정하고 회합을 하고자 하는 격문을 각 지방에 배부하였다. 생각건대 一進會가 경성에 있어서 회합할 수 없었기 때문에 지방의 세력을 확장하기 위해 同會의 책사 등이 취한 책략이 아니었을까. 지금은 兩會가 서로 연락하며 시종 협동일치의 동작을 취하며 異名同體라고 말함도 결코 과언은 아니다.[23]

위에 의하면 1904년 9월에 진보회의 조직에 관한 공문을 보냈는데, 진보회의 조직은 일진회의 책사들이 취한 책략일 가능성이 있는 것으로 보고 있었다.[24] 요컨대 오지영은 1904년 10월 8일(음력 8월 29일) 진보회가 개회될 당시부터 일진회의 인사들이 진보회에 참여하였고, 진보회와 일진회가 별개의 단체가 아니라고 보았던 것이다. 일본 공사관에서는 "진보회와 일진회는 주의를 같이하고, 경성에 있는 것을 일진회라 칭하고, 진보회는 대부분 지방에 있는 것을 말함."[25]이라 하여 진보회와 일진회가 이명동체라고 보고 있었다. 민회의 설립에 대한 오지영의 태도는 천도교의 출생 후 오지영이 평한 기록을 통하여 조금 더 분명하게 드러난다.『동학사』간행본의〈천도교 출생〉이란 항목에는 다음과 같이 쓰여 있다.

先是 의암선생이 내지에 있어 一進會의 풍성이 점점 그릇됨을 알고 다시 차를 처치할 도리를 연구하며 멸망에 빠졌던 동학을 장차 무슨 방법으로써 회생을 시킬가 하는 經論이었다. 乙巳 11월간에 天道敎 三字를 각 신문지상에 廣布하였다. 천도교라 칭함은 東經에 有曰 '道則天道'라 한 의미에서 出來하였고, 또는 의암선생 自意로써 敎 一字를 붙인 것이다. 敎라 함은 금일 소위 宗敎라는 敎字를 의미한 것이니 당금 세계에 文明 각국이 信敎自由를 허한다는 법칙에 의하여 그러한 것이라고 말삼하였다. <u>道가 아직 根底가 서지 못하고 나라가 또한 未開에 있느니만치 한편으로는 民會를 설립하여 政治를 干涉하고 한편으로는 종교를 만들어 道를 붙잡는 것이 그날로 보아 相當치 않다고 볼 수도 없는 것이었다.</u>[26]

위의 내용에서, 오지영은 한편으로 민회를 설립하여 정치를 간섭하고, 한편으로 종교를 통하여 도(道)를 붙잡는 것이 그때의 상황에서는 어느 정도 적당하지 않다고 볼 수도 없다고 하였다. 즉, 오지영은 민회운동이 당시 상황에서는 어쩔 수 없지만 썩 바람직한 것은 아니라고 보고 있었던 것이다.

3) 천도 교단의 혁신 운동과 분화에 대한 서술

『동학사』의 천도교의 혁신 운동과 분화에 대한 서술은 크게 두 시기의 활동에 대한 내용으로 이루어져 있다. 첫째는 초고본의 '전일 의정원 창립되는 이약이'와 간행본의 '천도교의사원 초창설'의 부분이다. 이 항목의 내용은 1908년 4월 5일부터 1909년 2월까지 전개된 천도교의 대의기관인 총인원(叢仁院)의 설립과 운영을 두고 발생한 교권파(문명개화파와 서북파)와 비교권파(동학의 구세력)의 갈등에 대한 내용이다. 즉 오지영 등의 혁신파가 1908년 4월 5일 부구총회에서 대의 기구인 의사원 총인원을 만들어 이를 통하여 법률 제정, 중요사항 등의 일을 시행하려다가 보수파가 총인원장을 교권파인 서북 출신의 나용창 등을 임명함으로써 뜻을 이루지 못한 사실을 다루었다.[27]

다음으로 둘째는 초간본의 '천도교혁신 운동', '혁신하는 한편에 복구운동자 발생', '의사원후원회 조직', '천도교 개혁과 신문지', '기만적 합동설이 우복유행', '공약장', '천도교혁신파의 천도교리 해석'에 대한 항목, 그리고 간행본의 '천도교혁신 운동', '혁신과 복구운동 발생', '의사원후원회조직', '천도교혁신과 신문지', '합동설이 우복유행', '공약장'의 항목의 내용이다. 여기에서는 3·1운동 후 오지영·홍병기 등의 비교권파가 의사기관을 비롯한 천도교 제도의 개혁을 요구한 1921년 4월 5일부터 천도교연합회를 조직하고 분립한 1922년 12월 무렵까지 전개된 이른바 혁신 운동에 대하여 다루고 있다.

『동학사』에 기술된 혁신 운동의 일자별 전개 과정과 기존 연구를 참고하여 파악한 혁신 운동의 실제 전개 과정을 표로 나타내면 〈표 2〉와 같다.

〈표 2〉 『동학사』에 기술된 천도교 혁신 운동의 전개 과정(1921-1922)[28]

시기	『동학사』에 서술된 천도교 혁신 운동 과정(간행본)	실제 천도교 혁신 운동 과정
1921.04.05	1921년 4월 5일 인내천주의하에 의사기관 설치 제의 - 13인 위원회 구성: 오영창 정계완 오지영 이인숙 정광조 오상준 최석련 이군오 정도영 이동구 박용태 김봉년 신광우, 위원장 오지영(천도교혁신 운동)	부구총회, 의사기관 확장 제의, 가결

1921.07.26		의정회 규정 반포, 의정원 60명
1921.08.14	13인 위원회 기초의안 심의 - 연원제의 폐해를 제거할 일 - 부구조직체에 계급차별제도를 개정할 일 - 儀節을 개정할 일 - 의사원을 일층 쇄신할 일 - 대헌을 개정할 일 규칙제도위원 5인 선정: 오지영 정광조 이인숙 권병덕 이군오(천도교의사원 초창설)	개혁방안 가결, 규칙제정의원 선정
1921.10.10		의정원 선거 - 10월 10일까지 선거
1921.12.10		제1회 의정회 개최
1921.12.23	〈천도교대헌〉은 〈천도교규칙〉(천도교종헌의 착오) - 도주는 교주, 종령은 권고 - 장노 도사 도훈 교훈 봉훈은 종법사 - 사장 과장 원장 교구장은 종무사 - 중앙총부는 종무원 - 의사원은 일반 교인의 투표로 선정 - 의절은 신본위에서 인본위로 - 연원제는 계급제에서 해방 (혁신과 복구운동 발생)	천도교종헌 통과 - 대도주는 교주, 공선제 - 종법원, 종무원, 宗議院 - 용담연원, 연원록을 교적이라 함
1922.01.17	종법사 임명: 이종훈 홍병기 권동진 이병춘 임례환 홍기조 정계완 나인협 오영창 권병덕 오지영 윤익선 박봉윤 이인숙 김진팔 이돈화 김문벽 정광조 종무사 임명: 나용환 최린 종법사 홍병기는 포덕과주임 권동진 교육과주임 이돈화 편집과주임 이종훈 경기도순회 이병춘 충청남도순회 등 나용환 경리과주임, 최린 서무과주임 (혁신과 복구운동 발생)	〈천도교종헌〉, 〈천도교종규〉 공포
1922.02.04	종법원 포덕사 임명(혁신과 복구운동 발생)	종법원 포덕사 임명 - 종법원 종무원의 협의로 - 규정은 종의원 종무원의 협의
1922.03.13	성미 무설 납부(혁신과 복구운동 발생)	교주 불신임안 의결
1922.04.05	선생님 명령 - 천도교대헌을 다시 회복할 사 - 총부직원의 명의와 지방교구장 등 명의도 仍舊할 사 - 연원제를 잉구할 사 교주 박인호 불신임(혁신과 복구운동 발생)	교주 불신임안 의결

1922.04.06	중앙간부는 오세창 권동진 최린 김완규 나용환 오영창 정광조로 특선(혁신과 복구운동 발생)	〈聖師主 친명 교제 복구의 건〉 - 3원제를 과체제로 종의사후원회 조직
1922.04.07	일반두령, 신임간부, 의사원 상춘원에서 손병희와 면담 (혁신과 복구운동 발생) 회맹식: 황토현 영흥관에서 - 이종훈 홍병기 나용환 나인협 임례환 홍기조 이병춘 정계완 이종석 박준승 오지영 이승우 홍기조 13인(혁신과 복구운동 발생)	
1922.04.10	의사원후원회 조직 - 김병열 오지영 이동락 강소영 김현창 임종환 김병일 김계담 이표 김문벽 김영휘 김룡전 송헌 박동주 김두학 윤익선 손홍준 김도빈 지동섭 박봉윤 박석홍, 회장 오지영(의사원후원회 조직)	임시종의회 개최 - 교주 박인호의 불신임
1922.04.12		경고 제5호 교주는 종신제 3원제를 폐지하고 각과제
1922.05.05		조인성, 김봉국 제명
1922.05.12		이종훈 홍병기 정계완 오지영 제명
1922.05.19	의암 상례 - 혁신파: 보통 완장 - 구파: 흑령	손병희 사망
1922.06.10		임시교인대회 개최
1922.06.12		혁신파 신구파 타협안 통과 - 일반규칙과 총부의 예산을 의정하는 의사기관 설치 - 8월 14일 의사원 선임
1922.08.14		교구대표위원회 개최 - 교안정리안과 재산정리안 심의 - 〈천도교교헌〉, 〈종법원종법회 규정〉 통과
1922.09.09	이종훈 홍병기 정계완 등 복구파 회귀 (합동설이 우복유행)	〈천도교교헌〉과 〈종법원종법회 규정〉 반포 - 종법원은 일반규제의 의결, 예산과 결산, 교무의 방침 의결, 종리사의 선출, 수도 장려와 순회 포덕 - 종리사 선거에서 권동진 최린 이인숙 오세창 오영창 나용환 권병덕 박준승 나인협 등 보수파 당선

1922.12.25	결의안 교의 입교문 및 주문등은 폐지할 사 천일, 지일, 인일 등 명칭과 기타 생일, 사일 등 기념식은 없애고 4월 5일 하나만 둘 것 청수는 폐지할 사 기도식은 폐지할 사	천도교연합교회 조직 천도교약법 공포
1922.12.25	일세, 이세, 삼세, 神師, 聖師 등설은 폐지할 것 시일회는 法會라 할 사 성미는 2/3은 지방에 1/3은 중앙에 할 사 개인을 본위로, 지방교회를 중심으로 할 사 간부는 서무, 경리, 선전 3부로 하되 평등으로 할 사 공약장을 간행하여 혁신당의 명분을 명료케 할 사 (합동설이 우복 유행)	
1923.03	공약장 미신적 종교식은 타파하고 인본도덕을 창명할 일 편당적 연원제는 타파하고 대중해방에 노력할 일 계급적 차별제는 타파하고 평등생활을 另圖할 일 (합동설이 우복 유행)	공약장 간행

위의 내용을 정리하면 다음과 같다. 1921년 4월 6일 부구총회에서 오지영 등의 혁신파는 〈천도교대헌〉 개정, 의사기관 확장 등의 안을 가결하였다. 이에 따라 13인위원회가 조직되어 기초법안을 마련한 후 7월 26일 의정회 규정을 반포하였고, 1921년 8월 14일 기초법안을 심의하여 의사원을 쇄신하고 〈천도교대헌〉을 개정하기로 결정하였다. 1922년 10월 10일까지 전국에서 60명의 의정원이 선출된 후 1921년 12월 10일 제1회 의정회가 개최되었고, 여기에서 〈천도교대헌〉을 개정한 〈천도교종헌〉이 통과되었다. 이에 따라 종법원 · 종의원 · 종무원의 3원제가 실시되고, 대도주는 교주라 칭하고 공선제로 선발하게 되었다. 그렇지만 1922년 4월 손병희와 박인호 등

이 구제로의 복귀를 결정하였다. 이에 혁신파는 종의사후원회를 조직하고 종의사의 활동을 지원하며 〈천도교종헌〉체제를 유지하고자 하였다. 그러나 천도교의 보수파 측에서 응하지 않자 결국 1922년 12월 천도교연합회를 조직하고 분립하였다. 이후 1923년 〈공약3장〉을 제작·배포함으로써 천도교연합회의 이상을 실현하려고 하였다.

『동학사』의 천도 교단의 혁신 운동과 분화에 관한 서술에서 드러나는 특징은 다음의 몇 가지로 정리할 수 있다. 첫째, 오지영은 개혁을 추진한 자신의 집단을 '혁신' 집단, 그리고 상대방을 '복구(復舊)', 또는 보수·반동의 집단으로 설정하였다.

둘째, 오지영은 사람을 본위로 하는 신인류주의를 주장하였다. 그는 〈천도교혁신파의 천도교리해석〉에서 "사람은 오직 사람이다. 사람 위에 사람 없고 사람 아래에 사람 없으며 사람 밖에 신(神)이 없고, 사람 밖에 물(物)이 없다. 사람이 한울이라는 말도 이제부터는 과도(過度)의 말이 되고 말 것이다. 사람은 유형계에 있어서나 무형계에 있어서나 모두가 사람인 까닭이다. 다시 말하면 사람은 정신적으로나 육신적으로나 다 같은 사람이라는 말이다. 그러므로 사람은 어떠한 정신계에나 어떠한 육신계에나 편벽되게 구별하여 볼 필요가 없는 것이오, 오직 사람 자아의 정신, 자아의 육신으로 알아야 된다 함이다. 그러므로 사람은 정신상 육신상 모든 것을 모두 사람 자아에서 구하는 것이 가(可)타는 말이다. 어째서이냐 하면 자아의 정신이 자아로써 생한 자(者)요, 자아의 육신이 자아로써 성(成)한 자(者)다. 어떤 별개의 신이 보내 주었거나 어떤 별개의 물화한 것이 아니오, 사람은 처음부터 끝까지 사람으로써 되었다 함이 가(可)하니 이를 일러 왈(曰) '신인류주의(新人類主義)'라고 하는 것이다."[29]라고 하였다.

셋째, 그는 신인류주의에 입각하여 평등주의를 주장하였다. 즉, 그는 "신인류주의는 파(彼)도 없고 차(此)도 없고, 상(上)도 없고 하(下)도 없고 오직 일체평등(一切平等)을 부르는 자이다."[30]라고 주장하였다. 그리고 〈전일 의사원 창립되든 이약이〉에서 "인내천은 무한한 자유와 평등을 의미함이니 어느 때든지 의제를 평등으로써 아니하면 아니된다 하지 아니하였느냐"[31]고 하면서 평등을 강조하였다.

넷째, 바로 앞에서 살폈듯이, 오지영은 인내천주의가 무한한 자유를 의미한다고 하였다. 또 그는 개별적인 사람을 근본으로 삼아 사람으로 대할 것을 주장한 신인류주의를 주장하였으므로, 개인의 자유를 존중하였다. 이런 점에서 오지영은 "연원제를 타파하고 대중해방에 노력할 일"이라고 주장한 천도교연합회의 노선을 따랐던 것이다.

다섯째, 오지영은 사의(私意)보다 공의(公意)를 존중하는 공의주의(公意主義)를 주장하였다. 오지영은 1908년 〈전일 의사원 창립되는 이약이〉에서 의사기관을 만들어 '종공처리(從公處理)'하자고 주장하였고, 손병희가 의정회의 결의 사항을 뒤엎자 "공공(公共)의 대도(大道)로써 나아가자는 사람을 감히 축출하자는 말이냐?"고 항의하였다.[32] 또 손병희의 명령을 따라 종의회의 인선안을 파기하였을 때 "공선(公選)의 법을 무시하고, 특선(特選)을 주장함은 무슨 법인가?"라며 비판하였다.[33] 이런 오지영의 공의주의사상은 그가 대의기관의 설립과 운영을 주장한 점에서 알 수 있듯이 대의민주주의사상으로 발전하였다.

5. 맺음말

『동학사』는 동학농민운동에 참가하고 대한제국기와 일제강점기에 혁신운동을 전개한 천도교인 오지영이 1920년대 후반에 작성하여 1940년에 간행한 동학의 역사에 관한 대표적인 책이다. 이 책에는 최제우 시대와 최시형 시대의 동학의 역사도 실려 있지만, 가장 많은 부분을 차지하는 것은 동학농민운동 이후 손병희가 교권을 장악하여 민회운동을 전개하고, 천도교를 창시하여 종교적 근대화 운동을 전개한 역사이다. 따라서 동학농민운동 이후 동학 교단의 동향과 분화 과정을 살피는 데『동학사』만큼 유용한 책도 흔하지 않다.

그런데 오지영의『동학사』는 초고본과 간행본의 두 종류가 있다. 이 중에서 오지영의 본심을 더 잘 드러내는 것은 초고본일 것이다. 왜냐하면, 간행본의 경우 일반인의 정서와 관헌의 검열을 고려해서 용어의 수정이나 내용의 첨삭이 이루어졌기 때문이다. 따라서 초고본을 중심으로『동학사』의 동학농민운동 이후 동학 교단의 동향과 분화에 대한 서술을 살펴보았다.

이 부분에 대한 검토를 통해 드러나는 것은 우선 동학 교단의 세력과 노선이다. 즉『동학사』의 동학농민운동 직후의 역사에 대한 서술을 보면, 동학 내에는 순수 동학 세력과 불도계 세력과 유도계 세력이 있었음을 알 수 있다. 그런데 불도계 세력과 유도계 세력은 의제를 만드는 데 기여한 측면이 있지만 지나치게 전통과 관습 등에 의존한 측면이 강하여서 순수 동학 집단으로부터 비판을 받았던 사실이 드러난다.

동학농민운동 이후 동학 교단을 이끌던 지도자는 구암 김연국과 의암 손병희와 송암 손천민이었다. 이 중에서 김연국과 손천민은 반문명주의자였고, 손병희는 문명주의자였다. 오지영은 이 세 사람 중에서 최시형을 따라 순절한 손천민을 자신의 주의를 견지하였다는 점에서 높이 평가하였다. 다만, 손천민이 스승을 따라 순절한 후에는 김연국보다 손병희를 지지하였다. 이는 오지영이『동학사』에 최시형의 사망 전에 손병희가 북접대도주의 직을 받았다고 기술한 데에서 알 수 있다. 그는 김연국을 자주 말을 바꾸고 현실적 이익을 좇아 행동한다는 점에서 비판적으로 보았다.

그런데 오지영은 손병희의 문명개화노선을 적극적으로 지지하였던 것은 아닌 것 같다. 이는 그의 진보회와 일진회 참여 사실이 현재 확인되지 않는 점으로 미루어 짐작할 수 있다. 오지영은 진보회가 일진회와의 관계 속에서 탄생한 것을 알고, 진보회와 일진회 활동에 참여하지 않았던 것이나 아닌지 모르겠다. 그렇지만 정치적 개혁과 종교적 근대화의 필요성 및 당시의 상황을 고려할 때, 오지영은 손병희의 문명개화노선을 따를 수밖에 없다는 점도 인식하고 있었다.

1905년 이후 동학 교단이 문명개화파와 서북파의 주도하에 근대화 운동을 추진하다가 이용구와 김연국계의 이탈로 위기에 직면하자, 오지영은 1908년 천도교의 인내천주의에 맞게 중의(衆意)를 반영하는 의사원의 설치와 운영을 주장하였음을 소개하였다. 그리고 의사원인 총인원의 설치 후 이것을 진정한 민의를 대변하는 기관으로 운영해 나가려 하였지만 이 시도는 손병희를 비롯한 천도교 중앙총부 교권파의 반대로 뜻을 이루지 못하였음을 밝혔다.

그리고 3 · 1운동 후 오지영 등이 추진한 혁신 운동에 대하여 서술하고 있다. 이에 따르면, 3 · 1운동 후 천도교의 주요 교역자들이 독립만세사건으로 투옥되어 있는 상황에서, 천도교중앙총부가 문화운동을 추진하자 오지영은 1921년 4월 5일 다시금 의사원의 정상화를 주장하였다. 그리하여 전국 60개구에서 의정원을 선발한 후 제1회 의정회를 개최하여 〈천도교대헌〉을 〈천도교종헌〉으로 바꾸고 종법원 · 종무원 · 종의원의 삼원제와 무교주제와 교주의 공선제 등을 실시하였다. 그렇지만 이것도 천도교 내부 교권파의 반발로 뜻을 이루지 못하였다. 그러자 오지영은 1922년 말 기존의 천도교단으로부터 나가 별도로 천도교연합회를 조직하였다.

아울러 『동학사』에서는 오지영의 신인류주의와 공의사상을 소개하고 있다. 이에 따르면 오지영은 천도교의 혁신 운동을 통하여 동학(東學) 본래의 가치가 잘 지켜지기를 희망하였다. 그는 사람 본위의 신인류주의를 주창하였고, 이를 바탕으로 평등과 자유가 보장되고, 사견보다는 공의(公意)가 반영되는 교회와 사회가 이루어지기를 희망하였던 것이다.

부록

출처: 동학농민혁명기념재단의 협조로 동학농민혁명 유적지 및 기념시설 현황조사 - 강원, 경기, 서울, 경남, 울산, 경북, 대구 - 의 일부를 발췌한 것임.

선산 관아[客舍]

경상북도 구미시 선산읍 완전리 59-3

선산 지역에서 동학농민군의 활동이 활발해지는 것은 1894년 여름부터였으며 김천, 상주, 예천 등지의 농민군과 서로 연계해 가면서 활동하였다. 선산 지역 농민군 지도자나 조직, 구체적인 활동상을 자세히 알려주는 기록은 없다. 그러나 1894년 1월에 일어난 고부민란 당시에도 경상도의 상주·선산 등지의 농민들이 관아의 병기를 빼내어 무리를 모아서 합세하였다는 기록이 있을 정도로 일찍부터 동학이 포교되었고, 농민군의 활동도 활발하였을 것으로 보인다.

선산 농민군은 9월 22일 상주의 농민군이 상주성을 점령하였을 때도 일부 가담하였다. 선산농민군이 관아를 점령한 것은 9월 20일 이후 무렵이었고, 여기에는 김천지역 농민군도 합세하였다. 김천 지역에서는 8월부터 활발해졌으며, 충경포·상공포·선산포·영동포 등이 활동하고 있었다. 진목(眞木, 참나무골)의 편보언(片輔彦)은 8월에 들어 스스로 '도집강(都執綱)'이라고 칭하고 김천 시장에 도소를 설치하여 폐정개혁 활동을 해나갔다. 9월 25일경에는 최시형으로부터 군사를 일으키라는 통지가 오자 김천지역의 접주들에게 사통(私通)을 보내 농민군을 불러 모았다. 김천의 농민군은 선산부를 점령하는 데도 앞장섰다. 선두에 선 것은 양반들이 시회를 즐기던 감호정(鑑湖亭)의 고직이[庫子] 출신인 기동(耆洞)의 김정문(金定文)이었다.

선산관아가 농민군에게 점령당하자 선산의 향리들이 몰래 낙동의 일본병참부에 구원을 요청하였다. 일본군은 10월 1일 선산성을 점령해 있던 농민군을 공격하였다. 농민군은 김천의 접주 김정문 휘하의 농민군 15명을 포함하여 다수의 사상자를 내고 선산성에서 퇴각하였다. 이때 선산성을 공격한 일본군은 낙동병참부의 병력과 부산수비대에서 파견된 후지타(藤田) 부대였다. 후지타는 하사 4명, 병졸 60명, 통역 2명, 인부 10명을 이끌고 8월 29일 낙동에 도착한 후 낙동병참사령관의 지휘를 받아 농민군 진압에 투입되었다. 그의 부대는 9월 29일 상주성을 공격하여 농민군을 몰아 낸 이틀 후인 10월 1일 다시 선산성을 공격한 것이다.

이후로 선산 농민군이 다시 성을 점령하지는 못했지만, 곳곳에서 농민군들의 활동은 이어졌다. 그러나 이후 대구 감영에서는 병정 2백명이 김산·지례 방면으로 파견되어 농민군 탄압에 나섰고, 11월 10일경에는 신두문(申斗文)이 선산부에 체포되면서 농민군의 활동은 위축될 수밖에 없었다. 선산관아에 수감되어 있던 신두문은 12월 14일 상주 소모영의 소모사 정의묵에 의해 총살되었다.

선산 관아 1 : 선산 객사 정면

선산 관아 2 : 객사에서 100여 미터 떨어져 있는 구미시 선산출장소(구 선산군청) 입구의 고목(수령 400년). 선산관아가 있던 자리

선산 동학농민군 입성비 및 창의비

경상북도 구미시 선산읍 동부리 1호 광장 선산 읍성 앞 및 읍성 앞 소공원 내 3층석탑 앞

   경상도 북부 동학농민군의 활동은 일본군의 동향과 밀접한 관련이 있었다. 5월 초 조선에 출병한 일본군의 움직임이 어느 지역보다 직접적으로 관찰되었고, 그에 대한 민중의 반감이 작용하였기 때문이다. 조선에 출병한 일본군은 청나라와의 일전에 대비하기 위해 부산에서 서울까지의 전선 가설을 서둘렀고, 7월 중순에는 부산·구포·삼랑진·물금포·밀양·청도·대구·다부역·낙동·해평·태봉·문경 등에 설치하였다. 각 병참부에는 일본군이 주둔하였으며, 농민군은 이에 반감을 품고 이들을 물리치려 하였고 일본군은 보급과 통신의 요충지인 병참소가 언제 농민군의 공격을 받을지 몰랐기 때문에 오히려 주변의 농민군 세력이 강성해지면 곧장 기습적으로 공격하여 그 세력을 위축시키고자 하였다.

   선산 가까이에는 해평과 낙동 두 곳에 일본군 병참소가 설치되었다. 선산 지역에서 동학농민군의 활동이 활발해지는 것은 1894년 여름부터였을 것으로 보이지만, 이들이 선산성을 점령한 것은 9월 20일 이후 무렵이었고, 여기에는 김천 지역 농민군도 합세하였다. 선산관아가 농민군에게 점령 당하자 선산의 향리들이 몰래 낙동의 일본병참부에 구원을 요청하였다. 일본군은 10월 1일 선산성을 점령해 있던 농민군을 공격하였다. 농민군은 김천의 접주 김정문 휘하의 농민군 15명을 포함하여 다수의 사상자를 내고 선산성에서 퇴각하였다. 이때 선산성을 공격한 일본군은 낙동병참두의 병력과 부산수비대에서 파견된 후지타부대였다. 후지타는 하사 4명, 병졸 60명, 통역 2명, 인부 10명을 이끌고 8월 29일 낙동에 도착한 후 낙동병참사령관의 지휘를 받아 농민군 진압에 투입되었다. 부대는 9월 29일 상주성을 공격하여 농민군을 몰아낸 10월 1일 다시 선산부를 공격했다. 선산농민군 지도자로는 신두문(申斗文)이다. "거괴(巨魁)"로 표현되던 그는 11월 10일경 선산부에 체포되었으며, 선산관아에 수감, 12월 14일 상주 소모영의 소모사 정의묵에 의해 총살되었다. 〈갑오농민군 선산 읍성 전적비〉 및 〈갑오전쟁선산 창의비〉는 이러한 선산 지역 동학농민군의 활동을 기념하여 세워놓은 것이다.

해평 일본군 병참소(쌍암고택)

경상북도 구미시 해평면 해평리 239번지

　동학농민혁명이 발발하자 이를 빌미로 조선을 침략할 계획을 세워두고 있던 일본은 1894년 5월 초 대규모 병력을 조선에 진주시켰다. 청나라와의 전쟁을 계획하고 있던 일본군은 그 준비를 위해 무엇보다 먼저 경부간 통신선의 설치와 보급을 위해 경부간 중요 지점마다 병참부를 설치하고 군대를 주둔시켰다. 이에 대해 병참기지 부근의 경상도와 충청지역 농민군들은 병참부를 공격 대상으로 삼았다. 경부간 통신 및 보급을 위해 긴요한 것이었기 때문에 일본군은 병참부 주변 농민군의 동향에 민감하게 반응하였으며, 농민군이 주변 지역 읍성을 점령하면 곧장 달려가서 농민군을 해산시키는 등 특히 경상도 북부 지역 농민군 진압에 앞장섰다.

　병참부는 약 40리마다 설치되었으며, 경상도에는 9월 중순까지 동래에서 문경 사이에 부산·구포·삼랑진·물금포·밀양·청도·대구·다부역·낙동·해평·태봉·문경 등에 설치되었다. 이 가운데 해평의 병참부는 그곳의 진사 최극삼(崔極三)의 집에 설치되었다.

　『세장년록』에 따르면 "일본병사들이 동래에서 수륙 양쪽으로 진격하여 인천, 칠곡, 상주, 선산, 대구, 문경 등지에 가득 찼다. 좋은 곳을 엿보아 관사(館舍)를 지으니 달성(達城)과 낙동(洛東) 같은 곳에 그대로 머물렀다. 해평(海平) 진사 최극삼(崔極三)의 집도 일본군이 빼앗아 거주하였다"라고 하였다.

　최극삼이 살던 쌍암고택은 최광익(영조7년/1731년, 본관 전주)이 지은 집으로 경부가로의 낙동강 변에 위치한데다가 집의 부지가 넓었기 때문에 병참부로 쓰기에는 적합하였다. 일본군이 집을 점령할 때 최극삼은 동학농민군에게 위협을 느껴 미리 외가가 있던 창녕으로 피난가고 없었다고 한다.

해평 1 : 쌍암고택 전경

해평 2 : 쌍암고택 내부 모습

주석

1894년 일본군 노즈(野津) 제5사단장의 북상 행군로와 선산 해평병참부 / 신영우

1. 이 글의 날짜는 양력이다. 필요할 경우 음력을 같이 썼다.
2. 평양전투 이전에는 서울과 평양, 또는 어은동병참부와 전투지역은 제1군사령부가 관할하였다.
3. 이 논문은 동학학회의 「2016년 동학농민혁명 구미 춘계 국제학술대회」에서 발표하기 위해 작성된 것으로 경상도 북서부의 동학농민군과 일본군 해평병참부가 주요 주제 속에 포함된다.
4. 「JACAR(アジア歴史資料センタ-)Ref.C06060166500, 明治 27年 「秘密 日清朝事件 第5師團混成旅團報告綴」(防衛省防衛研究所)」
5. 「陸軍武官官等表」, 明治 6年 5月 8日 太政官布達 第154號(明治 6년, 『法令全書』 175쪽.
6. 陸軍省, 『陸軍現役將校同相當官實役停年名簿』, 明治 36年 7月 1日.
7. 野津道貫 著, 『歐美巡廻日誌』上中下, 1886年 6月, 廣島鎭台文庫.
8. 「JACAR(アジア歴史資料センタ-)Ref.A01100293500, 公文錄・明治十八年・第 百七十一卷・明治十八年一月~二月・官吏進退(陸軍省)(國立公文書館)」「少將野津 道貫外五名特派全權大使伊藤博文ニ隨行清國ヘ差遣ノ件」
9. 陸軍中將 子爵 野津道貫, 「明治18・5 意見書」
10. 陸軍省, 『陸軍現役將校同相當官實役停年名簿』, 明治 36年 7月 1日.
11. 노즈 미치쓰라는 청일전쟁 와중에 제1군사령관이 되고, 1895년에는 대장으로 승진 하면서 작위도 백작을 받는다. 1895년 11월에는 근위사단장으로 보임되고 이어 東京防禦總督, 東部都督, 教育總監, 軍事參議官을 지낸다. 1907년에는 작위도 후작에 오르고, 또 귀족원 의원이 된다.
12. 「JACAR(アジア史資料センタ-)Ref.C06021838400, 明治 27年 6月 「完278年役日記」 (防衛省防衛究所)」謀本部より 混成旅編成手書の件.「混成旅團人馬一覽表」에 의 하면 실제 편성한 인원은 모두 8,078명이고, 軍馬는 乘馬 290마리와 馬 450마리가 있었다.
13. 「JACAR(アジア史資料センタ-)Ref.C06021838200, 明治 27年 6月 「完278年役日記」 (防衛省防衛究所)」軍務局より 兵站兼碇泊場司令部設置の件. 6월 15일에는 시모노 세키항에 兵站兼碇泊場을 설치하고 지부를 門司港에 두어 함께 관할해서 병참지원 을 맡도록 하였다.(「JACAR(アジア歴史資料センタ-12540;) Ref.C06060080000, 明治 27年 6月 「278年戰役諸報告」(防衛省防衛研究所)」6.15馬關兵站兼碇泊場設置竝諸

準備景況報告)

14. 「命令 電報 明治 27年 6月 6日」. 혼성 제9여단은 선발대에 이어 2차에 걸쳐 인천에
서 상륙하여 서울로 들어갔다.

15. 「JACAR(アジア歷史資料センタ-)Ref.C13110361200, 日淸韓史講義摘要錄 第1卷(防
衛省防衛硏究所)」

16. 「JACAR(アジア歷史資料センタ-)Ref.C06061756600, 明治 27年自 6月至 9月「混成
第9旅團 第 5師團 報告」(防衛省防衛硏究所)」

17. 참모본부 편,『明治二十七八年日淸戰史』1, 東京印刷株式會社, 1965; 姜孝淑,「日淸
戰爭と第二次東學農民戰爭」, 千葉大學大學院 社會文化硏究科 修士論文, 2000, 9쪽
;『한국독립운동의 역사』제9권 한말 전기의병 제6장 일본군과의 항전 1. 일제의 전
선가설기대의 설치와 군용전신선 가설.

18. 가와카미 참모차장은 처음 정한 이 노선에서 추풍령을 경유하지 않고 상주에서 충
주로 직행하도록 변경하고 7월 11일에 체신대신에게 통보한다.『駐韓日本公使館
記錄』4권, 六. 歐文電報往復控 一 (229) 電信線의 架設經由地 변경 통보. "(35) 川
上陸軍中將 requests me to inform you that instructions have been sent to first and
second 軍用電信隊 respectively, that first project for the construction of telegraph
line has been altered and new project which is to run from 釜山 through 大邱 尙州
忠州 to 京城 has been adopted."

19. 「混成旅團報 7月 19日」

20. 당시 일본군의 최대 약점이 병참 보급문제였다고 지적되지만(參謀本部,『明治
二七八年日淸戰史』) 신식군대로 치룬 첫 번째 전쟁에서 현지조달이 아닌 치중병에
의한 병참 지원을 추진한 것은 조선 내 민심 악화 등을 막아 그 성과가 적지 않은 것
이었다.

21. 「JACAR(アジア歷史資料センタ-)Ref.C06062110100, 明治 27年 7月 28日至 8月 31日
「陣中日誌 第五師團兵站監督部壹號」(防衛省防衛硏究所)」

22. 「JACAR(アジア歷史資料センタ-)Ref.C13110361200, 日淸韓史講義摘要錄 第1卷(防
衛省防衛硏究所)」

23. 「JACAR(アジア歷史資料センタ-)Ref.B08090002200, 日淸韓交涉事件關係雜件 第一
卷(5-2-18-0-2_001)(外務省外交史料館)」朝鮮國釜山へ運輸通信支部ヲ置ク旨川上兵
站總監ヨリ通告ノ件.

24. 「JACAR(アジア史資料センタ-)Ref.C11080871600, 陸軍命令 完 明治 27年 9月~29年
3月(防衛省防衛究所)」

25. 「JACAR(アジア史資料センタ-)Ref.C06021850600, 明治 27年 6月「完278年役日記」
(防衛省防衛究所)」兵站監より3000枚送付の件.

26. 「JACAR(アジア史資料センタ-)Ref.C05121501800, 明治 27年 7月 役日記(防衛省防
衛究所)」兵站監 京城仁川屯在兵建設の件.

27. 요시미 세이는 일본육군사관학교 1기생이다. 1886년 육군대학교 교관으로 독일에

서 초빙한 메켈(Klemens Wilhelm Jacob Meckel, 1842~1906) 소좌에게 군사학을 습득했다. 이런 장교를 군용전신선 가설 책임자로 보낸 것은 대본영이 이 문제를 얼마나 중요하게 보았는지 알려준다. 그는 청일전쟁 이후 중좌로 진급해서 신설된 철도대대의 대대장이 된다.

28. 「JACAR(アジア史資料センター)Ref.C13110302500, 命令訓令 自 明治 27年 6月 至明治 28年 6月(防衛省防衛究所)」, 電線架設枝隊職員表와 電線架設枝隊編制表.

29. 이 노선은 가와카미 참모차장이 상주에서 충주를 거치는 것으로 변경하고 7월 11일에 체신대신에게 통보한다. 『주한일본공사관기록』 4권, 六. 歐文電報往復控 一 (229) 電信線의 架設經由地 변경 통보. "(35) 川上陸軍中將 requests me to inform you that instructions have been sent to first and second 軍用電信隊 respectively, that first project for the construction of telegraph line has been altered and new project which is to run from 釜山 through 大邱 尙州 忠州 to 京城 has been adopted."

30. 「JACAR(アジア歷史資料センター)Ref.C06060786900, 明治 27年 7月~8月 「着電綴 (三)」(防衛省防衛研究所)」7月 13日 大島少將發 參謀總長宛 朝鮮政府電信架設を承諾する見込みなしと公使斷言せり云云.

31. 東條英敎, 『隔壁談』第2節 軍事動作ノ發展及外交政略ノ狀態.

32. 三宅幹夫, 『日淸戰役 平壤ノ戰鬪』, 昭和 8年 3月.

33. 黃玹, 『梅泉野錄』第2권, 高宗 31년 甲午(1894년), 청군의 평양 진주. "淸國 總兵 衛汝貴, 馬玉崑, 豊陞阿, 左寶貴 등이 평양에 들어오자 葉志超, 士成 등이 그곳으로 가서 會同하였다. 이달 15일경이다. 그리고 그들의 병정들은 34營을 합하여 1만5천 명이 있었으며, 諸將들은 통솔하는 元帥가 없으므로 직위가 서로 같았고 호령도 한결같지 않아 군대의 대열에 기강이 없었다."

34. 「JACAR(アジア史資料センター)Ref.C06021838400, 明治 27年 6月 「完278年役日記」 (防衛省防衛究所)」謀本部より 混成旅編成手書の件. 「混成旅團人馬一覽表」

35. 「明治 27年 6月29日 軍隊槪見表」 「明治 27年 7月 19日 軍隊槪見表」

36. 「JACAR(アジア歷史資料センター)Ref.C06062102700, 明治 27年 7月 1日 至 7月 25日 「陣中日誌 第 1軍兵站監部」(防衛省防衛研究所)」7月 5日 兵站景況報告.

37. 「JACAR(アジア史資料センター)Ref.C13110304400, 命令訓令 自 明治 27年 6月 至 明治 28年 6月(防衛省防衛究所)」明治 27年 7月 27日〔目(1) 番83~84〕

38. 노다 히로미치(野田豁通, 1844~1913)는 1885년 독일 유학 후 일본 제국 육군의 경리조직을 창설해서 초대 경리국장으로 규칙을 확립하고 청일전쟁 때는 대본영의 야전 감독장관으로 군수지원의 책임을 맡았다.(北海道大學圖書館 北方資料室, 「野田豁通履及其文書」參考)

39. 「JACAR(アジア史資料センター)Ref.C06062110300, 明治 27年 7月 28日 至 同 10月. 「陣中日誌 第 5師中路兵站監督本部第 2 號」(防衛省防衛究所)」7月 29日.

40. 「JACAR(アジア史資料センター)Ref.C06021874600, 明治 27年 7月 「完 278年役日記」 (防衛省防衛究所)」兵站監より 兵站監古川工兵大佐人夫引率の件.

41. 「JACAR(アジア歴史資料センタ-)Ref.B07090595500, 日清韓交渉事件ニ際シ軍事上ノ設計ニ關スル韓國政府ト協議雑件(5-2-2-0-3)(外務省外交史料館)」1. 朝鮮國ニ於テ軍隊行動ニ付道路修繕其他施設ヲ要スル件.

42. 「JACAR(アジア史資料センタ-)Ref.C05121503000, 明治 27年 7月 役日記(防衛省防衛究所)」兵站監 道路建築材料送付の件.

43. 1894년에 中路를 병참노선과 군용전신 노선으로 활용한 뒤 그 결과를 토대로 1897년에 다시 군사정찰을 했던 野方芳太 중위의 보고문서에 구체적인 장단점이 제시되고 있다. 「JACAR(アジア史資料センタ-)Ref.C10061210600, 明治 30年分編册 3 近衛. 補充品. 議補給廠. 特設部(防衛省防衛究所)」釜京間中路軍事偵察報告.

44. 「JACAR(アジア史資料センタ-)Ref.C06062194300, 明治 27年 6月起「臨時編制 第 1 混成第 9 旅出至混成第12旅出」(防衛省防衛究所)」第5師司令部編制表. 좌관 계급 등과 상당관은 한 칸의 우측 아래에 각각 기재되어 있다.

45. 「JACAR(アジア歴史史資料センタ-)Ref.C06062110100, 明治 27年 7月 28日 至 8月 31日「陣中日誌 第五師團兵站監督部壹號」(防衛省防衛研究所)」

46. 「JACAR(アジア史資料センタ-)Ref.C06062205400, 明治 27年 9月「中路兵站監督部 陣中日誌 第2號」(防衛省防衛究所)」, 9月. 이 16개 지부는 청일전쟁 기간 유지된다. 병참부의 수는 부산의 구포와 서울 용산을 더하고 하담과 가홍을 포함하면 모두 21 개소가 된다.

47. 각 병참지부의 사령관 명단은 8월 25일 부산총영사 무로타 요시아야가 오토리 공사에게 보낸 보고에 나온 것으로 혼성제9여단이 평양으로 진군하고 남부병참감을 신설해서 서울과 부산까지 병참보급 임무를 이관·책임 맡고 대본영 병참총감 가와카미 소로쿠 중장이 지휘한 후 대부분 교체되었다. 『駐韓日本公使館記錄』 2권, 二. 京城·釜山·仁川·元山機密來信 (9) 日本兵站部 소재지 지방관의 편의제공.

48. 「JACAR(アジア史資料センタ-)Ref.C06062110100, 明治 27年 7月 28日 至 8月 31日「陣中日誌 第五師兵站監督部」(防衛省防衛究所)」

49. 센바 타로(1855~1929)는 에히메현 출신으로 하사관 양성소인 육군교도단을 거친 뒤 1878년 육사 舊2기로 임관하였다. 1885년 육군대학교를 1기로 마친 다음 참모본부 참모를 지냈고, 독일 유학 후에는 제5사단 참모로 청일전쟁에 참전하였다. 1903년 의화단사건 후 청국주둔사령관으로 재임하면서 러일전쟁시 청국 내부의 정보수집, 아오키 노부즈미(木宣純, 1859~1924)의 러시아 후방 파괴공작을 지원하였다.

50. 「JACAR(アジア史資料センタ-)Ref.C06062110100, 明治 27年 7月 28日 至 8月 31日「陣中日誌 第五師兵站監督部」(防衛省防衛究所)」병참감독부장대리 아오야기(青柳)감독의 보고.

51. 「JACAR(アジア史資料センタ-)Ref.C06061747400, 明治 27, 8年「各部隊書」(防衛省防衛究所)」騎兵第 5 大隊書.

52. 「JACAR(アジア史資料センタ-)Ref.C06062110100, 明治 27年 7月 28日 至 8月 31日「陣中日誌 第五師兵站監督部」(防衛省防衛究所)」8月 8日. 충청감사 이헌영은 노즈

사단장 일행이 30여 명이라고 정부에 보고하고 있다.(『錦藩集略』「別啓」, 1894년 7
월 25일)

53. 노즈 사단장은 기록을 꼼꼼하게 남겼다. 앞에서 언급한 『歐美巡廻日誌』도 방문지와
   만난 사람을 상세히 기록해서 당시 사정을 잘 전해준다.

54. 「JACAR(アジア歴史資料センタ-)Ref.C06060166500, 明治 27年 「秘密 日淸朝事件
   第 5 師團混成旅團報告綴」(防衛省防衛研究所)」

55. 「JACAR(アジア歴史資料センタ-)Ref.C06062110300, 明治 27年 7月 28日 至 同 10月
   「陣中日誌 第 5 師中路兵站監督本部第 2」(防衛省防衛究所)」

56. 吳宏, 『固城府叢錄』 1894년 9월 6일(양력 10월 4일). 일본인이 5~6만 명이나 올라갔
   다는 것은 과장된 수이다.

57. 「JACAR(アジア史資料センタ-)Ref.C06062110100, 明治 27年 7月 28日 至 8月 31日
   「陣中日誌 第五師兵站監督部」(防衛省防衛究所)」

58. 吳宏, 『固城府叢錄』 1894년 8월 17일(양력 9월 16일).

59. 노즈 사단장은 「사단보고 제1호」에서 조선 돈을 모두 '韓錢'으로 기재하고 있다.

60. 「JACAR(アジア史資料センタ-)Ref.C06062194200, 明治 27年 6月起 「臨時編制 第 1
   混成第 9 旅出至混成第 1 2 旅出」(防衛省防衛究所)」 第 5 師(混成 1 旅欠く) 人馬一
   表

61. 한다 다카토키(半田隆時) 소좌는 미야기(宮城) 출신으로 청일전쟁 때 12연대 2대대
   장으로 참전해서 전사했다. 丸市 土器町의 丸陸軍墓地에 비석이 세워졌다.

62. 우에다 아리사와(上田有澤, 1850~1921) 대좌. 도쿠시마 사무라이 출신으로 보신전
   쟁 이후 대위로 임관해서 세이난전쟁에 참전하였다. 참모본부 관서국원을 거쳐 마
   쓰야마에 주둔한 제22여단장을 지낸 다음 1894년 6월 제5사단 참모장으로 청일전
   쟁에 참가한다. 이후 육군대학교장을 거치고, 제5사단장으로 러일전쟁에 참전했고,
   1911년 조선주차군사령관이 된 후 대장으로 승진한다.

63. 신영우, 「충청감사와 갑오년의 충청도 상황」 『동학학보』 34, 2015; 신영우, 「경상감
   사 조병호와 갑오년의 경상도 상황」 『동학학보』 35, 2015.

64. 조선에서 인부 동원과 물자 구입 등 필요한 조선 돈은 청일전쟁 내내 계속되었다. 1
   군병참감은 일본공사에게 조선정부에 담판을 해서 '韓錢鑄造'까지 강요해야 한다고
   요청하고 있다. 「第 1 軍兵站監督部陣中日誌」 9월 12일. 「JACAR(アジア史資料セン
   タ-)Ref.C06062108100, 明治 27年 9月 4日 至 同年 12月 31일 「陣中日誌 第 1 軍兵站
   監督部」(防衛省防衛究所)」

65. 경상감사 조병호가 취한 조치는 일본군 행군에 기여하였다. 노즈 미치츠라 사단장
   은 그 사실을 강조해서 기술하고 있다. "이번 부산 연도에 있어 애를 써가면서 군대
   행진을 위하여 여기까지 이르게 한 것은 대구 감사의 주선이 큰 힘이 되었고 경성에
   도착한 뒤에 오토리 공사에게도 그런 뜻을 알리고 통리아문에도 이런 뜻을 통지했
   습니다."

66. 『錦藩集略』「別啓」, 1894년 7월 25일.

67. 三宅幹夫,『日淸戰役 平壤ノ戰鬪』, 昭和 8年 3月, 13面. 평양전투가 벌어질 때 일본군 군량 사정을 전해주는 기록이 있다. 휴대식량(携帶口糧)은 사단주력·혼성여단·삭녕지대·원산지대 모두 2일분만 있었고, 비상식량(常食)늠 사단주력과 원산지대는 없었고 혼성여단과 삭녕지대는 2일분뿐이었다.

68. 피모는 겉보리를 말한다.

69. 『주한일본공사관기록』 2권, 二. 京城·釜山·仁川·元山機密來信 (9) 日本兵站部 소재지 지방관의 편의제공.

70. 吳宖,『固城府叢錄』 1894년 9월 6일(양력 10월 4일).

71. 『駐韓日本公使館記錄』 4권, 六. 歐文電報往復控 一 (146) 京·釜電信線 수리 지시. "京城·釜山 간의 전신선은 육군기술자들에 의해 양쪽 끝에서 시작하여 신속히 수리될 것임. 그 작업이 日本 정부의 직접적인 통제하에 수행되느냐, 아니면 朝鮮 정부의 요청에 응해 일본 정부가 기술자와 장비들을 제공하는 형식으로 하느냐 하는 것은 귀하의 재량대로 할 것. 大島가 그 문제에 관해 지시를 받게 될 터이니 그와 상의할 것. 부산 쪽에서 수리를 시작하도록 준비할 것. 1894년 6월 24일 오후 1시 발신"

72. 「JACAR(アジア史資料センタ-)Ref.C06061765800, 明治 27年 自 6月 至 9月「混成第 9 旅 第 5 師 報告」(防衛省防衛研究所)」「意見書」 9月 30日. 이 의견서는 청국군과 벌인 결전을 지휘한 현지 사단장이 일본 제국의 육해군을 더 확장시키자는 주장을 담은 것이다.

73. 김승,「개항 이후 부산의 일본거류지 사회와 일본인 자치기구의 활동」『지방사와 지방문화』 15권 1호, 322, 2012. 상법회의소는 초량왜관에 있는 상회소(商會所)를 1879년 개칭하여 상거래만 전담하도록 했던 곳이다.

74. 「JACAR(アジア歷史資料センタ-)Ref.C06062205600, 明治 27年 9月「中路兵站監督部 陣中日誌 第 2」(防衛省防衛研究所)」

75. 「JACAR(アジア史資料センタ-)Ref.C06062110100, 明治 27年 7月 28日 至 8月 31日「陣中日誌　第五師兵站監督部壹號」(防衛省防衛究所)」

76. 이면재,『甲午日記』, 7월 13일.

77. 위자료. "陳安之境 玩倭來者萬餘人 諸人曰今之亂離可謂別亂離也 有玩亂離者 有賣身代戰者 良可笑也" 이것은 당초에 전주에서 동학농민군을 토벌할 적에 등짐장수[負商] 중에서 대부분 뽑아 보냈는데, 뽑힌 자들이 사람을 사서 자기 대신 전장에 나가게 했다는 것을 말한 것이다.

78. 당시 문서에는 막사를 바라크(barrack)라고 하거나 숨로 기록하였다. 병사들이 머물 임시막사 또는 이엉으로 지붕을 이은 집이라는 뜻이었다.

79. 「JACAR(アジア史資料センタ-)Ref.C06062110100, 明治 27年 7月 28日 至 8月 31日「陣中日誌 第五師兵站監督部」(防衛省防衛研究所)」 8月 15日. 황해의 해로가 안전하다고 판단되자 제4차 수송병은 계획을 바꿔서 해로를 이용하여 인천으로 직행했다.(「JACAR(アジア史資料センタ-)Ref.C06061765300, 明治27年 自 6月 至 9月「混

成第 9 旅 第 5 師 報告」(防衛省防衛究所)」情況報告 8月 16日釜山日本領事館に於て)

80. 「JACAR(アジア歴史資料センタ-)Ref.B07090595700, 日清韓交渉事件二際シ軍事上ノ設計二關スル韓國政府ト協議雜件(5-2-2-0-3)(外務省外交史料館)」釜山京城間ノ各要地ニ設置セシ兵站部ニ便宜ヲ與フベキ旨朝鮮政府ヨリ慶尙忠清兩道監司へ訓令ノ件.

81. 「JACAR(アジア歴史資料センタ-)Ref.C06062205600, 明治 27年 9月「中路兵站監督部 陣中日誌 第 2」(防衛省防衛研究所)」

82. 「JACAR(アジア史資料センタ-)Ref.B07090596300, 日韓交事件二際シ軍事上ノ設計ニスル韓政府ト協議件(5-2-2-0-3)(外務省外交史料館)」朝鮮釜山ヨリ京城ニ至ル沿道各兵站部用廠敷地借料取極ノ件.

83. 『歲藏年錄』1894년 7월 5일(양력 8월 5일).

84. 『駐韓日本公使館記錄』1권, 二. 全羅民擾報告 宮闕內騷擾의 件 二 (16) 慶尙道內 東學黨 狀況 探聞 報告.

85. 『鶴樵傳』Ⅰ.

86. 『甲午斥邪錄』

87. 『召募日記』1894년 11월 15일(양력 12월 11일).

88. 최산휘의 증손자인 斗樞대에 와서 부인 파평 윤씨의 근검절약과 면작면업의 가내수공업에 의해 부를 축적하였다. 그래서 최씨가는 윤씨 당대에 '천석'을 모았고 그 손자대는 6형제가 '6만석'을 추수하는 거부로 성공하였다. 이 같은 부의 축적에는 벼슬길에서 출세한 손자 光壁과 이재력 있는 손자 光翊의 공이 있었다. 광벽(1728~1791)은 문과에 급제하여 정언과 좌승지를 거쳐 병조참판에 올라 후광을 과시하고, 광익(1731~1795)은 진사에 급제하고는 향리를 지키면서 治財에 전념해 형제들 모두의 財富를 늘려 놓았다는 것이다. 현재 남아 있는 해평의 거대한 저택들은 광익이 주선하여 지었다고 한다(『全州崔氏族譜』;崔相鶴 氏 證言).

89. 崔相鶴 氏(1915년생) 證言. 이 증언은 상주의 동학농민군 관련 조사를 마치고 1994년 이후 김천 일대를 조사하는 과정에서 해평의 쌍암고택(雙巖故宅)을 여러 차례 찾아가서 故 최상학 옹에게 들은 이야기이다. (신영우, 「1894년 영남 김산의 농민군과 양반지주층」『동방학지』73집, 1991. 참고)

90. 『歲藏年錄』1894년 7월 5일(양력 8월 5일).

91. 『甲午斥邪錄』1894년 7월 26일(양력 8월 26일). 예천 사례는 일본군의 국내 진공 중 내부 갈등을 처음 드러낸 사건이다. (신영우, 「1894년 영남 예천의 농민군과 보수집강소」『동방학지』44집, 1984 참고)

92. 위자료, 8월 12일(양력 9월 11일).

93. 『錦藩集略』1894년 7월 7일.

94. 위자료, 1894년 8월 5일.

95. 위자료, 1894년 8월 15일.

96. 「JACAR(アジア歴史資料センタ-)Ref.C06062110300, 明治 27年 7月 28日 至 同 10月 「陣中日誌 第 5師團中路兵站監督本部第 2 號」(防衛省防衛研究所)」8月 27일~29일.

97. 駐韓日本公使館記錄』2권, 二. 京城 ·釜山·仁川·元山機密來信 (11) 軍用電線 切斷者 단속책에 관한 具申;「JACAR(アジア歴史資料センタ-)Ref.B07090434800, 日淸韓交涉事件ノ際二於ケル軍用電線架設關係雜件(5-1-9-0-1)(外務省外交史料館)」京釜間軍用電線切斷者取締ノ件.

98. 「JACAR(アジア歴史資料センタ-)Ref.C06062110300, 明治 27年 7月 28日 至 同 10月 「陣中日誌第 5師團中路兵站監督本部第 2 號」(防衛省防衛研究所)」9월 17일.

99. 『甲午斥邪錄』1894년 8월 15일(양력 9월 14일). "近聞尙咸龍三邑 及忠州兵五千餘人 緣何事而聚會 于山陽等地乎 大張聲勢 欲屠本邑"

100. 「JACAR(アジア歴史資料センタ-)Ref.C06062110300, 明治 27年 7月 28日 至 同 10月 「陣中日誌 第 5師團中路兵站監督本部第 2 號」(防衛省防衛研究所)」9월 23일.

101. 的場之助,『忠勇百傑傳』, 37, 大阪 交盛館, 1895; 伏木誠一,「陸軍騎兵大尉竹盛雅君傳」『征軍人忠死列傳』, 269~270, 1895. 다케노우치 대위는 山口縣 阿武郡 萩椿 西分村 출신으로 후비역에 편입되었다가 소집된 후 태봉병참부에 주관으로 배치된다.

102. 『駐韓日本公使館記錄』1권, 四. 東學黨에 關한 件 附巡査派遣의 件 一 (14) 東學黨의 再起와 日軍의 匪徒鎭壓에 따른 朝鮮政府의 협조 요청 1) 東徒鎭壓兵 파견 통보와 同趣旨佈論依賴. "올해 8월에서 9월로 접어드는 때로부터 慶尙·全羅·忠淸 각 도에서 東學黨이 다시 일어나 양민들에게 심한 해를 입히고 재물을 약탈하고 있습니다. 이미 天安郡에서 우리 인민 6명을 습격, 살해하고, 또 龍宮에서는 우리 竹內大尉에게 심한 해를 입혀서 우리 군대를 聞慶과 石門 지방으로 要擊하게 해야만 하는 등 창궐이 극심합니다. 귀 정부도 이를 결코 불문에 부칠 수 없는 일임은 재론할 바 없다고 확신합니다. 그러므로 본 公使는 이번 京城·釜山 두 곳에서 우리 군대 약간을 파견하여, 귀 군대를 원조하고 匪徒를 진압함으로써 영구히 國害를 제거하고자 합니다."

103. 『甲午斥邪錄』1894년 8월 26일(양력 9월 25일).

104. 『駐韓日本公使館記錄』3권, 七. 和文電報往復控 (39) 聞慶地方과 大邱의 東學黨情況

105. 『甲午斥邪錄』1894년 8월 28일(양력 9월 27일).

106. 『駐韓日本公使館記錄』1권, 四. 東學黨二關スル件 附巡査派遣ノ件 一 (8) 聞慶近傍東學黨과의 戰鬪報告 3) 聞慶東徒와의 接戰狀況 및 戰果通報.

107. 『侍天敎宗繹史』第二編 下, 第十一章 甲午敎厄.

108. 『고종실록』1894년 9월 22일.

109. 『甲午斥邪錄』『召募日記』『討匪大略』. 예천집강소에서 보낸 정탐원은 상주 읍성의 점거사실을 보고하였다.

110. 신영우,「1894년 영남 예천의 농민군과 보수집강소」,『동방학지』44집, 1984 참고.

111. 『甲午斥邪錄』1894년 9월 27일.

112. 「JACAR(アジア史料センター)Ref.C06062204300, 明治 27年 10月5日 至 同 11月 9日「陣中日誌 南部兵站監部 第 3」(防衛省防衛究所)」10月 27日.

113. 위자료, 10月 28日.

114. 신영우, 「1894년 영남 김산의 농민군과 양반지주층」, 『동방학지』 73집, 1991 참고.

115. 『歲藏年錄』 1894년 9월 25일. "선산부의 아전들이 몰래 일본병사를 청하고서 성문에다가 총을 쏘니, 도인들이 내부에서 스스로 혼란에 빠지고 총에 맞아 죽은 자가 몇백 명인지 모를 정도였다. 그리고 성을 넘다가 떨어져 죽은 자가 태반이었다."

116. 『啓草存案』 1894년 10월 28일.

구미 선산의 동학 조직과 활동 / 임형진

1. 『고종실록』 고종 즉위년 12월 21일조.

2. 『고종실록』 고종 1년 3월 2일조.

3. 표영삼, 「동학조직의 변천」, 『동학의 현대적 이해』, 한국동학학회, 2001. 3, 57쪽 참조.

4. 대표적인 인물로는 예천의 박영수, 상주의 강선희·조재하, 김산의 강기선·조순재·권봉제·배재연 등이고 구체적 행적이 들어난 인물로는 예천 지역의 동학군 지도자 전기항(1827-1900)이다. 그는 예천군 상금곡리 출신으로 사헌부 지평을 지낸 중앙관리 출신이었으며 윤치문(1866~1894)은 1888년 무과에 급제, 사헌부 감찰을 지냈고 상주의 김현영(1849~1911)은 대지주 출신이며 한교리와 한중석 부자는 구미 선산 지역의 유지로 동학농민혁명에 참여하였고 박정희의 아버지인 성주지역의 박성빈 역시 박선달로 불리었다고 하니 이 역시 양반 출신으로 보아야 한다.

5. 최옥은 퇴계 계통의 유림이었으나 몰락한 향반이라 볼 수 있었다. 최옥의 현실 인식은 세 가지 문제를 통해 알아 볼 수 있다. 첫째, 과거제의 혁파를 주장했다. 양반 중심으로 치러지는 과거는 온갖 비리가 있으므로 향공(鄕貢)을 통해 인재를 뽑아야 한다고 주장했다. 곧 고을에 교수와 훈도를 두어 인재를 선발해 교육을 시키고 이들을 시험 보여서 발탁해야 한다는 것이다.(罷科擧私議) 둘째, 토지개혁을 주장했다. 탐관오리와 모리배들이 토지와 전화(錢貨)를 독점해서 빈부격타가 극심하므로 토지 소유를 제한해야 한다는 것이다. 흉년이 들면 백성들은 토지를 염가로 팔아서 더욱 토지 편중을 가져오므로 이를 제한해야 한다는 것이다.(限民田私議) 셋째, 과부의 개가를 허락해야 한다는 것이다. 과부의 개가를 금지하고 그 자손들에게 벼슬길은 막은것은 조선의 폐습이라고 지적하고 이를 허용해야 한다고 말했다.(許改嫁私議) 이 세 가지는 양반, 지주 그리고 여성에 관련된 문제로 봉건모순 또는 계급모순의 중심과제였다. 이이화, 「영남지역 동학농민혁명의 전개와 한국 근대사회」, 『경상도 대구 동학농민혁명』, 서울: 모시는사람들, 2015, 12쪽.

6. "최제우가 그의 새로운 도를 아무리 '동학'이라고 설명해도 그것을 '서학'이라고 몰아붙이는 세상 인심과 관헌의 핍박을 감당하기가 힘들었다. 최제우는 고향에서의 주

위의 핍박을 감당하기 어려워 1861년 말에는 피신의 길을 올랐다." 최효식,「수운 최제우의 동학의 창도」『동학연구』창간호, 한국동학학회, 1997. 12, 26쪽.

7. 이이화, 앞의 글, 13쪽.

8. 게다가 동학은 개벽을 말하고 주문을 외우기 때문에 중국에 일어난 황건적의 무리와 같다고 주장했으며 병을 치료하고 남녀가 혼석한다고 하여 사교로 지목하였다. 서학이 추로(鄒魯)의 고장인 영남지역에는 들어오지 못했는데 같은 사교인 동학이 퍼져 나간다고도 했다. 표영삼,『동학 1』, (서울: 통나무, 2004),

9. 以其所謂東學之賊, 近熾於同省之內, 憂患備旨, 論斥甚嚴, …尹其所以誦呪天主之法, 依附乎西洋, 符水療病之說, 蹈襲乎黃巾, 一貴賤而等威無別, 則屠沽者往焉, 混男女以薄爲設, 則怨曠者就焉, 好貨財而有無相資, 則貧窮者悅焉, …夫今此所謂東學云者, 直一巫史鬼呪者彼流而止耳, 無知之賤流多染, …昔人稱異端爲陷人於夷狄禽獸, 則此其指斥之極地話頭, 而今之所謂此賊, 不過爲陷人於魅而已[崔承熙,『증보판 韓國古文書硏究』, 知識産業社, 1981, 493쪽에서 재인용]. 최재목,「19세기 경상도의 유교전통과 민족종교 동학」,『경상도 대구 동학농민혁명』, 서울: 모시는사람들, 2015, 50쪽 재재인용.

10. 위의 글, 21-24쪽 참조.

11. 갈암 이현일이 쓴 어머니 장계향의 실기(「行實記」)에 보면 장계향의 평소 생각은 성현의 말씀을 그대로 실천, 행동하는 것이었다. 예컨대,「부인(=장계향)께서는 "옛날의 성인과 현인의 말씀은 반드시 존중하여 본받아야만 될 것이다"고 여기고 있었는데, 매양 글은 글대로 읽고 사람은 사람대로 행동하는 폐단을 탄식하고 있었다.」(李玄逸,「行實記」,『장계향학 문헌자료(上)』, 경상북도·경북여성정책개발원, 2012, 111쪽. 번역문은 인용자 일부 수정);「聖人이 된 사람은 과연 세상에 살아있는 인간이 아니고 보통 사람보다 지나치고 보통 사람보다 아주 뛰어난 일이 있다면 진실로 따라갈 수가 없을 것이다. 하지만 성인의 容貌와 言語가 처음부터 보통사람과 다른 데가 없다. 성인의 행동 또한 모두 인륜의 날마다 하는 일이다. 그렇다면 사람들은 성인을 배우지 않는 것을 근심해야할 따름이다. 진실로 성인을 배우게 된다면 또한 무슨 어려움이 있겠는가?」, 이현일,「行實記」,『장계향학 문헌자료(上)』(경상북도·경북여성정책개발원, 2012, 113쪽. 번역문은 인용자 일부 수정). 아울러 장계향의「聖人吟」에는 성인에 대한 의향이 잘 드러나 있고, 손자 新及(李穩의 아명)에게 준「贈孫新及」, 손자 聖及(李栽의 아명)에게 지어 준「贈孫聖及」에는 학문을 닦아 성인의 경지에 오를 것을 희구하는 그녀의 생각이 잘 드러나 있다.[최재목,「聖人을 꿈꾼 조선시대 여성철학자 張桂香 -한국 '敬' 사상의 여성적 실천에 대한 한 試論-」,『陽明學』제37호, 한국양명학회, 2014.4 참조]. 위의 글 22-23쪽 재인용

12. 물론 관련된 증거 자료는 거의 발견하지 못했다. 그러나 이후 제시할 경상도 지역의 양반계층의 동학 참여는 이같은 사상적 입장을 함께 할 여지가 있기 전에는 달리 설명할 방법이 없을 것이다.

13. 안영상,「경북지역의 사상적 풍토에서 본 동학」,『경북지역의 동학연구』, 2006, 동

학학회 가을학술대회 발표논문, 113-114쪽 참조.

14. 南漢朝, 『損齋先生文集』 卷12, 「安順庵天學或問辨疑」, 418쪽 "彼之主上帝而斥太極, 蓋以上帝爲靈神, 而有情意有造作, 故惡理之自然能如此, 而必欲絶去之也.", 위의 글 재인용, 121쪽.

15. 위의 글, 121-122쪽 참조.

16. 『용담유사』, 「도덕가」.

17. 『東經大典』, 「論學文」. "吾道無爲而化矣, 守其心正其氣, 率其性受其敎, 化出於自然 之中也. 西人. 言無次第, 書無白, 而頓無爲天主之端, 只祝自爲身之謀."

18. 최효식, 「수운 최제우의 생애와 사상」, 『동학연구』 제2집, 1998. 4, 56쪽.

19. 이돈화, 『천도교창건사』, 제1편, 42쪽 참조.

20. 현재 전해지는 접주는 16명이다. ① 경주부내 : 백사길 · 강원보 ② 영덕 : 오명철 ③ 영해 : 박하선 ④ 대구 · 청도 · 기내 일대 : 김주서 ⑤ 청하 : 이민순 ⑥ 연일 : 김이서 ⑦ 안동 : 이무중 ⑧ 단양 : 민사엽 ⑨ 영양 : 황재민 ⑩ 영천 : 김선달 ⑪ 신영 : 하치 욱 ⑫ 고성 : 성한서 ⑬ 울산 : 서군효 ⑭ 경주본부 : 이내겸 ⑮ 장기 : 최중희, 『도원 기서』(전게자료집), 179-180쪽 참조.

21. 표영삼, 「동학조직의 변천」, 『동학의 현대적 이해』, 한국동학학회, 2001. 3, 55쪽.

22. 『도원기서』, 180-182쪽 참조. 『오하기문(梧下記聞)』에는 최제우가 동학이라 고쳐 부르고 지례(知禮), 김산(金山=金陵)과 호남의 진산(珍山) · 금산(錦山)의 산골짜기 를 오가며 … 하늘에 제사를 지내고 계를 맺게 하였다. 동학농민전쟁자료총서 1, 黃 玹 『梧下記聞』, 42쪽.

23. 이것은 표영삼 선생의 증언이다. 표 선생은 작고하시기 전까지 동학의 관련지역을 모두 답사하여 실증적인 연구 결과물을 제시하신 분이다. 그의 증언이 힘을 얻을 수 있는 것은 글로 기록되지는 않았지만 실질적인 답사와 관련 지역에서 만난 수많은 분들의 증언을 바탕하고 있기에 충분히 믿을 만한 근거가 있다고 판단된다. 실제로 경북 지역에서 나온 동학관련 책들은 수운이 김산과 선산 지역을 수차례 방문했다 고 기록하고 있다. 경상북도지사, 『경북의 정신문화, 그 뿌리를 찾아서… 동학』, 경 주시, 2015.

24. 「본교역사」, 경주: 『천도교회월보』 23, 1913. 6, 16-17쪽.

25. 『천도교서』, 187쪽.

26. 이돈화, 『천도교창건사』(제2편), 40쪽.

27. 오지영, 『동학사』, 66-67쪽.

28. 표영삼, 「경상북서지역 동학군 활동」, 『신인간』 2007. 2, 3월 합동호, 통권 678호, 23 쪽. 실제로 보은 장내리 취회에 참석한 인원도 선산이 김산과 상주를 능가하는 숫자 이고 경북지역을 담당했던 5개 포에서도 구미선산 지역이 겹치는 포가 2개에 이르 고 있다.

29. 이하는 표영삼, 「동학조직의 변천」, 『동학의 현대적 이해』, 한국동학학회, 2001. 3, 참조.

30. 선산포의 신두문에 대한 기록은 나오지 않는다. 그러나 이후의 활약상 등을 보아 보은취회 당시 임명되었을 가능성도 충분하다.

31. 이들 참여 지역은 [취어]에 나온 기록이다.

32. 그러나 참여 지역은 많은 곳이 빠져 있다. 전라도 지역만 보아도 진도에서도 왔으므로 해남, 강진, 장흥, 보성, 승주, 진도 등 남쪽지역은 물론 부안, 무장, 정읍, 여산, 옥구, 고산, 금구, 익산 등지에서도 왔을 것이고 임실과 무주에서도 왔을 것이다. 이런 추리로 보면 실제로는 더 많은 지역이 누락되었음을 추정할 수 있다. 강원도만 해도 해월의 주 활동 무대였던 인제와 홍천, 정선, 영월지역 등이 빠져 있다. 따라서 [취어]의 기록만으로 참여 지역을 단정하기에는 무리가 있다.

33. 이윤갑, 「1894년의 경상도지역의 동학농민전쟁」, 동학농민혁명기념사업회, 『동학농민혁명의 지역적 전개와 사회변동』, 서울: 새길, 1995, 149-150쪽 참조.

34. 장내리 집회에 참여한 숫자는 기록마다 차이를 보이고 있다. 동학 교단의 기록은 대체로 수만이라고 하고 있어 대략 2만에서 3만명 정도가 참여했을 것으로 추정된다. 그러나 황현의 『오하기문』에는 8만명, 어윤중의 「장계」에는 수만명, 『속음청사』에서는 2만 7천명으로, 일본 외교문서 「동학당집합정보」에서는 2만 3천명으로, 보은 군수 이중익의 보고에는 2만명으로 각각 기록하고 있다. 성주현, "보은 척왜양운동의 전개와 동학의 역할", 『신인간』, 2003년 3월호(통권 631호), 30쪽 참조. 대체로 참석자에서 가장 많은 숫자를 차지한 지역은 전라도와 충청도 지역이었고 경상도 지역은 상대적으로 적었다는 것이다.

35. 「취어」. "外他從間路乘夜潛逃走者 不計其數云云."

36. 아하의 내용은 신영우, 「경북지역 동학농민혁명의 전개와 의의」, 『경북지역의 동학 연구』, 동학학회 2006년도 가을학술대회 발표논문 참조.

37. 『世藏年錄』, "各有包率 入忠慶包則 稱曰忠慶包 入尙公包者 稱曰尙公包 入善山包者 稱曰善山包 入永同包者 稱曰永同包" 위의 논문 재인용.

38. 이원팔은 천도교인명사전에 의하면 강원도 평창 출신으로 경주 북산에서 대신사 기념경비를 위한 계모임에 참여하였고(1867. 10), 청산군 포전리 김연국의 집 향례에 이관영, 권재조, 임정준 등과 참석(1893. 3. 10), 보은 장내취회 때 관동대접주로 임명되어 혁명에 참여하였다가 1900년에 전라도에서 피체되어 4월에 처형당한 것으로 기록되어 있다.

39. 신영우, 앞의 글, 10쪽. 1894년에 최맹순이 이끌던 동학교도들은 무려 '7만여 명'이라고 관아에서 파악하고 있다. 최맹순의 포교지는 경상도뿐 아니라 다른 도까지 걸쳤다고 한다. 충청도와 강원도에도 그 조직이 퍼져 있었다는 파악이었다. 각처에 48개의 접소를 두었다면 접주로 임명한 사람이 48명이라는 의미인데 이럴 경우 예하의 동학교도들의 수를 최소한 '수만'으로 추정할 수 있다.

40. 임규호는 천도교인명사전에 의하면 광화문 복합상소에 참가(1893. 2)하였고, 보은 장내취회에서 충경대접주로 임명되었으며 동학농민혁명 당시 1894년 12월 18일 보은 전투에서 전사한 것으로 기록되어 있다.

41. 『開闢』제46호, 1924년 4월.「戰史上으로 본 忠淸南道」."其 動亂의 최초 火蓋를 開한 지방은 물론 全羅道 古阜郡이나 당시 東學黨의 제일 세력이 강대한 곳은 忠淸南道요. 動亂도 또한 此地가 중심이 되얏다. 환언하면 甲午 東學亂은 忠淸南道로 인하야 대세력을 得하얏고 忠淸南道로 인하야 또한 大失敗를 하얏다. 당시 忠南의 東學黨은 德胞 禮胞 淸胞 忠慶胞 山川胞 洪胞 등이 잇섯스니 德胞는 朴寅浩(今天道敎 春菴先生)을 중심으로 한 德山, 禮山, 新昌, 溫陽, 洪州, 結城, 沔川, 唐津, 瑞山, 泰安, 天安, 木川, 등 忠南 일대와 京畿의 漣川, 楊州 일대를 통합한 교단이오. 禮胞는 朴德七, 淸胞는 孫天民 외 文天釗, 李永範, (起兵 洪州 葛山) 忠慶胞는 申澤雨, 李鑛龜, (起兵 結城) 山川胞는 韓明淳, 李昌九 (起兵 沔川) 洪胞는 韓某 李某(姓名未詳 起兵 洪州)를 중심으로 한 교단이니 其中 세력이 강대한 자는 德胞다. 甲午動亂을 際하야 이상 諸胞는 亂蜂과 如히 一時 兵을 起하야 海美郡 余美坪에 집중하니 불과 수일에 其衆이 수만에 달하얏다."
42. 이관영은 천도교인명사전에 의하면 청산의 김연국 집 향례에 권재조, 임정준, 이원팔 등과 함께 참여(1893. 3. 10)하였고, 보은 장내 취회 때에 상공대접주로 임명되어 혁명 당시에는 상주에서 참여하였다고 기록되어 있다.
43. 『甲午斥邪錄』8월 14, 15일자 通文."貴邑淸福亭道人十八人 卽商功接(尙州 功城接) 受道之人 而其中七人 被刑於貴所云 不知道人而然歟 更勿侵犯" 신영우 앞의 글 재인용.
44. 『召募日記』,『東學農民戰爭使料叢書』11권, 史芸硏究所, 1996. 11월 15일자."設大軍于察眉樓 與主偕登 捉人罪人申斗文 以掘塚人 聚黨陷城之罪 砲殺于南門外" 신영우, 앞의 글 재인용. 신두문은 천도교인명사전에 의하면 동학군 지도자로 동학농민혁명에 참여하였다가 1894년 11월 14일 경상도 선산에서 피체되어 총살되었다고 기록되어 있다. 이를 미루어 신두문은 선산 지역에 연고가 있는 동학군 지도자였음이 틀림없다고 판단된다.
45. 『주한일본공사관기록』1권 69. 신영우, 앞의 글 재인용.
46. 이윤갑, 앞의 글, 159쪽 참조. 이윤갑은 동학의 확대이유를 이 지역의 지배 세력들이 전라도 농민군의 위세에 놀라 동학의 세규합을 저지하지 못했고 무엇보다도 경상도 지역의 농민들이 전라도의 농민봉기에 고무되어 적체된 봉건적 모순을 일거에 해결할 수 있으리라는 기대로 앞 다투어 동학에 입도한 것으로 해석한다.
47. 이러한 내용은 동학측의 기록에는 없지만 양반층의 기록에는 남아 있다. 최봉길, 『世藏年錄』, 반재원,『甲午斥邪錄』등이 대표적인 기록물들이다.
48. 표영삼,「경상북서지역 동학군 활동」, 앞의 글, 23-24쪽.
49. 『世藏年錄』,"是時東學尤盛 無處無染 吾鄕魁首則 竹田南廷薰 眞木片輔彦片白現者也 竹汀康桂然 耆洞金定文(鑑湖亭 庫子) 江坪姜都事永 鳳溪曺舜在 孔子洞張先達箕遠 新下裵君憲 壯巖權學書則 爲其接主也"
50. 강기선은 18세기 말 19세기 초 김산에서 가장 높은 벼슬을 역임한 강석국의 고손자로서 그 자신이 의금부 도사를 지냈다. 조순재는 동학농민군 진압을 위해 정부에서

임명한 김산소모사 조시영의 가까운 일가이다. 소모사가 그의 구명에 앞장을 서고 있다. 배재연은 고종대에 진사 급제를 하고 첨지중추부사 겸 오위장을 지낸 배석곤의 손자이다. 권봉제는 班姓 안동 권씨의 일원으로서 그의 부친인 권석노는 『인와집』이라는 문집을 남김 문사였다. 신영우, 「경상도지역 동학농민혁명과 농민군 지도부의 성격」, 『동학농민혁명과 농민군지도부의 성격』, 전라북도 제100주년 기념 학술대회, 1996. 10. 발표 논문.

51. 표영삼, 「경상북서지역 동학군 활동」, 앞의 글, 25쪽 참조.

52. 또 다른 주장은 선산의 유력 가문 출신인 한교리의 지휘 하에 해평을 습격해 일본 기지의 일부를 불태웠다고 한다. 이에 격분한 일본군이 기습을 결정했다는 것이다. 당시 해평 습격을 지휘한 한교리는 구한말 무과출신의 양반가였다고 한다. 한명수 증언(2016. 2. 25)

53. 한교리는 죽장사로 피신해 화를 면할 수 있었다고 한다. 한명수 증언(2016. 2. 24).

54. 경북도지사, 앞의 책, 107쪽.

55. 동학측이나 관변측 어떤 기록에도 그가 접주였다는 기록은 나타나지 않는다. 그러나 그럴 개연성은 충분하다. 이이화 역시 박성빈은 어떤 형태로든 혁명과정에 참여했을 것이라고 지적한다. 박석교, 「박정희대통령의 가문과 천도교」, 『신인간』, 1972. 4월호 참조; 이이화, 『끝나지 않은 역사 앞에서』, 파주시: 김영사, 2009, 100-106쪽 참조.

56. 박성빈의 묘비 내용 중에서. 위의 글.

57. 박성빈의 묘비 내용 중에서. 위의 글. 박성빈의 묘비는 1968년에 작성되었다고 한다. 이이화, 앞의 책, 103쪽.

58. 박정희 부친과 관련한 유일한 증언이다. 기록의 유무에 따라서 연구 결과는 천양지차일 수밖에 없다. 그러나 때로는 전후의 정황을 고려해 판단해야 할 경우가 있다. 참여 기록이 없음에도 수많은 동학농민군들이 참여한 동학농민혁명과 같은 것이 그러하다. 박성빈의 기록이 없다 하더라도 그 개연성은 충분하고 특히 아들인 박정희가 이전까지 동학난이었던 명칭을 동학혁명으로 정정했고 황토현과 우금치에 기념비를 세우고 교과서에 시리게 했으며 또 경주 수운 최제우의 생가터에 세운 유허비의 글을 썼다. 물론 자신이 일으킨 5.16 쿠테타를 미화하기 위한 모습이었다고 해석할 수 있지만 적어도 박정희 정권보다 동학에 애정을 가지고 다가온 정권도 없었다. 과연 박정희가 부친과 무관한 동학에 이러한 애정을 쏟을 이유가 있었을까를 생각하면 그의 부친 박성빈의 동학농민혁명 참여는 충분히 인정해 줄 수 있다고 본다. 실제로 박정희의 유족들은 동학농민혁명 유족에 등재되어 있다.

59. 상모동의 우리 지명은 모룹골이다. 모룹골은 잘 모른다는 의미라고 한다. 박석교, 위의 글, 72쪽.

60. 성주 동학농민혁명에 체포된 동학농민군은 300여 명이었는데 이 중 박성빈은 달변에 능했기에 유일하게 살아 돌아 왔다고 딸 박재희는 증언하고 있다. 이이화, 앞의 책, 104쪽 참조.

61. 경북도지사, 앞의 책, 109쪽 참조.

1894년 경상도 구미·선산 동학농민혁명의 문학적 형상화 / 우수영

1. 박진태, 「1894년 경상도지역의 농민전쟁」, 『1894년 농민전쟁연구4-농민전쟁의 전개과정』, 역사비평사, 1995, 283쪽.
2. 신영우, 「경북지역 동학농민혁명의 전개와 의의」, 『동학학보』 12, 동학학회, 2006, 16-17쪽.
3. 『주한일본공사기록』 1권, 69쪽, 신영우, 「경북지역 동학농민혁명의 전개와 의의」, 『동학학보』 12, 동학학회, 2006, 재인용.
4. 「전봉준 공초」, 『東學農民戰爭史料叢書』 18, 역사문제연구소 동학농민전쟁100주년 기념사업추진위원회 편, 1996, 73쪽.
5. 『舊韓國外交文書』 3(日案3), 「3328東學軍北上과 公州日軍의 繼續住留要請」, 141쪽.
6. 박맹수, 『개벽의 꿈』, 서울: 모시는 사람들, 2011, 403-407쪽.
7. 『歲藏年錄』 8월 6일. 박진태, 「1894년 경상도지역의 농민전쟁」, 『1894년 농민전쟁연구4』, 역사비평사, 1995, 323쪽 재인용.
8. 「1894년 동민전쟁 일지」, 9월 22일, 『1894년 농민전쟁연구5』, 역사비평사, 1995, 277쪽.
9. 『갑오척사록』 9월 22일, 『歲藏年錄』 9월 25일. 「1894년 농민전쟁 일지」, 9월22일, 『1894년 농민전쟁연구5』, 278쪽. 『駐韓日本公使館記錄』 3권, 363쪽. 박진태, 「1894년 경상도지역의 농민전쟁」, 『1894년 농민전쟁연구4』, 역사비평사, 1995, 324쪽 참조.
10. 『매일경제신문』, 「새시집 새목소리 가득」, 1987. 3. 26.
11. 김용락, 시집 『푸른들』, 서울: 창작과 비평, 1987 참고.
12. 김용락, 시집 『푸른들』, 서울: 창작과 비평, 1987 참고.
13. http://www.pressian.com/news/article.html?no=116718, 2016.04.18.
14. 김용락, 『민주반월보』 49, 대구민주화보존연구회, 2013. 12. 31, 33쪽.
15. 『討匪大略』, 甲午十二月 二十八日, 국사편찬위원회, http://www.history.go.kr/, 2016. 04. 18.
16. 「선산고택답사」,http://www.ohmynews.com/NWS_Web/View/at_pg.aspx?CNTN_CD=A0001872005&CMPT_CD=P0001, 2016. 04. 18.
17. 김용락, 『민주반월보』 50, 대구민주화보존연구회, 2014. 3. 24., 11쪽.
18. 채길순, 『웃방데기』, 서울: 모시는사람들, 2014 참고.
19. 채길순, 『웃방데기』, 서울: 모시는사람들, 2014, 95쪽.
20. '26일' 오기.
21. 채길순, 『웃방데기』, 서울: 모시는사람들, 2014, 264쪽.
22. 「1894년 동민전쟁 일지」, 9월22일, 『1894년 농민전쟁연구5』, 역사비평사, 1995, 277

쪽.

23. 이용직.

24. 채길순, 『웃방데기』, 서울: 모시는사람들, 2014, 265-268쪽.

25. 채길순, 『웃방데기』, 서울: 모시는사람들, 2014, 252-253쪽.

26. 채길순, 『웃방데기』, 서울: 모시는사람들, 2014, 181-182쪽.

27. 응교(應敎) 조선 시대에, 예문관에 속하여 왕명 제찬과 역사 편찬에 관한 일을 맡아보던 정사품 벼슬.

28. 조중의, 『망국』, 서울: 영림카디널, 2014, 188쪽.

29. 조중의, 『망국-동학초기비사 소설 최시형』, 서울: 영림카디널, 2014, 323쪽.

30. 조중의, 『망국-동학초기비사 소설 최시형』, 서울: 영림카디널, 2014, 323-324쪽.

31. 『웃방데기』, 『망국』 두 소설 작품의 공간적 배경이 구미 선산에 한정되지 않은 것은 사실이다. 두 서사 속 진행이 구미 선산 지역에 정확하게 초점을 맞춘 것은 아니더라도, 전쟁기간 동안 구미 선산 지역을 횡단하고 있고, 1894년 경상도 동학농민군과 그 주변 인물들이 보여주는 그들의 당시 현실 인식을 독자들에게 제공하고 있는 작품이라 할 수 있다.

경상도 선산(구미) 동학농민혁명의 사상적 의미 / 김영철

1. 백성들 대다수는 자신들을 구원할 지도자를 갈망하게 되었다. 이는 당시 유행하던 정감록이나 홍경래의 난, 잦은 민란 등에서도 엿볼 수 있다. 이를 윤순갑은 당시 널리 유행하던 정감록의 내용을 동학 창도자인 수운의 생각에서 잘 나타난다고 생각한다. 예컨대 "정씨의 개국과 계룡산 건도, 그리고 십승지를 기본골격으로 하는 정감록의 현실부정의 예언은 기존 질서 아래서 고통 받고 있는 당시 농민대중들의 의식과 소망을 대변하는 것이었다. 그래서 최제우가 비록 '괴이한 동국참서'라고 하면서 도참을 거부하기는 했지만, 이것을 자신의 사상 안에 소화시키고 종교적으로 승화시키지 않았다면, 동학이 그처럼 민중들에게 커다란 호응을 받기 어려웠을 것이다. 뿐만 아니라 당시 민중의 세계에는 새로운 세계를 가져올 초월적 존재인 '진인' 출현에 대한 강한 믿음 역시 강하게 뿌리박혀 있었다. … 고난에 빠진 농민대중들은 초월적 권능을 가진 진인이 하늘의 명을 받고 이 땅에 출현하여 현실의 악과 재앙을 몰아내고 새로운 이상세계를 만들어 자신들의 질곡을 풀어줄 것이라는 믿음을 가슴 속에 간직하고 있었다. 즉, 당시 농민대중들은 진인을 구원자나 메시아적 존재로 인식하고 있었으며, 이러한 진인에 대한 믿음이 동학의 창시자 최제우에게 자연스럽게 전이될 수 있었다고 할 수 있다."(윤순갑, 「서구의 충격과 외압에 대한 발상의 제형태: 한말의 사상적 상황을 중심으로」, 『동양정치사상사』 제2권 2호, 103쪽.)

2. 수운은 서양의 중국침략이 곧 우리나라에도 위기임을 깨닫고 보국안민을 주장한다. 즉 "경신(1869)에 이르러 전해 들으니 서양 사람들은 천주의 뜻이라고 하여 부귀를 취하지 않고 천하를 공격하여 취해서 서학의 교당을 세우고 그 도를 행한다고 하였

다. 그러므로 나는 또한 '그럴 수 있을까. 어찌 그럴까'하는 의문이 있었다. 그러다가 뜻밖에 경신년 4월에 갑자기 가슴이 두근거리고 몸이 떨리기 시작하여 무슨 병인지 병의 증세를 알 수 없고, 말로 형상하기도 어려울 즈음에 어디선가 갑자기 선어가 문득 귀에 들려왔다."(신용하, 『한국근대사회사상사연구』, 서울: 일지사, 1987, 145쪽 참조.)

3. 한우근, 『동학창도의 시대적 배경』, 서울: 지식산업사, 1987, 673-777쪽 참조.

4. 박맹수, 「동학의 성립과 사상적 특성」, 『근현대사 강좌』 제5호, 22쪽 참조.

5. 이러한 동학의 사상적 특징은 조선 유림의 사상적 특징과 그 맥을 상당 부분 같이 한다. 이에 대한 논의는 이 논문의 핵심 내용이며, 구미(선산)의 유학적 전통과 연계하여 전개한다.

6. 이러한 수운의 생각은 '시천주(侍天主)'와 '오심즉여심(吾心卽汝心)'의 사상에서 보다 분명하게 나타난다. 예를 들어 수운은 천사문답에서 "스스로 묻고 스스로 대답하여 무궁을 외이고 무궁을 노래하니 천지일월(天地日月) 성진초목(星辰草木) 금수인물(禽獸人物)이 한가지로 그 노래에 화답한다."라고 한다.[이돈화, 『천도교창건사』, 서울: 경인문화사, 1982, 14-16쪽 참조.] 이는 자기 자신에게 질문을 하고, 그에 대한 깨우침을 얻고 있음을 의미한다. 그리고 이러한 깨우침으로부터 지금까지 해결하지 못했던 모든 문제의 해결방안이 이미 자기 자신 안에 있었음을 알게 된다. "억천만리 공간이 눈앞에 있고 억천만년의 시산이 눈앞에 있어 먼데도 없고 가까운 데도 없으며 지나간 시간도 없고 오는 시간도 없어 백 천억 무량수의 시간과 공간이 한 조각 마음속에서 배회함을 보았었다." 이돈화, 『천도교창건사』, 서울: 경인문화사, 1982, 14-16쪽 참조. 이러한 수운의 깨우침은 곧바로 기쁨과 세상 구원의 신념으로 바뀌게 된다. 왜냐하면 자신과 같이 하잘 것 없는 존재에도 한울님이 내재하고 있다는 깨우침은 곧 세상 모든 사람들에게도 기쁨이자 구원의 소식이었기 때문이다. "내 마음이 곧 네 마음이니라. 사람이 어찌 이를 알리오. 천지는 알아도 귀신은 모르니 귀신이라는 것도 나니라. 너는 무궁 무궁한 도에 이르렀으니 닦고 단련하여 그 글을 지어 사람을 가르치고 그 법을 바르게 하여 덕을 펴면 너로 하여금 장생하여 천하에 빛나게 하리라."(『동경대전』, 「논학문」)

7. 민족 개념은 순전히 근대적 논리이다. 말하자면 민족 개념의 형성과 함께 근대가 시작된다고 볼 수 있다.

8. 이현희, 「동학혁명의 전개와 근대성」, 『동학학보』 3호, 7-9쪽 참조.

9. 수운의 인즉천(人卽天) 사상은 시천주(侍天主) 사상과 그 뜻을 같이 한다. "여러분은 侍者의 뜻을 아는가? 시자를 어떻게 풀이함이 가한가? 사람이 태내에 생길 때부터 시자의 의가 생긴다고 함이 가한가? 여러분은 이 시자의 의를 연구하라." 이돈화, 『천도교창건사』, 서울: 천도교중앙종리원, 1993, 2편 2장. 수운의 시천주(侍天主) 사상은 곧 모든 인간은 시자(侍者)로서의 인간, 즉 천주로서의 한울님을 몸에 모시고 있는 존재로서의 인간을 의미한다. "분별없는 이것들아, 나를 믿고 그러하냐? 나를 도무지 믿지 말고, 한울님만 믿어라. 네 몸에 모셨으니 사근취원 한단 말이냐? 내

역시 바라기는 한울님만 오로지 믿고, 몽매함을 벗어나지 못한 너희들은 서책은 아주 폐하고 수도하는 데 힘쓰는 것, 그도 또한 도덕이다."(『용담유사』, 「교훈가」) 이는 천주인 한울님을 인간 몸에 모셨음을 뜻한다. 즉 인간이 시천주함을 뜻한다. 이는 한울님이 인간 내면의 마음에 존재하고 있음을 말한다. 그리하여 한울님이 인간 마음에 존재하고 있다면 한울님의 마음은 사람의 마음이 된다. 이는 오심즉여심(吾心卽汝心)을 의미한다. 인간은 오심즉여심을 깨닫게 되면, 즉 자기 자신에 내재하고 있는 한울님을 인식하게 되면, 참된 의미에서의 사람, 즉 시자가 되는 것이다. "수운의 '시'는 내가 하늘님의 영기(靈氣)로 태어나 그 안에서 살지만, 동시에 그 하늘님 역시 내 안에서 살고 계시면서 나의 지성과 성원에 감응하고 응답하는 실재임을 온전히 깨달아 그 모신 하늘님을 지극히 공경하고 받들어 모심을 의미한다. 그러므로 처음부터 하나라고 해서는 안 된다. 궁극적으로는 하나일지 모르지만, 온전한 합일로 나아가기 전에는 내 몸 안에 엄연히 현존하고 있는 '신령'의 실재가 있고 그 '신령'의 존재를 체험하고 받들어 모심이다. 그래서 하늘님을 부모님처럼 공경하라는 것이 수운이 생각한 진정한 경천(敬天)이며, 이것이 시천주의 의미라고 할 수 있다."(김용휘, 「시천주사상의 변천을 통해 본 동학연구」, 고려대학교 박사학위논문, 2004, 44쪽.)

또한 수운은 시자(侍者)로서의 인간이란 새로운 개념을 통해 인간을 천주인 한울님과 동일한 존재, 즉 신령한 존재로 승격시켰다. 이는 곧 천주가 인간으로 드러나고 있음을 의미한다. 이를 설명하기 위해 수운은 지기(至氣)라는 개념을 사용한다. 말하자면 천주는 지기이며, 지기는 아무런 형체도 없고 보이지도 않는 것으로서 만물을 생성케 하는 것이다. 또한 지기는 스스로 창조하고 스스로를 드러내고자 하는 본성을 지닌다. 이러한 지기가 드러난 것이 바로 우주 삼라만상이라는 것이다. 하지만 지기로 생성된 것들 가운데 오직 인간만이 지기 자신인 신과 합일될 수 있다고 한다. 이는 곧 천인합일의 사상으로 발전한다. 예컨대 모든 인간은 스스로 천주를 만나고 직접 체험할 수 있다는 것을 의미한다. 따라서 시자란 곧 천일합일에 이른 존재인 것이다.(김영철, 「인간 본연으로의 회귀 - 동학의 수양론과 신플라톤주의 영혼론을 중심으로 -」, 『동학학보』 31호, 135-136쪽.)

10. 신용하, 「동학과 갑오농민전쟁의 결합」, 『한국학보』 67호, 84쪽 참조.

11. 오랜 전통을 가지고 전체 사회에 기본적인 신념체계를 제공하면서도 그 자체가 종교 제도적 체계에 수용되지 못한 상태에 있는 것을 근원종교라 부르고, 이에 반하여 제도적 체계를 갖춘 것을 제도종교라 부른다. 근원종교는 일종의 전통적인 공유 가치관으로서 그 사회의 기본적인 신념공감대를 이루고 있는 것이다.(윤이흠, 「동학운동의 개벽사상-신념유형과 사회변화의 동인을 중심으로-」, 『한국문화』 8호, 199-203쪽 참조.)

12. 동학농민혁명의 전개 과정은 네 단계로 구분하여 설명하는 것이 일반적이다. 예컨대 1단계는 고부의 농민혁명, 2단계는 1차 농민혁명, 3단계는 집강소 시기 그리고 마지막으로 4단계는 2차 농민혁명으로 나누어 설명한다.

13. 전봉준은 군율로서 〈4대 명의〉와 〈12개조 기율〉을 발표하였다. 〈4대 명의〉는 ① 사람을 죽이지 않고 물건을 파괴하지 않는다.(不殺人 不殺物) ② 충과 효를 모두 온전히 하며 세상을 구하고 백성을 편안케 한다.(忠孝雙全 濟世安民) ③ 일본과 오랑캐를 몰아내어 없애고 왕의 정치를 깨끗이 한다.(逐滅倭夷 澄情聖道) ④ 군대를 몰고 서울로 들어가 권세가와 귀족을 모두 없앤다.(驅兵入京 盡滅權貴)이다. 그리고 〈농민군 12개조 기율〉은 다음과 같다. 1. 항복하는 자는 사랑으로 대한다.(降者愛待) 2. 곤궁한 자는 구제한다.(困者救濟) 3. 탐학한 자는 추방한다.(貪者逐之) 4. 순종하는 자는 경복한다.(順者敬服) 5. 도주하는 자는 쫓지 않는다.(走者勿追) 6. 굶주린 자는 먹인다.(飢者饋之) 7. 간사하고 교활한 자는 없앤다.(奸猾息之) 8. 빈한한 자는 진휼한다.(貧者賑恤) 9. 불충한 자는 제거한다.(不忠除之) 10. 거역하는 자는 효유한다.(逆者曉諭) 11. 병든 자는 진찰하여 약을 준다.(病者診藥) 12. 불효한 자는 형벌을 한다.(不孝刑之) (주한일본공사관기록, 1894, 23쪽 참조.)

14. 이는 〈4대 명의〉 가운데 네 번째 항목인 '군대를 몰고 서울로 들어가 권세가와 귀족을 모두 없앤다.'(驅兵入京 盡滅權貴)에서도 알 수 있다.

15. 이는 〈4대 명의〉 가운데 세 번째 항목인 '일본과 오랑캐를 몰아내어 없애고 왕의 정치를 깨끗이 한다.'(逐滅倭夷 澄情聖道)에서도 볼 수 있다.

16. "해월의 '사인여천' 사상은 수운의 '시천주'사상에 바탕을 두고 있다. 수운의 시천주 사상은 기본적으로 인본주의 또는 인간 평등사상을 바탕으로 하고 있다. 이를 해월이 철학적으로 체계화하여 '사인여천'의 정신으로 고착시켰다. 말하자면 수운은 시천주 사상을 통하여 한울님을 인간 내면으로 가져왔고, 이를 해월이 인간 존엄성과 만인 평등을 부각시킨 사인여천 사상으로 세상에 널리 알렸다고 볼 수 있다." 김영철, 「영해동학혁명과 해월의 삶에 나타난 사인여천 사상」, 『동학학보』, 30호, 257-258쪽.

17. 2차 동학농민혁명은 동학교도보다도 정부 관료의 폐정과 수탈에 반발하는 일반 농민과 소작농민이 많았다. 전봉준은 이에 대해 "봉기했을 때에 民(원민)이며 동학이 합하였으나 동학은 少(소)하고 원민은 多(다)하였다."라고 관군에 의해 체포된 후 심문 당하는 과정에서 말하였다. 하지만 일반 농민들도 모두 동학농민혁명군의 혁명 이념에 동의하였으며, 자신들도 동학교도와 다르지 않음을 보였을 것이다.

18. 신용하, 「갑오농민전쟁의 제2차 농민전쟁」, 『한국문화』 14호, 447쪽 참조.

19. 신용하, 「갑오농민전쟁의 제2차 농민전쟁」, 『한국문화』 14호, 448쪽 참조.

20. 동학의 기본 단위 조직은 접(接)이었다. 35호에서 70호 내외의 규모로 구성되는 접에는 교주 최시형의 도장을 찍어 임명장을 발급하는 접주가 임명되었다. 동학의 포교가 활발해지고 입도자가 늘어나면 그 접 조직에서 교세를 확대시킨 인물들은 대접주에 임명되었다. 원래의 접주는 이 새로운 여러 개의 접으로 구성된 포(包)를 관장하면서 대접주로 불리었다. 예컨대 가장 활발하게 활동하던 포는 예천과 문경 일대의 관동포(關東包), 상주와 선산 그리고 김산 일대의 충경포(忠慶包), 상주와 예천 일대의 상공포(尙功包), 선산과 김산 일대의 선산포(善山包) 그리고 김산과 개령 일

대의 영동포(永同包)를 비롯한 5개의 포였다. 신영우, 「경북지역 동학농민혁명의 전개와 의의」, 『동학학보』 12호, 8-9쪽 참조.

21. 이때에는 동학농민군뿐만 아니라 양반 유생들도 일본에 대항하여 의병활동을 전개코자 하였다. 이에 경상도 안동의 호서충의 서상철의 이름으로 의병운동을 궐기하는 격문을 붙이기도 하였다. "지금 임금은 누란(累卵)의 위기에 놓여 있는데, 안일하게 앉아서 돌아보지 않으며 신하로서 한 하늘 아래 같이 살 수 없는 원수를 두고도 아무 각성이 없이 다만 피할 줄만 알고 모두가 자기의 사사로운 일만을 꾀합니다. 변란이 일어난 지 한 달이 지났으나 아직까지도 소문 한 번 내지 못하고 조용하기만 하니, 이것이 어찌 우리 열성조(列聖祖)가 500년 동안 아름답게 길러온 의리라고 하겠습니까? … 우리 임금을 위협하고 백관을 핍박한 것과 호위병을 쫓아내고 무기고를 약탈한 것은 신민들도 너무나 슬퍼하여 차마 말할 수가 없으니 임진란 때보다 더 심한 일입니다. … 이번 달 25일 일제히 안동부의 명륜당으로 오시어 적도 토벌의 기일을 약속해 주십시오. …지금 父子가 있으면 아들이 나오고 兄弟의 경우에는 아우가 나오서서, 忠義에 분발하고 노력을 아끼지 않을 사람은 어떠한 일도 구애받지 말고 제각기 창검을 갖고 대기하시기 바랍니다."(박주대, 『羅巖隨錄』 제3책, 호서충의서상철 포고문). 하지만 이러한 격문에도 불구하고 이들의 의병활동은 제대로 진행할 수 없었다. 왜냐하면 이들에게는 동학교도와 달리 일본과 싸울 힘이나 세력이 없었기 때문이다.

22. 신영우, 「1894년 영남의 동학농민군과 동남부 일대의 상황」, 『동학학보』 30호 참조.

23. 이때 경북지역의 농민들은 전라도에서 일어난 동학농민혁명이 성공적으로 진행되고 있음을 소문으로 들었고, 이로 인해 많은 농민들이 동학교에 입교했을 것으로 짐작할 수 있을 것이다.

24. 신영우, 「경북지역 동학농민혁명의 전개와 의의」, 『동학학보』 12호, 15-17쪽 참조.

25. 『동경대전』, 「논학문」: "이를 일일이 들어 말할 수 없으므로 내 또한 두렵게 여겨 다만 늦게 태어난 것을 한탄할 즈음에, 몸이 몹시 떨리면서 밖으로 접령하는 기운이 있고 안으로 강화의 가르침이 있으되, 보였는데 보이지 아니하고 들렸는데 들리지 아니하므로 마음이 오히려 이상해져서 수심정기(修心正氣)하고 묻기를 "어찌하여 이렇습니까." 대답하시기를 "내 마음이 곧 네 마음이니라. 사람이 어찌 이를 알리오. 천지는 알아도 귀신은 모르니 귀신이라는 것도 나니라. 너는 무궁 무궁한 도에 이르렀으니 닦고 단련하여 그 글을 지어 사람을 가르치고 그 법을 바르게 하여 덕을 펴면 너로 하여금 장생하여 천하에 빛나게 하리라." 이 '천사문답'의 내용은 단지 '오심즉여심'의 자각으로 인해 자신과 한울님이 같은 존재라는 동일성을 인식하고 있음을 보여주는 데 그치는 것이 아니다. "스스로 묻고 스스로 대답하여 무궁을 외이고 무궁을 노래하니 천지일월(天地日月) 성진초목(星辰草木) 금수인물(禽獸人物)이 한가지로 그 노래에 화답"한다는 부분에서도 분명하게 알 수 있듯이, 자기 자신에게 질문을 하고, 그에 대한 해답, 즉 깨우침을 얻고 있음을 분명히 보인다. 그리고 이러한 깨우침으로부터 지금까지 해결하지 못했던 모든 문제의 해결방안이 이미 자기 자신

안에 있었음을 알게 된다. "억천만리 공간이 눈앞에 있고 억천만년의 시산이 눈앞에 있어 먼데도 없고 가까운 데도 없으며 지나간 시간도 없고 오는 시간도 없어 백 천억 무량수의 시간과 공간이 한 조각 마음속에서 배회함을 보았었다." 이로서 수운은 세상 구원의 확신을 얻게 된다. 김영철, 「인간 유한성 극복의 단초로서의 동학사상」, 『동학학보』 36호, 164-165쪽 참조.

26. 김의환, 『근대조선동학농민운동사 연구』, 서울: 화산서원, 1986 참조.

27. 갑오개혁에 대한 평가는 엇갈린다. 하지만 분명한 것은 조선이라는 사회가 변화하고 있음을 보여주는 사건이라는 것이며, 거기에는 동학의 정신이 분명하게 놓여 있다는 점이다.

28. 길재는 1390년 38세 때 고려가 패망의 기색을 드러내자 가족을 데리고 고향인 선산으로 낙향하였으며, 새 왕조인 조선이 건국된 후에도 불사이군(不事二君)의 신념으로 망국지신(亡國之臣)의 삶을 살면서 후진양성에 힘을 쏟았던 유학의 거두였다. 16세기 중엽의 퇴계 이황(1501-1570)과 남명 조식(1501-1572)도 길재가 만든 사림에서 나왔으며, 한강 정구(1543-1620)나 여헌 장현광(1554-1637) 등도 그곳에서 나왔다. 특히 장현광은 길재를 기리면서 "우리 동방의 절의를 논하는 자들은 마침내 야은 선생을 동방의 백이伯夷라고 일컫고 있으니, 오직 백이를 아는 자만이 선생을 알 것이다."라고 하였다. 張顯光, 『旅軒全書』卷10, 「冶隱先生文集拔」, "論吾東節義者, 乃以冶隱先生爲東方之伯夷, 惟知伯夷者, 可以知先生矣."

29. 李重煥, 『擇里志』 참조.

30. 선산 지역의 유학이 쇠퇴되기 시작한 것은 무오년과 갑자년 등 초기의 사화에서 이 지역 사림이 입은 피해가 회복하기 어려울 정도로 컸기 때문이기도 하다. 16세기 초 중반에는 박영을 중심으로 송당학맥이 중심이 되어 학풍을 주도하고 있었으나 대외적인 인지도나 영향력은 제한되어 있었다. 선산 지역 서원의 중심은 금오서원(金烏書院)이다. 여기에는 길재 · 김종직 · 정붕 · 박영 · 장현광 등 다섯 사람이 제향되어 있으며, 이는 송당학맥과 밀접한 관련을 가지고 있다.

31. 선산(구미) 지역 동학운동에만 한정하여 논의한 연구결과물은 지금까지 없다.

32. 기포령은 각 조직이 무장봉기해 일본을 축출하기 위한 군사 활동을 하라는 지침이다.

33. 이곳은 현재 선산(구미) 지역 동학농민혁명의 문화유적지로 지정되어 있는 쌍암고택으로 잘 알려져 있다. 이 집은 검재 최수지의 후손인 최광익이 1750년대에 아들의 살림집으로 마련한 곳으로 대대로 전주 최씨가 살던 곳이었다. 당시 주인인 전주 최씨 일가는 동학농민혁명군의 활동에 위협을 느껴 합천으로 피신해 있었는데, 그때 일본군은 비어있던 이 집을 무단 점거해 병참부를 세웠었다. 해평은 서울과 부산을 오가는 길목에 위치하고 있고, 강정나루 등 큰 나루가 있어 낙동강을 건너는 교통의 요지였기에 일본군이 점거해 병참부로 사용하기 좋았을 것이다.

34. 조선 창업과 관련하여 길재와 같은 일부 학자들은 왕조 교체가 유교적 윤리와 의리에 어긋난다고 생각하여 역성혁명에 참가하기를 거부하고 고향에 내려가 학문과 교

육에 주력하였다. 그들은 김종직에 이르러 그 수가 크게 늘어 영남을 중심으로 이른바 사림파를 형성하여 경학(經學)에 치중하고 인간의 심성을 연구하는 데 주력하였다. 사림파는 김종직과 그의 제자들인 김굉필과 정여창, 김일손 등으로서 훈구파를 견제하려는 성종에 의해 중앙 정계에 진출하지만, 훈구파와의 정쟁으로 인해 많은 사림들이 죽거나 귀향을 가게 되었다. 이때부터 사림들은 더욱 초야에 은거하여 서원을 중심으로 학문에만 힘쓰고자 하였다. 그리하여 16세기 이후에는 경험적 세계를 중요시하는 주기파(主氣派)와 원리적 문제를 중요시하는 주리파(主理派) 간에 철학적 논쟁이 시작되었다. 특히 주리파는 이언적에게서 비롯되어 이황(李滉)에 의해 집대성되었고, 도덕적 원리의 인식과 그 실천을 중요시하여 신분질서를 유지하는 도덕규범의 확립에 크게 기여하였다. 주리파는 이황·조식(曺植) 이후 김성일 등의 영남학파에 의해 계통이 이어졌다. 이러한 성리학은 17세기에 이르러 신분질서의 안정에 필요한 의례를 중요시하여 상장제례(喪葬祭禮)에 관한 예학(禮學)으로 발전하였다.

35. 『孟子』,「梁惠王」, 上.
36. 위의 글, 上.
37. 『論語』,「泰伯」, "民可使由之 不可使之."
38. 물론 경북지역의 동학농민혁명이 조선의 백성을 완전한 의미에서의 민권을 가진, 즉 근대적 의미에서의 민중으로 만든 것은 아니다. 이는 다가오는 3·1 운동에 이르러서야 비로소 가능해 질 수 있었다. 그리고 또한 3·1 운동을 통해 백성이 주권을 갖는 근대적 의미의 민중으로 발전하였는지에 대해서는 논란의 여지가 많아 보인다. 하지만 적어도 이념적으로는 백성을 주권을 가진 민중으로 발전시켰다.

동학·천도교의 개벽사상에 대한 철학적 의미 고찰 / 전석환

1. A. J. Ayer, Language, *Truth and Logic*, England: Penguin Books, 1975, pp.62-63 참조.
2. 이인식,『유토피아 이야기』, 서울: 갤리온, 2009, 10쪽 참조.
   Johaness Hoffmeister, *Wörterbuch der philosophischen Begreffe* , Flix Meiner verlag: Hamburg, 1955, S.638-639.
3. 같은 책, 같은 쪽.
4. 그리스 펠로폰네소스 반도 중앙에 위치한 실재하는 산악지대를 지시하는 단어이지만, 아름다운 풍광으로 말미암아 유토피아의 의미를 부여 받았다고 한다. 서신혜,『조선인의 유토피아』, 서울: 문학동네, 2010, 64쪽 참조.
5. 정재영, 신하균, 강혜정 등이 출연한 이 영화는 원래 장진 극본과 연출로 2002년 만들어졌던 동명의 연극을 영화화한 것이다.
6. 이러한 구체적 실례는 안평대군(安平大君, 1418-1453)의 의해 의뢰되어 안견(安堅)이 그린 몽유도원도(夢遊桃園圖)를 들 수 있다. 안평대군은 '몽유도원기(몽유도원도

발문)'라는 글에서 자신이 꾼 꿈과 이것을 그림으로 남기게 된 사연을 자세히 설명하고 있다. 이 그림은 현재 천리대 박물관에 보관되어 있으며 일본 국보로 지정되어 있다. 안견의 원래 이 그림의 크기는 106×38cm이지만 박팽년, 최항, 신숙주 등의 찬문까지 포함하면 20m 이상의 대작을 이루면서 무릉도원의 원래의 뜻을 잘 형상화한 것으로 높게 평가할 수 있다. 서신혜(2010), 9-35쪽 참조.

7. 무릉도원 외에 이러한 명칭들은 정신적인 면을 강조하는가 혹은 물질적인 면을 강조하는가에 그 차이가 있다. 옥야, 부산 등은 물질적 측면을 낙토, 선경은 정신적인 측면을 강조하는 유토피아적 관점이라고 할 수 있다. 그러나 동천이라는 이상향은 본래 도교에서 신선이 모여 사는 땅, 속세의 때가 미치지 않은 깨끗한 공간을 뜻하면서 도교적 종교색채가 탈색되어 유가적 의미 안에서 수용되었다. 동(洞)이라는 말은 본래 골짜기 혹은 동굴을 뜻하고 전국적으로 동천이라는 이름이 많고 원래 화양동도 처음에는 화양동천, 청학동도 청학동천이라고 불렀다고 한다. 신종교 갱정유도의 지리산 하동 땅 청학동(푸른 학의 동)은 이러한 변천의 역사를 보여주는 좋은 예증이 될 것이다. 이하 '이상향'의 개념적 설명에 대해서는 서신혜. 2010, 49-72쪽 참조.

8. 류병덕, 『근ㆍ현대 한국 종교사상연구』, 서울: 마당기획, 2000, 92쪽.

9. 같은 책, 92-93쪽.

10. 류병덕, 『근ㆍ현대 한국 종교사상연구』, 서울: 마당기획, 2000, 93-94쪽. 김경재, 「한국인의 위기 의식과 종말사상」, 기독교사상 편집부(엮음), 『종말론의 올바른 이해』, 서울: 대한기독교서회, 1993, 22-23쪽 참조.

11. 김경재, 「한국인의 위기의식과 종말사상」, 기독교사상 편집부(엮음), 『종말론의 올바른 이해』, 서울: 대한기독교서회, 1993, 21쪽.

12. 같은 책, 같은 쪽.

13. 같은 책, 27쪽, 30쪽.

14. 홍경실, 『동학과 서학의 만남』, 서울: 한국학술정보, 2012, 146쪽.

15. 같은 책, 같은 쪽.

16. E. Martens, H. Schnädelbach(Hrsg.), *PHILOSOPIE - Ein Grundkurs Band 1*, Reinbeck : Hamburg, 1991, S.46-47 참조.

17. 쇼펜하우어의 기독교 비판은 '탈서구적 사유'의 전범을 이룬다고 해도 과언이 아니다. 그러나 그의 시도는 불교와 인도사상이라는 또 다른 형이상학에 귀착했다는 점에서 서구의 반(反)형이상학을 이룩했지만 완전히 '탈형이상학'에 도달한 것은 아니라고 볼 수 있다. 전석환, 「염세주의(pessimism)와 종교비판 - 쇼펜하우어(Schopenhauer) 사상의 종교철학적 함의」, 『철학ㆍ사상 ㆍ문학』제4호, 동서사상연구소, 2006 참조.

18. 조극훈, 「東學의 神개념에 대한 변증법적 해석」, 『동학연구』제31집, 2011, 51쪽 이하 참조.
    이찬구, 「동학의 신관에 대한 문제」, 『종교문화연구』, 한신인문연구소, 2002 참조.

19. 김용휘,『우리 학문으로서의 동학』, 서울: 책세상, 2007, 83쪽 참조.

20. 표영삼,『동학 1 - 수운의 삶과 생각』, 서울: 통나무, 2004, 113쪽.

21. 조극훈,「東學의 神개념에 대한 변증법적 해석」,『동학연구』제31집, 2011, 51쪽.

22. 『동학대전』,「논학문」.

23. 『용담유사』,「교훈가」.

24. 『용담유사』,「도덕가」.

25. 표영삼,『동학 1 - 수운의 삶과 생각』, 서울: 통나무, 2004, 115쪽.

26. 데미안 톰슨, 이종인 · 이영아 옮김,『종말』, 서울: 푸른숲, 1996, 23쪽.

27. 표영삼,『동학 1 - 수운의 삶과 생각』, 서울: 통나무, 2004, 114쪽.

28. 류병덕(2000), 같은 책, 같은 쪽.

29. 같은 책, 같은 쪽.

30. 같은 책, 같은 쪽.

31. 류병덕,『근 · 현대 한국 종교사상연구』, 마당기획, 2000, 257쪽.

32. 홍장화,「한 사상과 천도교」, 이을호(외),『한 사상과 민족종교』, 서울: 일지사, 1990, 112쪽.

33. 같은 책, 113-114쪽 참조.

34. 노길명,『한국신흥종교연구』, 서울: 경세원, 1996, 83쪽.

35. 천도교중앙총부(편),『천도교』, 서울: 천도교중앙총부 출판부, 2002/2013, 41쪽.

36. 김경재,「수운의 시천주 체험과 동학의 신관」,『동학연구』, 제4집, 1999 참조. 김경재,「종교적 입장에서 본 현도 100년의 천도교」,『동학학보』, 제10권 제1호 2006 참조.

37. J. Ritter(Hrsg.), Historisches Wörterbuch der Philosophie , Basel u. Stuttgart, Bd.5, S.1186-1280 & Bd.6, S.1189-1200 참조.

38. 천도교중앙총부(편),『천도교』, 서울: 천도교중앙총부 출판부, 2002, 2013, 41쪽.

39. 여기서 '인간학적 관점'이라는 것은 총체적 human science의 관점이 아니라, 철학 안에서 지칭되는 '인간학'을 의미한다. M. Landmann, Philosophische Anthropologie, Walter de Gruyter: Berlin · New York, 1975 참조. W. Kamlah, Philosophische Anthropologie-Sprachkritische Grundlegung und Ethik, Klambt-Druck GmbH: Speyer/Mannheim, 1973 참조.

40. 『동학대전』,「논학문」

41. 『동학대전』,「嘆道儒心急」

42. 윤석산, 동학 · 천도교의 어제와 오늘, 서울: 한양대학출판부, 2013, 194쪽.

43. J. Habermas, Der philosophische Diskurs der Moderne , Suhrkamp: Frankfurt am Main, 1988, S.251.

44. 같은 책, 251쪽.

45. 박승길,「조선조 말의 신종교운동과 민족주의」,『한일 근현대와 종교문화』, 한국종교연구포럼, 서울: 청년사, 2001, 380쪽.

46. 같은 책, 같은 쪽.

47. J. Habermas, Die Neue Unübersichtlichkeit, Suhrkamp: Frankfurt am Main, 1985, S.133-166 참조.

48. 매트 리들리, 『이성적 낙관주의자-번영은 어떻게 진화하는가』, 조현욱 역, 2010 참조.

49. Jürgen Habermas, "Die Moderne - ein unvollendetes Projekt", Kleine politische Schriften I-IV, Suhrkamp: Frankfurt am Main, 1981, S.444-464 참조.

50. 전석환, 「아시아의 연대 구축을 위한 '한국학'의 과제 - Orientalism과 Occidentalism 을 넘어서」, 『인문과학논집』제22집, 강남대학교 인문과학연구소, 2011, 19-21쪽 참조.
필자는 여기에 두 가지의 모델이 특히 비교종교학 연구를 위해 활용적 측면으로 유용하다고 생각한다.

첫째는 동서의 기존 가치에 상호 간의 가치 덕목을 보충하는 교차적 상보작업이다. 이러한 작업의 형태는 기존에 이미 존재했던 가치 덕목에 대해 다른 측면에서의 덕목을 보충해서 새로운 개념으로 복원시키는 구조적 특징을 지닌다.

둘째는 상호 전통문화에 대한 비(非)대응적, 혹은 다(多)대응적인 눈높이를 지니게 하는 일이다.

이 작업은 철학에 있어 인식론을 다른 문화에 있어 인식론, 즉 동양의 존재론 대 서양의 존재론, 동양의 윤리학 대 서양의 윤리학 등으로 대응시키지 말고 서양의 존재론을 동양의 윤리학적 관점이라든가 혹은 동양의 윤리학을 서양의 인식론적 체계 등의 비(非)대응적, 혹은 서양의 형이상학을 동양의 미학적, 인식론적 관점 등의 다(多)대응적으로 비교하는 구조적 특징을 지닌다. 이러한 시도 가운데 전자는 '다중 모더니티'를 주장하는 투 웨이-밍(Tu Wei-Ming)에서, 후자는 에임즈(R. T. Ames)와 홀(D. L. Hall)의 비교철학적 작업에서 그 모델을 살펴 볼 수 있다.

투 웨이-밍(Tu Wei-Ming)은 현대의 계몽철학의 전통을 잇는 사상가들이 간과한 점을 "자연과의조화가 '철학하기(philosophizing)'의 핵심 부분임을 무시"한 것으로 보고, 그런 측면을 비판하면서, 그것으로 인하여 그들이 바로 "탈근대적(postmodern) 비판에 창조적으로 반응하는 이유"라고 주장한다. 그가 의도하고 강조하고자 하는 점은 "지구 공동체라는 관점"으로 사유하고 그런 가운데 "인간 조건에 대한 지구적 관점을 시급히 확립"하자는 데에 모아진다. 이러한 구체적 지적을 투 웨이-밍은 계몽주의 가치(자유, 평등, 박애) 중에서 박애(fraternity) 개념이 자유와 평등 개념에 비해 축소, 왜곡되었음으로 나타났다고 설명한다. 즉 로크(J. Locke)로부터 헤겔(F. W. Hegel)을 걸쳐 막스 베버(M. Weber)에 이르러 드디어 박애 개념의 핵심내용인 "보편적 형제애"는 "근대의 세속 세계에서는 실현 불가능한, 낡은 중세적 신화"로 폄하 해석되었다는 것이다. 투웨이-밍은 박애개념을 '공동체를 실제적으로 작동시키는 원동력'으로 복권할 것을 제시한다. 그는 현재 세계국가들의 패권주의적 "자기이익의 수사법을 극복하고 상호의존의 사해동포 정신"을 박애개념에 담을 것을 주창한다. 즉 투 웨이-밍은 그 동안 자유와 평등 개념의 변두리에 남겨져 있었던 박애개념을 가족적 공동체를 기저로 하는 '유교 휴머니즘'의 지평에서 재구성할 것을 제의한다. 자칫 이러한 시도는 전통주의의 부활과 더불어 연고주의와의 연계로 이어 질 수 있는 위험이 있지만, 동서 가치 덕목들의 교차적 상보작업의 한 모델로 충분히 제의될 수 있을 것이다.

에임즈 (R. T. Ames)와 홀(D. L. Hall)의 방대한 동 · 서 비교철학적 작업은 중국철학과 서양철학의 전문 영역별, 그리고 철학사적 탐구에 혁혁한 업적을 이루었다고 사료된다. 그런데 무엇보다 중요하다고 평가될 수 있는 부분은 서양의 관점에서 동양을 보는 단일 시각의 패러다임을 다차원적으로 전환시켰다는 점에서 이다. 이러한 단적인 실례는 그들이 공자사상의 존재론에 대한 이해를 미학적 관점으로 전환시키면서, 비록 서구 관점이지만 그 사상의 핵심을 훼손없이 온전한 의미로 복원하려는 시도로 높이 평가할 수 있다. 에임즈와 홀은 우주의 내재성을 "질서와 창조성"으로 즉각 이해할 수 있지만, 그러한 이해는 서구인에 있어서는 특정한 패턴에 의거해서 "합리적이든지 논리적 질서"라는 것으로 특징지어진다고 설명한다. 그러나 공자에 의해 드러나는 그것은 서양의 이해가 전제하고 있는 특정한 패턴이라기보다는 "비일상적 패턴의 창발성"에 의해 이해되어야 한다는 것이다. 에임즈와 홀은 이러한 점을 통해 공자에 있어 존재론은 서양의 합리주의적 인식론의 시각을 지양하고, 서양철학에 있어 '미학적(aesthetic) 시각'으로의 전환을 통해서만이 이해 가능하다는 것이다. 그들은 "논리적으로 파악된 질서에서의 폐쇄성"에 의해서는 "개방성에 기초된 미학적 질서"가 결코 이해되지 않는다는 점을 그 중요한 근거로 제시한다.

『동학사』의 동학농민운동 이후 동학 교단의 동향과 분화에 대한 서술 / 조규태

1. 노용필, 1989, 「오지영의 인물과 저작물」, 『동아연구』 19, 1989, 58-77쪽. 김태웅, 1993, 「1920 · 30년대 오지영의 활동과 『동학사』 간행」, 『역사연구』 2호, 101-102쪽.
2. 노용필, 1989, 「오지영의 인물과 저작물」, 『동아연구』 19, 1989, 58-77쪽. 김태웅, 1993, 「1920 · 30년대 오지영의 활동과 『동학사』 간행」, 『역사연구』 2호, 101-102쪽.
3. 노용필, 「오지영의 인물과 저작물」, 『동아연구』 19, 1989, 79쪽.
4. 최시형이 체포되어 사망하기 직전에 천도교단은 구암 김연국, 의암 손병희, 송암 손천민의 삼두체제로 운영되었다. 그런데 최시형이 1898년 갑자기 체포되어 사망한 때문에 도통의 전수를 명확히 정리하지 못하였다. 도통의 전수에서 비롯된 교단 내부의 갈등은 손병희의 문명개화 노선의 추구와 관련하여 증폭되었다. 손천민의 사망과 갑진개화운동 후 김연국계의 천도교 참여의 결과, 동학 교단의 갈등은 일시 봉합되었다. 그렇지만 1906년 이용구 등 일진회원의 출교와 1907년 시천교 창립, 그리고 김연국계의 시천교 참여로 그 갈등은 다시 재연되었다. 한편 1905년 12월 1일

탄생한 천도교단은 평안도를 비롯한 서북 출신 교인의 성원과 권동진·오세창·양
한묵과 같은 문명개화파 주도로 운영되었다. 동학농민운동에 참여한 전라도·충청
도·경상도·경기도·강원도 출신의 동학교인들은 점차 소외되었고, 3·1운동 직
후에도 그 상황은 개선되지 않았다. 바로 이러한 배경 하에 '혁신 운동'을 둘러싸고
교권파와 비교권파가 대립·항쟁하였다. 조규태,「일제의 한국강점과 동하계열의
변화」,『한국사연구』114, 2001, 186-202쪽. 조규태,「1920년대 천도교연합회의 변
혁운동」,『천도교의 민족운동 연구』, 선인, 2007, 172-195쪽.

5. 오지영,『동학사』(초고본),〈해월선생시대의 담설〉. 오지영,『동학사』, 영창서관,
   1940, 193-194쪽,〈海月先生遭變〉.

6. 오지영,『동학사』초간본. 간행본에는 이 사실에 대한 기록이 없다. 이는, 의병에 관
   련된 사람들을 보호하기 위해 삭제한 때문으로 보인다.

7. 서병학이 동학도에 대한 정보를 관군에 넘겨 토벌받은 사실은 조경달의 논문 참조.
   조경달,「1894년 농민전쟁에 있어서 동학지도자의 역할-서병학·서인주를 중심으
   로-」,『역사연구』2, 1993, 74-75쪽.

8. 오지영,『동학사(초고본)』, 국사편찬위원회,〈해월선생피착〉. 간행본에서도〈海
   月先生遭變〉이란 항목에서 대체로 비슷한 내용으로 기술되어 있다. 오지영,『동학
   사』, 영창서관, 1940, 191쪽.

9. 이돈화,『천도교창건사』, 대동인쇄사, 1935, 2편 80-81쪽.

10. 이돈화,『천도교창건사』, 대동인쇄사, 1935, 3편 13쪽.

11. 朴衡采,『侍天教宗繹史』, 1915,『동학농민전쟁사료총서』29, 사운연구소, 1996, 140
    쪽.『시천교종역사』와『동학도종역사』의 성격에 대해서는『동학농민전쟁사료총
    서』29의 1-3쪽의 자료 해제 참조.

12. 康弼道,『東學道宗繹史』,『동학농민전쟁사료총서』29, 사운연구소, 1996, 377쪽.

13. 오지영,『동학사』초고본.

14. 오지영,『동학사』, 영창서관, 1940, 193쪽.

15. 오지영,『동학사』, 영창서관, 1940, 195쪽.

16. 노용필,「오지영의 인물과 저작물」,『동아연구』19, 1989, 63-64쪽.

17. 이돈화,『천도교창건사』, 대동인쇄소, 1933, 제3편 44쪽.

18. 노용필,「정용근의 인물과 저작물」,『『동학사』와 집강소 연구』, 국학자료원, 2001,
    107쪽.

19. 오지영,『동학사』초고본.

20. 刑文泰,「1904·1905년대 동학운동에 대한 일고찰」,『사학잡지』4·5합집, 1977, 68
    쪽. 이돈화,『천도교창건사』, 대동인쇄소, 1933, 제3편 33-34쪽.

21. 오지영,『동학사』, 영창서관, 1940, 195-196쪽.

22. 『원한국일진회역사』권1, 39-44. 조규태,「일제의 한국강점과 동하계열의 변화」,
    『한국사연구』114, 2001, 196쪽.『천도교창건사』에도 "이해 11월(음력: 필자)에 진
    보회와 일진회가 합하야 진보회원으로 일진회에 들게 한 후에 윤시병은 본회장이

되고 이용구는 총회장이 되었다."라고 되어 있다(『천도교창건사』 제3편 50쪽).

23. 「일진회 현황에 관한 조사 보고」, 1904.11.22, 『주한일본공사관기록』 21.

24. 이용창, 「동학 교단의 민회설립운동과 진보회」, 『중앙사론』 21, 2005, 371-373쪽. 이용창은 진보회와 일진회의 성격이 다르다고 보았다.

25. 林公使, 「一進會 및 進步會에 관한 回報 件」, 1904.11.5, 『주한일본공사관기록』 23.

26. 오지영, 『동학사』, 영창서관, 1940, 198쪽. 초고본에는 밑줄 친 내용에 대해서 기술하지 않았다.

27. 조규태, 「일제강점기 천도교의 의회제도 도입과 운용」, 『한국사연구』 164, 2014, 239-241쪽. 기존 연구를 참고하여 이 시기의 혁신 운동을 정리하면 다음과 같다. 일진회 활동을 하던 이용구계의 교인들이 천도교에서 나가 1907년 시천교를 분립하고, 그해 말과 1908년 초 김연국과 그 휘하의 천도교인들이 시천교로 가서, 천도교회가 동요하던 1908년 4월 5일 각지에서 올라온 대표들이 대의기구로서 의사기관을 설립하자고 주장하자, 천도교에서는 1908년 5월 1일 叢仁院을 발족시켰다. 초기의 총인원은 총 12명으로 의사원으로 구성되었다. 의사원은 중앙총부의 司·觀長과 司·觀員에 상당하는 대우를 받았고, 중앙총부 내에서 의사제안·탄핵·조사 등을, 그리고 밖에서는 순유와 교섭 등의 사무를 책임졌다. 1909년 1월 13도대표자회의에서 의사원 10명을 선정하였는데, 당시 玄機司長이던 양한묵은 도주 박인호의 特選으로 평안도 출신의 나용환을 총인원장으로 임명하려 하였다. 이에 비교권파 중심의 총인원 의사원들이 오지영을 총인원장으로 임명하고 저항하자, 중앙총부에서는 1909년 2월 총인원 의사원인 3명을 교체하고 총인원장을 오지영에서 오영창으로 교체하였다.

28. 실제 천도교혁신 운동의 전개과정은 다음의 자료를 활용하여 작성하였다. 조규태, 「1920년대 천도교연합회의 변혁운동」, 『천도교의 민족운동 연구』, 국학자료원, 2006. 김정인, 「근대화 노선을 둘러싼 갈등과 분화」, 『천도교 근대 민족운동 연구』, 한울 아카데미, 2009. 조규태, 「일제강점기 천도교의 의회제도 도입과 운용」, 『한국사연구』 164, 2014.

29. 오지영, 『동학사』 초고본, 〈천도교혁신파의 천도교리해석〉.

30. 오지영, 『동학사』 초고본, 〈천도교혁신파의 천도교리해석〉.

31. 오지영, 『동학사』 초고본, 〈전일 의사원 창립되는 이약이〉.

32. 오지영, 『동학사』 초고본, 〈전일 의사원 창립되는 이약이〉.

33. 오지영, 『동학사』 초고본, 〈혁신하는 한편에 복구운동자 발생〉.

참고문헌

1894년 일본군 노즈(野津) 제5사단장의 북상 행군로와 선산 해평병참부 / 신영우

陸軍省,『陸軍現役將校同相當官實役停年名簿』, 明治 36年 7月 1日.
野津道貫 著,『歐美巡廻日誌』上中下, 1886年 6月, 廣島鎭台文庫.
陸軍省,『陸軍現役將校同相當官實役停年名簿』, 明治 36年 7月 1日.
參謀本部 編,『明治二十七八年日淸戰史』1, 東京印刷株式會社, 1965.
『法令全書』「陸軍武官官等表」明治 6年.
『駐韓日本公使館記錄』
東條英敎,『隔壁聽談』
三宅幹夫,『日淸戰役 平壤ノ戰鬪』, 昭和 8年 3月.
的場銈之助,『忠勇百傑傳』, 大阪 交盛館, 1895.
『歲藏年錄』『鶴樵傳』『甲午斥邪錄』『召募日記』侍天敎宗繹史』
黃玹,『梅泉野錄』
吳宖黙,『固城府叢瑣錄』
이헌영,『錦藩集略』
김승,「개항 이후 부산의 일본거류지 사회와 일본인 자치기구의 활동」『지방사와 지방문
    화』15권 1호, 2012.
신영우,「1894년 영남 예천의 농민군과 보수집강소」『동방학지』44집, 1984.
─────,「1894년 영남 상주의 농민군과 소모영」『동방학지』52-53집, 1986.
─────,「1894년 영남 김산의 농민군과 양반지주층」『동방학지』73집, 1991.
─────,「충청감사와 갑오년의 충청도 상황」『동학학보』34, 2015.
─────,「경상감사 조병호와 갑오년의 경상도 상황」『동학학보』35, 2015.

구미 선산의 동학 조직과 활동 / 임형진

『東經大典』
『용담유사』
『東學農民戰爭使料叢書』11권, 史芸硏究所, 1996.
『世藏年錄』
『취어』
「본교역사」,『천도교회월보』23, 1913.6.
『開闢』제46호, 1924년 4월.
『고종실록』
『도원기서』

『오하기문』
『천도교서』
『동학사』
『천도교창건사』

경상북도지사,『경북의 정신문화, 그 뿌리를 찾아서… 동학』, 경주시, 2015.
박석교,「박정희대통령의 가문과 천도교」,『신인간』, 1972. 4월호.
성주현,「보은 척왜양운동의 전개와 동학의 역할」,『신인간』, 2003. 3월호(통권631호).
신영우,「경북지역 동학농민혁명의 전개와 의의」,『경북지역의 동학연구』, 동학학회
    2006년도 가을학술대회 발표논문.
───,「경상도지역 동학농민혁명과 농민군 지도부의 성격」,『동학농민혁명과 농민군지
    도부의 성격』, 전라북도 제100주년 기념 학술대회, 1996. 10.
안영상,「경북지역의 사상적 풍토에서 본 동학」,『경북지역의 동학연구』, 동학학회 가을
    학술대회 발표논문, 2006.
이윤갑,「1894년의 경상도지역의 동학농민전쟁」, 동학농민혁명기념사업회,『동학농민혁
    명의 지역적 전개와 사회변동』, 서울: 새길, 1995.
이이화,「영남지역 동학농민혁명의 전개와 한국 근대사회」,『경상도 대구 동학농민혁
    명』, 서울: 모시는사람들, 2015.
───,『끝나지 않은 역사 앞에서』, 파주시: 김영사, 2009.
최재목,「19세기 경상도의 유교전통과 민족종교 동학」,『경상도 대구 동학농민혁명』, 서
    울: 모시는사람들, 2015.
최효식,「수운 최제우의 동학의 창도」『동학연구』 창간호, 한국동학학회, 1997.
───,「수운 최제우의 생애와 사상」,『동학연구』 제2집, 1998.
표영삼,『동학 1』, 서울: 통나무, 2004,
───,「동학조직의 변천」,『동학의 현대적 이해』, 한국동학학회, 2001.
───,「경상북서지역 동학군 활동」,『신인간』 2007. 2, 3월 합동호, 통권 678호.

한명수 증언(2016. 2. 25)

1894년 경상도 구미 · 선산 동학농민혁명의 문학적 형상화 / 우수영

기본 자료
김용락,「하늘이 내려다보고 있다」, 2014.
채길순,『웃방데기』, 서울: 모시는사람들, 2014.
조중의,『망국-동학초기비사 소설 최시형』, 서울: 영림카디널, 2014.

단행본 및 논문

동학농민혁명기념재단, 『동학농민혁명 신국역총서2-창계실기, 소모사실』, 2015.
동학농민전쟁사료총서 편집위원, 『동학혁명 자료전시도록 및 총서해제목차집』, 사예연
　구소, 1996.
강재언, 『한국의 근대사상, 한길사, 1985.
박맹수, 『개벽의 꿈』, 모시는사람들, 2011.
박진태, 「1894년 경상도지역의 농민전쟁」, 『1894년 농민전쟁연구4-농민전쟁의 전개과
　정』, 역사비평사, 1995.
한국역사연구회, 「1894년 동민전쟁 일지」, 9월 22일, 『1894년 농민전쟁연구5』, 서울: 역
　사비평사, 1995.
신영우, 「갑오농민전쟁과 영남 보수세력의 대응-예천, 상주, 금산 사례를 중심으로」, 연
　세대박사논문, 1991.
———, 「1894년 영남 예천의 농민군과 보수집강소」, 『동방학지』44, 연세대국학연구원,
　1984.
———, 「1894년 일본군의 동학농민군 학살」, 『역사와실학』35, 역사실학회, 2008.
———, 「경북지역 동학농민혁명의 전개와 의의」, 『동학학보』12, 동학학회, 2006.
채길순, 「경상북도 지역의 동학 활동 연구-사적지를 중심으로」, 『동학학보』27, 동학학회,
　2013.
국사편찬위원회, http://www.history.go.kr/
『민주반월보』49, 대구민주화보존연구회, 2013.12.31.
『민주반월보』50, 대구민주화보존연구회, 2014.3.24.

경상도 선산(구미) 동학농민혁명의 사상적 의미 / 김영철

『東經大全』
『용담유사』
『孟子』, 「梁惠王」
『論語』, 「泰伯」

강재언, 「갑오농민전쟁과 동학사상」, 『季刊 三千里』, 1982.
김영철, 「영해동학혁명과 해월의 삶에 나타난 사인여천 사상」, 『동학학보』30호.
———, 「인간 본연으로의 회귀 - 동학의 수양론과 신플라톤주의 영혼론을 중심으로」,
　『동학학보』31호.
———, 「인간 유한성 극복의 단초로서의 동학사상」, 『동학학보』36호.
김용휘, 「시천주사상의 변천을 통해 본 동학연구」, 고려대학교 박사학위논문, 2004.
김의환, 『근대조선동학농민운동사 연구』, 서울: 화산서원, 1986.
박맹수, 「동학의 성립과 사상적 특성」, 『근현대사 강좌』, 제5호.
박주대, 『羅巖隨錄』 제3책, 호서충의서상철 포고문.

신영우,「경북지역 동학농민혁명의 전개와 의의」,『동학학보』12호.
──,「1894년 영남의 동학농민군과 동남부 일대의 상황」,『동학학보』30호.
──,『한국근대사회사상사연구』, 서울: 일지사, 1987.
──「갑오농민전쟁의 제2차 농민전쟁」,『한국문화』14호.
오문환,『동학의 정치철학』, 서울: 모시는사람들, 2004.
윤석산,『東經大全 註解』, 서울: 동학사, 1996.
윤순갑,「서구의 충격과 외압에 대한 발상의 제 형태: 한말의 사상적 상황을 중심으로」,
   『동양정치사상사』제2권 2호.
윤이흠,「동학운동의 개벽사상-신념유형과 사회변화의 동인을 중심으로-」,『한국문화』8
   호.
이돈화,『天道敎創建史』, 서울: 경인문화사, 1982.
이중환,『擇里志』.
이현희,「동학혁명의 전개와 근대성」,『동학학보』3호.
장현광,『旅軒全書』卷10,「冶隱先生文集拔」.
최기성,『동학과 동학농민혁명운동 연구』, 서울: 서경문화사, 2002.
표영삼,『동학창도과정』, 서울: 천도교중앙총부출판사, 1989.
한우근,『동학창도의 시대적 배경』, 서울: 지식산업사, 1987.
황선희,『한국근대사상과 민족운동1-동학 · 천도교편』, 서울: 혜안, 1996.
──,「東學의 思想變遷과 民族運動 연구」, 단국대 박사논문, 1990.

동학 · 천도교의 개벽사상에 대한 철학적 의미 고찰 / 전석환

고건호,「동학의 세계관에 나타난 전통과 근대의 변증법: '근대'의 경험과 동학 · 천도교」,
   『동학학보』, 제9권 1호(통권 9호), 2005.
기독교사상 편집부(엮음),『종말론의 올바른 이해』, 서울: 대한기독교서회, 1993.
김경재,「수운의 시천주 체험과 동학의 신관」,『동학연구』제4집, 1999.
──,「종교적 입장에서 본 현도 100년의 천도교」,『동학학보』제10권 제1호, 2006.
김용휘,『우리 학문으로서의 동학』, 서울: 책세상, 2007.
김지하,『동학이야기』, 서울: 솔, 1994.
노길명,『한국신흥종교연구』, 서울: 경세원, 1996.
류병덕,『근 · 현대 한국 종교사상연구』, 서울: 마당기획, 2000.
리들리, M., 조현욱 옮김,『이성적 낙관주의자-번영은 어떻게 진화하는가』,
김영사, 2010. 멈퍼스, L., 박홍규 옮김,『유토피아 이야기』, 서울: 테스트, 2010.
박승길,「조선조 말의 신종교운동과 민족주의」,『한일 근현대와 종교문화』, 한국종교연
   구포럼, 서울: 청년사, 2001.
버거, P. 이양구 옮김,『종교와 사회』, 종로서적, 1981.
서신혜,『조선인의 유토피아』, 서울: 문학동네, 2010.

윤석산,『동학 · 천도교의 어제와 오늘』, 서울: 한양대학출판부, 2013.

이상임 · 전석환,「'프로젝트로서의 현대' 안에서 본 한국 신종교의 여성관」,『신종교 연구』제19집, 신종교학회, 2008.

이인식,『유토피아 이야기』, 서울: 갤리온, 2009.

이찬구,「동학의 신관에 대한 문제」,『종교문화연구』, 한신인문연구소, 2002.

전석환,「신종교의 부정적 범주에서 본 신나치즘의 의미」,『신종교연구』제3집, 한국신종교학회, 2000.

─────,「의사소통구조를 통해 본 신종교의 의미 - 월터 옹(Walter J. Ong)의 구술성(orality)과 문자성(literacy) 개념을 중심으로」,『신종교연구』제8집, 한국신종교학회, 2003.

─────,「현대성의 담론 안에서 본 한국 신종교의 유토피아적 성격 - '현대'에 대한 하버마스(Habermas)의 논의를 중심으로」,『종교연구』제37집, 한국종교학회, 2004.

─────,「염세주의(pessimism)와 종교비판 - 쇼펜하우어(Schopenhauer)사상의 종교철학적 함의」,『철학 · 사상 · 문학』제4호, 동서사상연구소, 2006.

─────,「한국 신종교의 서구에 대한 인식 및 그 시각의 문제」,『신종교 연구』제17집, 신종교학회, 2007.

─────,「공론장(公論場)에 기초한 종교의 의미지평: 한국 신종교의 자기인식 확대를 위한 시론(試論)」,『신종교 연구』제18집, 신종교학회, 2008.

─────,「'유토피아적 가상'을 통해 본 현대문화의 의미 - '비판이론'의 문화철학적 함의」,『범한철학』제50집, 2008.

─────,「아시아의 연대 구축을 위한 ' 한국학'의 과제 - Orientalism과 Occidentalism을 넘어서」,『인문과학논집』제22집 , 강남대학교 인문과학연구소, 2011.

정혜정,「동학사상의 탈근대성과 교육철학적 전망」,『동학학보』제10권 1호(통권 11호), 2005.

조극훈,「東學의 神개념에 대한 변증법적 해석」,『동학연구』제31집, 2011.

리들러, M., 조현욱 옮김,『이성적 낙관주의자-번영은 어떻게 진화하는가』, 김영사, 2010.

중앙사학연구소(편),『동서양 역사 속의 소통과 화해』, 서울: 학고방, 2011.

진덕규,『한국정치의 역사적 기원』, 서울: 지식산업사, 2002.

천도교중앙총부(편),『천도교』, 서울: 천도교중앙총부 출판부, 2002/2013.

최준식,『한국의 종교, 문화로 읽는다 2』, 서울: 사계절, 1998.

테일러, V. E./윈퀴스트, Ch. E., 김용규(외 옮김),『포스트모더니즘 백과사전』, 부산: 경성대학교출판부, 2007.

톰슨, D., 이종인 · 이영아 옮김,『종말』, 서울: 푸른숲, 1996.

표영삼,『동학 1 - 수운의 삶과 생각』, 서울: 통나무, 2004.

헤센, J., 허재윤 옮김,『종교철학의 체계적 이해』, 서울: 서광사, 2006.

홍경실,『동학과 서학의 만남』, 서울: 한국학술정보, 2012.

홍장화,「한 사상과 천도교」, 이을호(외),『한 사상과 민족종교』, 서울: 일지사, 1990.

Anzenbacher, A. Einführung in die Philosophie , Herder: Wien, Freiburg, Basel, 1981.

Ayer, A. J. Language, Truth and Logic, England: Penguin Books, 1975.

Habermas, J. "Die Moderne - ein unvollendetes Projekt", Kleine politischeSchriften I-IV, uhrkamp: Frankfurt am Main, 1981.

―――. Die Neue Unübersichtlichkeit, Suhrkamp: Frankfurt am Main, 1985.

―――. Der philosophische Diskurs der Moderne , Suhrkamp: Frankfurt am Main, 1988.

―――. Zwischen Naturalismus und Religion, Suhrkamp: Frankfurt am Main, 2005.

Hoffmeister, J. Wörterbuch der philosophischen Begreffe, Flix Meiner verlag: Hamburg, 1955.

Höffe, O. Lexikon der Ethik, Verlag C. H. Beck: München, 1992.

Kamlah, W. Philosophische Anthropologie-Sprachkritische Grundlegung und Ethik, Klambt-Druck GmbH: Speyer/Mannheim, 1973.

Landmann, M. Philosophische Anthropologie , Walter de Gruyter: Berlin · New York, 1975.

Martens, E/Schnädelbach, H.(Hrsg.), PHILOSOPIE - Ein Grundkurs Band 1, Reinbeck : Hamburg, 1991.

Ritter, R. (Hrsg.), Historisches Wörterbuch der Philosophie , Basel u. Stuttgart, Bd.5, & Bd.6, 1980/1984.

Theunissen, M. Selbstverwirklichung und Allgemeinheit: Zur Kritik der gegenwärtigen Bewu β tseins , Berlin/New York: de Gruyter, 1981.

Wiener, A. u, Rauter, K. Philosophie - Logik und Kritische Problemlehre, Verlag Franz Deuticke: Wien, 1975.

『동학사』의 동학농민운동 이후 동학 교단의 동향과 분화에 대한 서술 / 조규태

康弼道, 『東學道宗繹史』, 『동학농민전쟁사료총서』 29, 사운연구소, 1996.

朴衡采, 『侍天敎宗繹史』, 1915, 『동학농민전쟁사료총서』 29, 사운연구소, 1996.

오지영, 『동학사』, 영창서관, 1940.

―――, 『동학사』(초고본), 국사편찬위원회 한국사데이터베이스.

이돈화, 『천도교창건사』, 대동인쇄사, 1935.

「一進會 및 進步會에 관한 回報 件」, 1904.11.5, 『주한일본공사관기록』 23.

「일진회 현황에 관한 조사 보고」, 1904.11.22, 『주한일본공사관기록』 21.

김정인, 「근대화 노선을 둘러싼 갈등과 분화」, 『천도교 근대 민족운동 연구』, 한울 아카데미, 2009.

김태웅, 「1920 · 30년대 오지영의 활동과 『동학사』 간행」, 『역사연구』 2호, 1993.

노용필, 「오지영의 인물과 저작물」, 『동아연구』 19, 1989.

―――, 「오지영의 생애와 그의 저술」, 『오지영전집』 상, 아세아문화사, 1992.

노용필,「정용근의 인물과 저작물」,『『동학사』와 집강소 연구』, 국학자료원, 2001.

──,「오지영의 인물과 저작물」,「오지영의 생애와 그의 저술」,『『동학사』와 집강소 연구』, 국학자료원, 2001.

梶村秀樹,「『東學史』解説」,『東洋史』東洋文庫 174, 東京: 平凡社, 1970.

이용창,「동학 교단의 민회설립운동과 진보회」,『중앙사론』21, 2005.

이이화,「오지영『동학사』의 내용 검토-주로 1894년 동학농민전쟁과 관련하여」,『민족문화』12, 1989.

조규태,「1920년대 천도교연합회의 변혁운동」,『천도교의 민족운동 연구』, 선인, 2007.

──,「일제의 한국강점과 동학계열의 변화」,『한국사연구』114, 2001.

──,「일제강점기 천도교의 의회제도 도입과 운용」,『한국사연구』164, 2014.

平木實, 1971,「批評と紹介, 呉知泳 著 梶村秀樹譯註『東學史』」,『朝鮮學報』59, 1971.

刑文泰,「1904 · 1905년대 동학운동에 대한 일고찰」,『사학잡지』4 · 5합집, 1977.

[기타]

동학총서 006

경상도 구미 동학농민혁명

등록 1994.7.1 제1-1071
1쇄 발행 2016년 9월 5일

엮은이 동학학회
지은이 이이화 신영우 이노우에 가츠오 임형진 우수영 김영철 전석환 조규태
펴낸이 박길수
편집인 소경희
편 집 조영준
관 리 위현정
디자인 이주향
펴낸곳 도서출판 모시는사람들
       110-775 서울시 종로구 삼일대로 457(경운동 88번지) 수운회관 1207호
전 화 02-735-7173, 02-737-7173 / 팩스 02-730-7173
홈페이지 http://modl.tistory.com/

인 쇄 상지사P&B(031-955-3636)
배 본 문화유통북스(031-937-6100)

값은 뒤표지에 있습니다.
ISBN 979-11-86502-61-7   94900
SET   979-89-97472-72-7   94900

이 도서의 국립중앙도서관 출판예정도서목록(CIP)은 서지정보유통지원시스템 홈페이지(http://
seoji.nl.go.kr)와 국가자료공동목록시스템(http://www.nl.go.kr/kolisnet)에서 이용하실 수 있습
니다. (CIP제어번호: 2016019395)